微课版

工业和信息化普通高等教育
"十三五"规划教材立项项目

高等院校会计学新形态系列教材

Excel 2016

在会计和财管中的应用

第5版

姬昂 ◎ 主编

崔婕 崔杰 ◎ 副主编

人民邮电出版社

北 京

图书在版编目（CIP）数据

Excel 2016在会计和财管中的应用：微课版 / 姬昂
主编. -- 5版. -- 北京：人民邮电出版社，2021.9（2023.12重印）
高等院校会计学新形态系列教材
ISBN 978-7-115-56373-6

Ⅰ. ①E… Ⅱ. ①姬… Ⅲ. ①表处理软件－应用－会
计－高等学校－教材②表处理软件－应用－财务管理－高
等学校－教材 Ⅳ. ①F232②F275-39

中国版本图书馆CIP数据核字（2021）第067699号

内 容 提 要

  本书以图文并茂的方式，结合大量典型实例和详尽的操作步骤说明，全面介绍了 Excel 2016 在会计核算与财务管理中的具体应用。本书共分三部分：第一部分（第 1 章～第 3 章）由浅入深地介绍了 Excel 2016 的基础知识；第二部分（第 4 章～第 8 章）介绍了如何利用 Excel 2016 对会计日常账务核算进行处理；第三部分（第 9 章～第 11 章）介绍了如何利用 Excel 2016 对企业常见资产进行管理及财务分析等。

  本书实例丰富、针对性强，可以作为高等院校经济管理类专业相关课程的教材，也可以作为 Excel 会计应用的培训教材，还可以作为广大 Excel 使用者的参考书。

◆ 主　编　姬　昂
　　副主编　崔　婕　崔　杰
　　责任编辑　刘向荣
　　责任印制　李　东　胡　南

◆ 人民邮电出版社出版发行　　北京市丰台区成寿寺路 11 号
　　邮编　100164　电子邮件　315@ptpress.com.cn
　　网址　https://www.ptpress.com.cn
　　固安县铭成印刷有限公司印刷

◆ 开本：787×1092　1/16
　　印张：15.75　　　　　　　2021 年 9 月第 5 版
　　字数：438 千字　　　　　 2023 年 12 月河北第 4 次印刷

定价：49.80 元

读者服务热线：(010)81055256　印装质量热线：(010)81055316
反盗版热线：(010)81055315
广告经营许可证：京东市监广登字 20170147 号

PREFACE

党的二十大报告提出，加快建设数字中国，加快发展数字经济，促进数字经济和实体经济深度融合。提升数字素养与技能是数字时代背景下培养会计职业技能的重要内容。

Excel 是 Office 系列软件中用于创建和维护电子表格的应用软件。它不仅具有强大的制表和绘图功能，而且内置了能解决领域计算问题的多种函数，同时提供了数据管理与分析等多种方法和工具。在 Excel 软件中，可以进行各种数据处理、统计分析和辅助决策操作，因此它被广泛运用于财务管理方面。

本书以图文并茂的方式，结合大量典型实例和详尽的操作步骤说明，全面介绍了 Excel 2016 在会计和财务管理中的具体应用。本书各章的具体内容如下。

第 1 章～第 2 章主要让读者了解 Excel 2016 的工作界面，掌握单元格和工作表编辑的操作方法，掌握公式、函数等功能的使用；第 3 章在读者掌握 Excel 基本知识的基础上，介绍了 Excel 的数据管理与分析、Excel 的图表、Excel 的图形与艺术字等高级功能的使用，使读者对 Excel 的掌握再上一个台阶；第 4 章～第 6 章结合会计工作的账务处理程序，分别讲解了利用 Excel 编制会计凭证、登记账簿和编制会计报表等的方法；第 7 章是运用 Excel 进行会计核算的综合案例，通过案例学习，使读者对使用 Excel 进行会计核算有更深入、更全面的认识；第 8 章介绍了 Excel 在工资账务处理流程中的应用，主要包括工资数据的查询、汇总分析等；第 9 章介绍了利用 Excel 管理应收账款，主要包括对现有应收账款统计、对逾期应收账款进行分析并计提坏账准备等；第 10 章介绍了 Excel 在固定资产管理中的应用，主要包括如何计算固定资产的累计折旧、账面价值等；第 11 章介绍了 Excel 在财务分析中的应用，主要包括利用 Excel 对企业财务报表进行比率分析、趋势分析、比较分析和综合财务分析等。

本书是集体智慧的结晶。编者都是从事多年教学工作并有丰富实践经验的教师。全书由姬昂担任主编，负责大纲拟定、全书总纂，崔婕、崔杰担任副主编。全书具体编写分工如下：崔杰编写第 1 章、第 8 章；崔婕编写第 2 章～第 6 章；姬昂编写第 7 章、第 9 章、第 10 章、第 11 章。除以上编者外，本书的编纂工作还得到了高光辉、董帅、付强等人的支持与帮助，在此特向他们表示感谢。本书在编写过程中，参考了一些相关著作和文献，在此向这些著作文献的编者深表感谢。

由于编者水平有限，本书难免存在不足之处，欢迎广大读者批评指正。

编者

CONTENTS

第三部分 Excel 2016 对企业常见资产管理及财务分析

第9章 Excel在应收账款管理中的应用 ⸻⸻⸻⸻⸻⸻ 184

第一部分

Excel 2016 的基础知识

第1章

Excel 概述

Excel 是微软公司开发的用于处理图表数据的工具，是目前市场上非常强大的电子表格制作软件。它和 Word、PowerPoint、Access 等软件一起，构成了 Microsoft Office 办公软件的完整体系。Excel 不仅具有强大的数据组织、计算、分析和统计功能，还可以通过图表、图形等多种形式把处理结果形象地显示出来，并且能够方便地与 Office 其他软件互相调用数据，能够通过互联网实现资源共享。Excel 自发布以来得到了广大用户的普遍认可，至今已发布了多个版本，本书以 Excel 2016 为基础介绍相关内容。

对于未曾用过 Excel 的用户来说，第一次运行 Excel 时，一定会因不熟悉 Excel 的界面、菜单栏和工具栏而不知所措。本章的主要目的便是帮助初学者建立对 Excel 的直观认识。实际上，Excel 的工作界面与 Office 系列的其他软件的工作界面类似。如果你曾经用过 Office 的其他软件，就可以轻松掌握本章内容。

学习目标
- 认识 Excel 2016 的工作界面
- 熟悉自定义工作环境

1.1 Excel 2016的工作界面

随着计算机对人类社会的全方位渗透，面向各行各业的计算机应用应运而生。电子报表软件为人们提供了高效的数据通信、组织、管理和分析工具，备受众人瞩目。作为办公自动化不可缺少的Excel正是其中的佼佼者。

Excel 2016的工作界面主要由标题栏、快速访问工具栏、"文件"按钮、功能区、名称框、编辑栏、工作区和滚动条等组成，如图1-1所示。

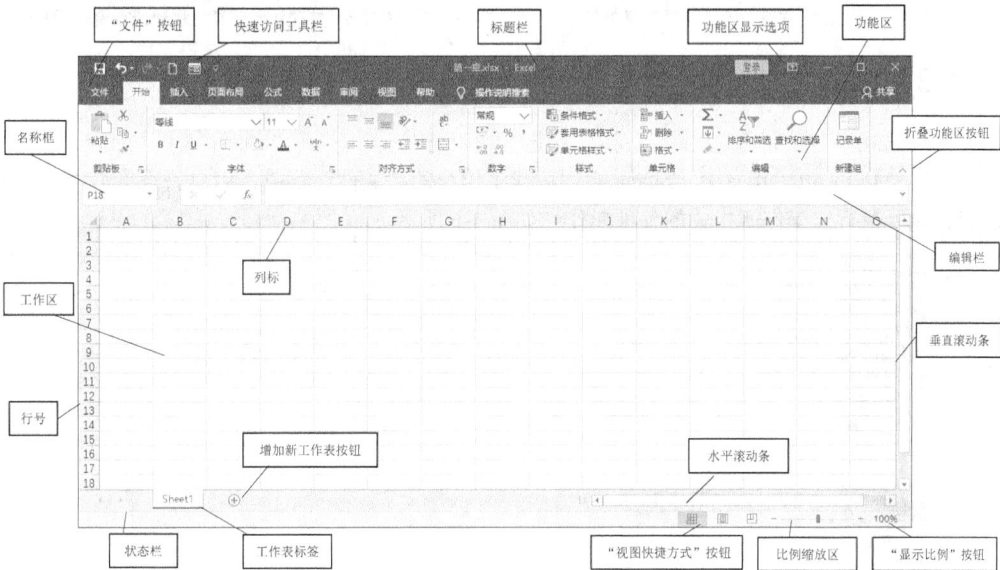

图 1-1　Excel 2016 的工作界面

1.1.1 标题栏

标题栏位于Excel 2016窗口的最上方，用于显示当前工作簿和窗口的名称，由快速访问工具栏、工作簿名称和程序窗口按钮等组成，如图1-2所示。标题栏的最右端（即程序窗口按钮）是对Excel窗口进行操作的3个按钮，分别为"最小化"按钮 ▬、"最大化"或"还原"按钮 ▢ 和"关闭"按钮 ✕，单击相应按钮即可对窗口进行相应的操作。

图 1-2　标题栏

1.1.2 快速访问工具栏

快速访问工具栏（见图1-3）是Excel 2016左上角的一个工具栏，其中包含"保存"按钮 ▤、"撤消"按钮 ↶ 和"恢复"按钮 ↷ 等。

图 1-3　快速访问工具栏

快速访问工具栏也可以放置在功能区的下方。单击快速访问工具栏右侧的"自定义快速访问工具栏"按钮 ▾，弹出"自定义快速访问工具栏"菜单，如图1-4所示。选择"在功能区下方显示"命令，可以将快速访问工具栏移动到功能区下方，效果如图1-5所示。

3

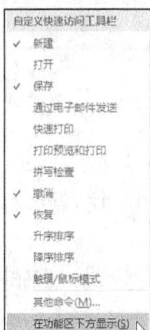

图 1-4 "自定义快速访问工具栏"菜单

图 1-5 快速访问工具栏移动到功能区下方

1.1.3 "文件"按钮

在 Excel 2016 中添加了"文件"按钮。单击"文件"按钮，将打开"文件"面板（Microsoft Office Backstage ）, Microsoft Office Backstage 视图取代了传统的"文件"菜单，用户只需单击相关选项卡或按钮，即可执行与工作簿相关的各项操作，如图 1-6 所示。

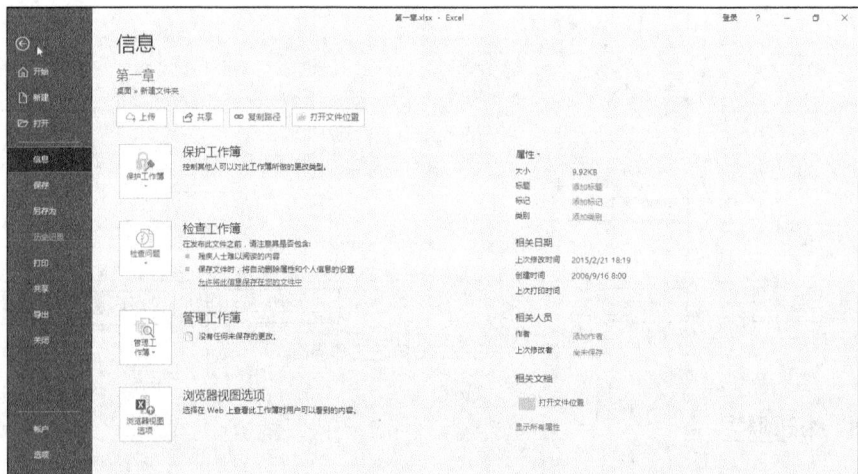

图 1-6 "文件"面板

1.1.4 功能区

Excel 2016 放弃了沿用多年的下拉菜单，将各个命令经过精心的组织，以功能区全新的面貌出现。功能区位于标题栏的下方，是由一排选项卡组成的较宽的带形区域，其中包含各种按钮和命令，如图 1-7 所示。在默认情况下，功能区由文件、开始、插入、页面布局、公式、数据、审阅、视图等选项卡组成。

图 1-7 功能区

选项卡的构成如图 1-8 所示。一些功能类似的相关命令放在选项卡中形成组，每个选项卡代表在 Excel 中执行的一组或几组核心任务。

选项卡　组　命令

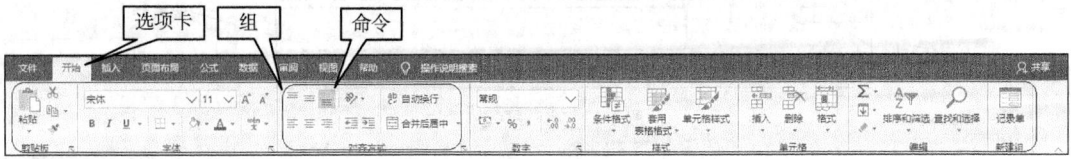

图 1-8　选项卡、组、命令

使用功能区的方法很简单，只需单击需要使用的功能按钮即可。将鼠标指针指向某个功能按钮并在其上停留片刻，将会出现该按钮的功能说明。

有些功能按钮含有下拉箭头，单击该箭头可以打开下拉菜单，从中可以选择该功能按钮的子功能，如图 1-9 所示。下拉菜单在很大程度上将复杂的对话框进行了简化。

如果需要将功能区最小化，以便为工作区留出更多的空间，可以将鼠标指针移至功能区，单击鼠标右键，在弹出的快捷菜单中选择"功能区最小化"命令，功能区将会隐藏起来，如图 1-10 所示。

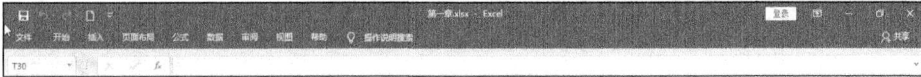

图 1-9　下拉菜单

图 1-10　功能区最小化

1.1.5　"启动器"按钮

"启动器"按钮位于选项卡中某个组的右下方，单击图 1-11 所示的剪贴板的"启动器"按钮，即可打开对应组的对话框或者任务窗格。

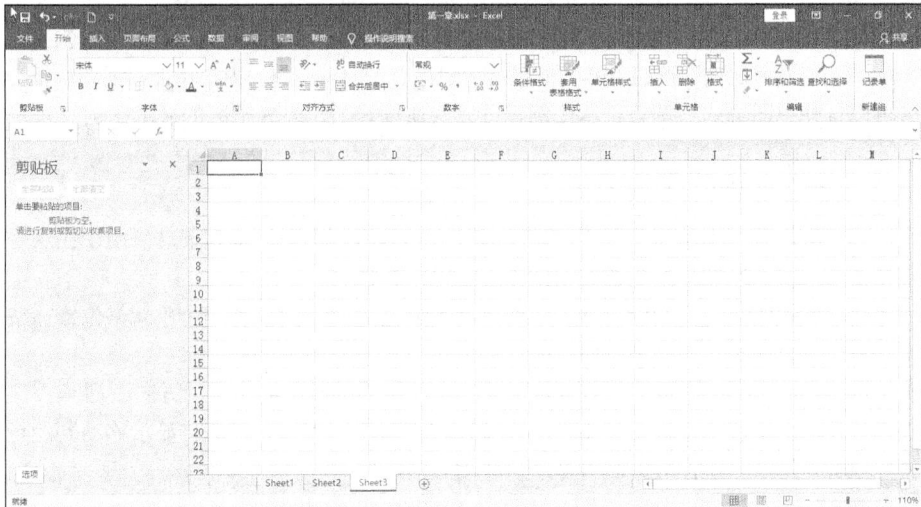

图 1-11　"启动器"按钮

1.1.6　名称框和编辑栏

名称框和编辑栏位于功能区的下方，如图 1-12 所示。名称框用于显示所选单元格或单元格区域的名称，编辑栏用于显示当前活动单元格中的数据或公式。

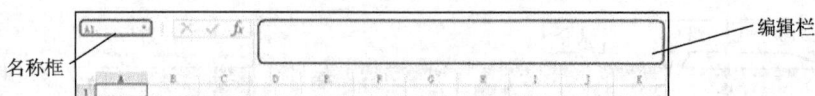

图 1-12　名称框和编辑栏

1.1.7　工作区

工作区是 Excel 2016 的主要工作区域，是由行线和列线组成的表格区域，用于显示或者编辑工作表中的数据。它是占据屏幕最大且用于记录数据的区域，所有的信息都将存放于此，如图 1-13 所示。

图 1-13　工作区

1.1.8　工作表标签

工作表标签位于工作区的左下方，如图 1-14 所示。工作表标签用于显示工作表的名称，读者可以单击这些标签来切换工作表，即单击工作表标签即可激活相应的工作表。

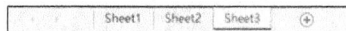

图 1-14　工作表标签

1.1.9　状态栏

状态栏位于工作区的下方，如图 1-15 所示。在状态栏中不仅可以显示当前命令或操作的相关信息，还能够根据当前的操作显示相应的提示信息。

图 1-15　状态栏

在默认情况下，状态栏的右侧显示"视图"工具栏。"视图"工具栏中列有"视图快捷方式"按钮 ⊞ ▦ ▥ 、"显示比例"按钮 110% 和比例缩放区 ─────── 。用户单击"视图快捷方式"相应按钮，可以选择视图方式。调整显示比例，可以快速设置工作表编辑区的显示比例。

1.1.10　水平、垂直滚动条

水平、垂直滚动条分别位于工作表区域的右下方和右边。水平、垂直滚动条用于在水平、垂直方向改变工作表的可见区域。滚动条的使用方法有以下 3 种。

（1）单击滚动条两端的方向键一次，工作表区域向指定的方向滚动一个单元格位置；按住鼠标左键，工作表区域将向指定的方向一格一格地持续滚动。

（2）单击滚动条内的空白区，工作表区域将以一次一屏的频率向指定的方向滚动。

（3）按住鼠标左键，拖动滚动条中的小方块，在拖动的过程中，屏幕将显示移动到的行号或者列号，松开鼠标左键后，工作表区域将显示所移动到的区域。

1.1.11　Excel 2016 的新功能

Excel 2016 的工作界面相比 Excel 2007 有了新的变化，同时新增了一些功能。

1. 迷你图功能

迷你图是 Excel 2016 的一个新功能，借助迷你图功能，用户可以在同一单元格中创建小图表，从而快速查看数据模型，如图 1-16 所示。迷你图可以显示一系列数值的趋势，也可以突出显示最大

6

值和最小值。

2. 智能粘贴功能

Excel 2016 的粘贴功能有较大改进，菜单的格式改变使粘贴更加易于使用，如图 1-17 所示。粘贴菜单上的图表会根据复制的源对象自动调整各自的功能。

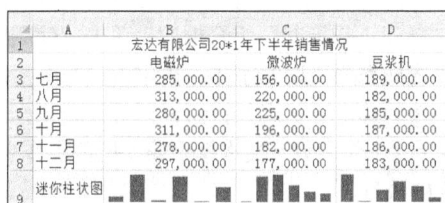

图 1-16　迷你图

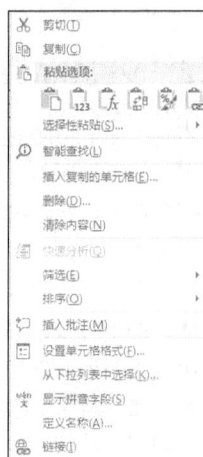

图 1-17　智能粘贴功能

1.2　自定义工作环境

用户在使用 Excel 2016 处理数据时，要设置工作环境中的某些参数，如设置工作表中网格线的颜色、设置是否显示滚动条等，可以通过系统设置来实现。

1.2.1　设置屏幕显示

工作表中的多数操作都与定制的屏幕显示相关。例如，在工作表窗口中是否显示网格线，单元格中是否显示公式或值，以及显示或隐藏批注等。通常使用如图 1-18 所示的"视图"选项卡更改屏幕显示的内容。

图 1-18　"视图"选项卡

"视图"选项卡中各选项组的含义如下。

1. "工作簿视图"选项组

该选项组用于控制查看、显示或者预览文档的外观。

2. "显示"选项组

该选项组用于控制是否在 Excel 2016 中显示编辑栏、网格线和标题，用户只需选中或取消相应的命令按钮即可。

3. "缩放"选项组

该选项组用于控制文档的缩放显示，使文档缩放为用户所需的比例。单击"缩放"按钮，在弹出的"显示比例"对话框中选择所需的显示比例，然后单击"确定"按钮即可。

4. "窗口"选项组

该选项组用于设置工作窗口显示要求。

1.2.2 设置默认值

如果不对 Excel 2016 进行设置，则 Excel 2016 系统将自动使用默认设置。在实际应用中，如果经常用的默认值不符所需，则可以对其进行修改。

1. 设置工作表中的字体、大小以及工作表的数量

单击"文件"按钮，在打开的"文件"面板中，单击"选项"按钮，在打开的"Excel 选项"对话框中单击"常规"选项卡，如图 1-19 所示。在"新建工作簿时"组合框中，单击"使用此字体作为默认字体"的下拉按钮，从弹出的下拉列表框中选择需要使用的字体，再单击"字号"的下拉按钮，从弹出的下拉列表框中选择需要使用的字号，然后单击"确定"按钮，即可设置工作表中的字体及其大小。在"新建工作簿时"组合框中的"包含的工作表数"文本框中输入所需工作表的数量，然后单击"确定"按钮，即可设置工作簿中工作表的数量。

图 1-19 "Excel 选项"对话框中的"常规"选项卡

2. 设置默认文件位置

单击"文件"按钮，在打开的"文件"面板中，单击"选项"按钮，然后在打开的"Excel 选项"对话框中单击"保存"选项卡，如图 1-20 所示。在该选项卡的"默认本地文件位置"文本框中，输入默认文件夹的路径，然后单击"确定"按钮，即可设置默认文件位置。除此之外，用户在"Excel 选项"对话框中还可以对自定义功能区、快速访问工具栏等进行设置。

图 1-20 "Excel 选项"对话框中的"保存"选项卡

1.2.3 自定义状态栏

在状态栏上单击鼠标右键，在弹出的"自定义状态栏"快捷菜单中可以选择菜单项，来实现在状态栏上显示或隐藏信息，如图 1-21 所示。

图 1-21 "自定义状态栏"快捷菜单

1.2.4　自定义快速访问工具栏

如果要自定义快速访问工具栏，则可单击快速访问工具栏右侧的"自定义快速访问工具栏"按钮 ，在弹出的"自定义快速访问工具栏"菜单中选择其中的任一命令后，在相应的命令前会出现 √ 标记。若要将其从快速访问工具栏中移除，则把 √ 标记取消即可。例如，在图 1-22 所示的"自定义快速访问工具栏"菜单中单击"新建"命令，将"新建"按钮 添加到快速访问工具栏中，如图 1-23 所示。

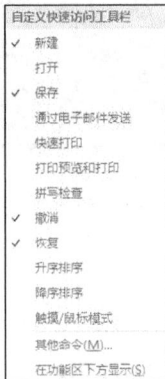

图 1-22　"自定义快速访问工具栏"菜单　　　　图 1-23　添加"新建"按钮

Excel 2016 将某些早期版本中的功能设定为选择性命令，如果要在 Excel 2016 中使用这些命令，则需选择"其他命令"选项。这时弹出"Excel 选项"对话框，如图 1-24 所示。在左侧列表中选中需要添加的命令，单击"添加"按钮，即可将左侧列表中的命令添加到快速访问工具栏中。当不需要该命令时，在右侧的命令列表中选中需要删除的命令，单击"删除"按钮，即可从快速访问工具栏中移除。

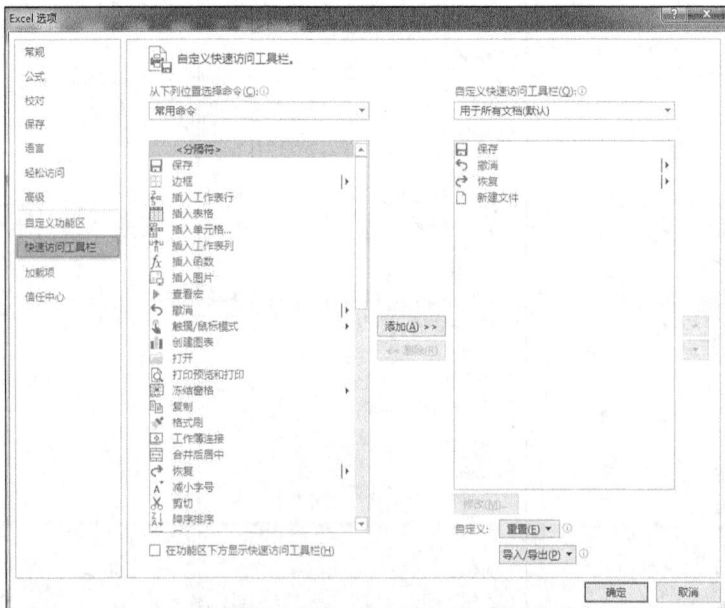

图 1-24　自定义快速访问工具栏

1.2.5　自定义功能区

在 Excel 2016 中，可以将功能区最小化，以便扩大工作区的显示范围。单击选项卡右侧的按钮 ，可将功能区最小化。最小化后的功能区只显示选项卡的名称，单击任一选项卡，选项卡会浮于工作区上方，单击工作区，选项卡会消失。单击选项卡右侧的"显示选项卡和命令"按钮，可将功能区按照软件默认的形式显示。

功能区中的各选项卡可由用户自定义，包括选项卡、组和命令的添加、删除、重命名，以及次序调整等操作。在功能区的空白处单击鼠标右键，在弹出的快捷菜单中选择"自定义功能区"选项，打开"Excel 选项"对话框，在左侧的列表中选择需要自定义的命令，如图 1-25 所示，单击"添加"按钮，可以在右侧的列表中将该命令添加到功能区中。

图 1-25　"Excel 选项"——自定义功能区

单击"自定义功能区"窗格下方的"新建选项卡"按钮，系统自动创建一个选项卡和一个组，单击"确定"按钮，功能区中即会出现新建的选项卡和组，如图 1-26 所示。在"自定义功能区"窗格右侧的列表中选择要删除的选项卡，单击"删除"按钮，即可从功能区中删除此选项卡。

在"自定义功能区"窗格右侧的列表中选择任一选项卡，单击下方的"新建组"按钮，系统会在此选项卡中创建组，再单击左侧列表中要添加的命令，然后单击"添加"按钮，即可将此命令添加到新建组中。单击"确定"按钮，可在功能区新建组中找到这些命令，如图 1-27 所示。在"自定义功能区"窗格右侧的列表中选择要删除的命令，单击"删除"按钮，可在功能区指定的组中删除此命令。在"自定义功能区"窗格右侧的列表中选择需删除的组，单击"删除"按钮，可从选项卡中删除此组。

在"自定义功能区"窗格右侧的列表中选择任一选项卡，单击下方的"重命名"按钮，在弹出的"重命名"对话框中输入名称，再单击"确定"按钮即可重命名选项卡。重命名组、命令的操作

图 1-26　新建选项卡

步骤与重命名选项卡的操作方法一致。重命名后的选项组如图 1-28 所示。可以单击"自定义功能区"窗格右侧的"上移" ▲ 、"下移" ▼ 按钮来调整选项卡、组、命令的次序。

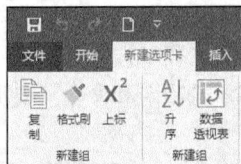

图 1-27　在自定义组中添加命令

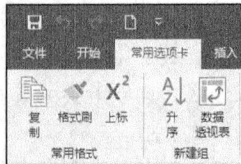

图 1-28　重命名选项组

本章小结

通过本章的学习，读者应该对 Excel 2016 的工作界面有了全面的认识，并对 Excel 2016 的基本操作方法有所了解。读者应该掌握的内容如下：熟悉 Excel 2016 的工作界面，知道各部分的名称、用途；学会使用水平、垂直滚动条；了解 Excel 2016 的菜单类型并掌握其操作方法；学会使用 Excel 2016 对话框，了解对话框中的各种选项及其操作方法。

思考练习

1．填空题

（1）在 Excel 2016 中添加了_____按钮。单击该按钮，在打开的面板中，Microsoft Office Backstage 视图取代了传统的"文件"菜单，用户只需单击相关选项卡或按钮，即可执行与工作簿相关的各项操作。

（2）_____用于显示工作表的名称，还可以切换工作表，只需单击_____即可激活相应的工作表。

（3）快速访问工具栏包含_____、_____和_____。

（4）在默认情况下，Excel 功能区有_____、_____、_____、_____、_____、_____等选项卡。

（5）标题栏的最右端是对 Excel 窗口进行操作的 3 个按钮，分别是_____、_____和_____按钮。

（6）编辑栏可以用来_____。

2．上机操作题

在快速访问工具栏中添加"打印预览"命令。

第2章

Excel 进阶

作为功能强大的电子表格软件，Excel 具有很强的数据计算功能。用户可以在单元格中直接输入公式或者使用 Excel 提供的函数对工作表中的数据进行计算与分析。通过本章的学习，读者应能够熟练使用 Excel 的基本功能进行数据计算。

学习目标
- 掌握 Excel 的基本操作
- 掌握 Excel 的公式并熟练运用
- 掌握 Excel 的几种常用函数并可以灵活运用

2.1 基本操作

Excel 的基本操作主要包括 Excel 的基本操作对象、创建工作表、编辑工作表和修饰工作表等内容，下面分别进行详细介绍。

2.1.1 Excel 的基本操作对象

Excel 的基本操作对象包括单元格、工作表、工作簿和工作范围，以下分别进行介绍。

1. 单元格

单元格是工作簿的核心，也是组成 Excel 工作簿的最小单位。图 2-1 中的白色长方格就是单元格。单元格可以记录字符或者数据。在 Excel 的操作中，一个单元格内记录信息的长短并不重要，因为 Excel 是以单元格作为整体进行各项操作。实际上，单元格的长度、宽度及单元格内字符串的类型是可以根据需要改变的。

单元格可以通过位置来标识，每一个单元格均有对应的列号（列标）和行号（行标）。一般来说，图 2-1 所示的 B2、C4、D6 等就是相应单元格的位置，可以向上找到列号字母，再向左找到行号数字，将它们结合在一起作为该单元格的标识。

2. 工作表

用户可以使用工作表对数据进行组织和分析，也可以同时在多张工作表中输入并编辑数据，还可以对来自不同工作表的数据进行汇总计算。工作表由单元格组成，纵向为列，分别以字母命名（A，B，C，…）；横向为行，分别以数字命名（1，2，3，…）。

工作表的名称显示于工作簿窗口底部的工作表标签上。用户要从一个工作表切换到另一个工作表进行编辑，可以单击"工作表"标签。用户还可以在同一工作簿内或两个工作簿之间对工作表进行改名、添加、删除、移动和复制等操作。

图 2-2 所示的工作表，当前的名称为 Sheet 1。每张工作表均有一个标签与之对应，标签上的内容就是工作表的名称。一张工作表最多可以有 65 536 行、256 列数据。在工作表的某一单元格上单击鼠标左键，该单元格的边框将变为粗黑线，表示该单元格已被选中。在图 2-2 中，被选中的单元格是 D6，即 D 列第 6 行。用户在工作表中选中单元格后，即可输入字符串、数字、公式和图表等信息。

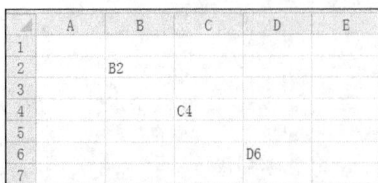

图 2-1 单元格示例

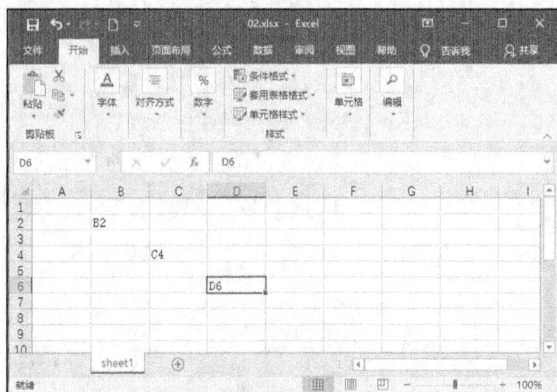

图 2-2 工作表

3. 工作簿

Excel 工作簿是计算和存储数据的文件，每一个工作簿都可以包含多张工作表，因此，用户可在单个工作表中管理各种类型的相关信息。在工作簿中，用户要切换到相应的工作表，只需单击工作表标签，相应的工作表就成为当前工作表，而其他工作表被隐藏起来。如果想在屏幕上同时看到一个工作簿的多个工作表（如 Sheet 2 和 Sheet 3），只需打开该工作簿并显示其中的一个工作表 Sheet 3，然后执行以下操作步骤。

（1）选择"视图"|"窗口"|"新建窗口"命令，如图 2-3 所示。

（2）单击新建窗口中的 Sheet 2。

（3）选择"视图"|"窗口"|"全部重排"命令，弹出"重排窗口"对话框，如图 2-4 所示。

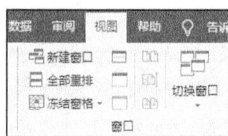

图 2-3　选择"视图"|"窗口"|"新建窗口"命令

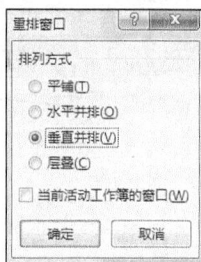

图 2-4　"重排窗口"对话框

（4）在"重排窗口"对话框中，选择"垂直并排"选项，单击"确定"按钮。图 2-5 所示为在同一个工作簿中同时看到工作簿 02 的 Sheet 2 和 Sheet 3 工作表。

用户可以根据需要决定一个工作簿包含多少个工作表，具体操作步骤如下。

（1）单击"文件"按钮，在打开的"文件"面板中，单击"选项"选项，如图 2-6 所示。

图 2-5　一个工作簿显示多个工作表

图 2-6　"选项"选项

（2）打开"Excel 选项"对话框，在"常规"选项页面，修改"包含的工作表数"文本框中的数字，然后单击"确定"按钮，如图 2-7 所示。

💡**注意**　设置工作簿的工作表数后，以后新建的工作簿就将采用新的工作表数，而当前工作簿的工作表数并不改变。工作簿的工作表数可以任意增加或减少，上述方法只是用于设置新建工作簿的工作表数。

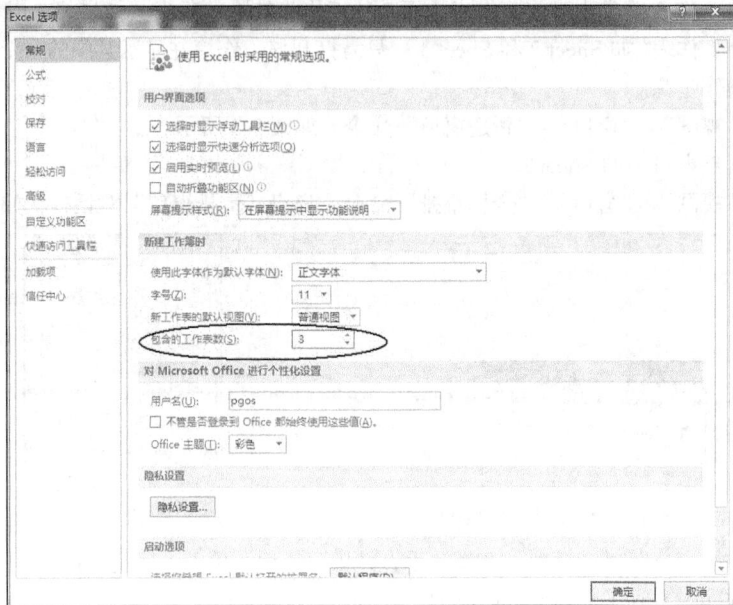

图 2-7　设置工作表的数目

4．选取工作范围

　　Excel 中的工作范围是指一组被选中的单元格，它们可以是连续的，也可以是离散的，如图 2-8 所示。如果选中工作范围后再进行操作，则这些操作将作用于该工作范围内的所有单元格。例如，可以对工作范围内的单元格同时设置大小、边框。当然，工作范围由用户选定，它可以是一个单元格，也可以是多个单元格，甚至可以是整个工作表和整个工作簿。

　　工作范围是一个单元格时，操作很简单，只要单击该单元格就可以选中这个工作范围。若工作范围是选中的若干个单元格，则可分为以下几种情况。

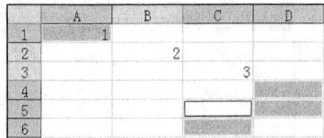

图 2-8　工作范围

　　（1）如果要选中工作表中连续的区域，可以单击选区中一个角的单元格并按住鼠标左键，然后拖曳鼠标，这时屏幕上出现一片阴影区域，当这片阴影区域刚好覆盖到要选中的区域时，释放鼠标左键，这片阴影区域就被选中为工作范围。

　　（2）如果要选中几个不相连的区域或单元格，可以按住 Ctrl 键，再单击选中单个或多个单元格，即可选中所需的工作范围。

　　（3）如果要选中一行或一列，可以单击列号区的字母或者行号区的数字，则该列或者该行被选中为工作范围。

　　（4）如果单击行号区和列号区的交界处，即选中左上角的单元格，则整个工作表都被选中为工作范围。

2.1.2　创建工作簿

　　创建工作簿也就是新建一个 Excel 文档，可使用以下几种常用方法创建工作簿。

　　1．启动 Excel 2016，自动创建工作簿

　　启动 Excel 2016，将出现图 2-9 所示的选择界面，可以根据需要选择空白工作簿，Excel 则自动创建一个名为"工作簿 1"的空白工作簿，如图 2-10 所示。

16

图 2-9　启动 Excel 2016 的选择界面

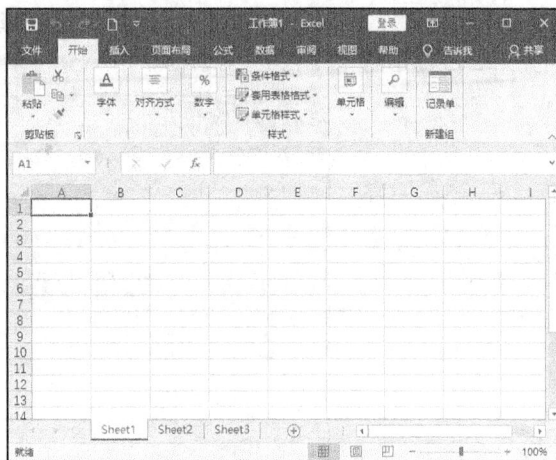

图 2-10　启动 Excel 2016 自动创建工作簿

2. 使用"新建"按钮创建工作簿

用鼠标右键单击桌面，选择快捷菜单中的"新建"|"Microsoft Excel 工作表"命令，如图 2-11 所示。Excel 将自动创建一个"新建 Microsoft Excel 工作表"。

除以上两种方式外，如果在 Excel 工作簿已经打开的情况下，想再新建工作簿，可以单击"快速访问"工具栏中的"新建"按钮，或者单击"文件"按钮，打开"文件"选项卡，选择"新建"|"空白工作簿"选项，即可创建一个空白工作簿。

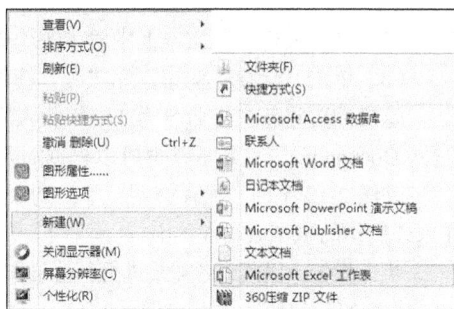

2.1.3　打开工作簿

通常情况下，找到需要打开的 Excel 文件，双击鼠

图 2-11　选择"Microsoft Excel 工作表"

标左键，即可打开选中的 Excel 文件。如果在打开的工作簿中，需要打开其他文件，可单击"文件"选项卡，在菜单中选择"打开"命令，在图 2-12 所示的"打开"页面中选择所需的工作簿即可。

图 2-12　"打开"页面

2.1.4　保存工作簿

通过以下步骤可保存工作簿。

（1）单击"文件"选项卡，在打开的菜单中选择"保存"命令，或者选择"另存为"命令，弹出如图 2-13 所示的"另存为"对话框。

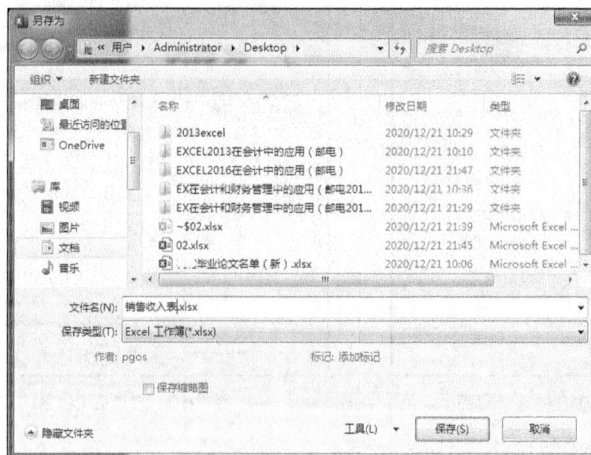

图 2-13 "另存为"对话框

（2）在"文件名"文本框中输入工作簿的名称，如"销售收入表"。

（3）单击"保存"按钮，完成工作簿的保存。

这样即可将新文件命名为"销售收入表"。由于采用了默认工作路径，所以这个工作表被存放在"My Documents"目录下，也可以根据需要选择其他工作路径。

在图 2-13 中的"保存类型"下拉列表框中可以选择文件的格式，这样就可以在其他程序中使用 Excel 制作的电子表格。

当工作告一段落或者需要进行其他工作时，需要保存已经完成的工作。保存操作可以将完成的工作从内存中储存到硬盘上。在实际使用 Excel 的过程中，随时保存十分必要，这样可以避免数据意外丢失。

还可以自动定时保存文件。

单击"文件"选项卡，选择"选项"|"保存"命令，在打开的"自定义工作簿的保存方法"对话框中设置保存自动恢复信息时间间隔，如图 2-14 所示，一般系统默认的时间间隔为 10 分钟，用户可以根据实际需要进行设置。

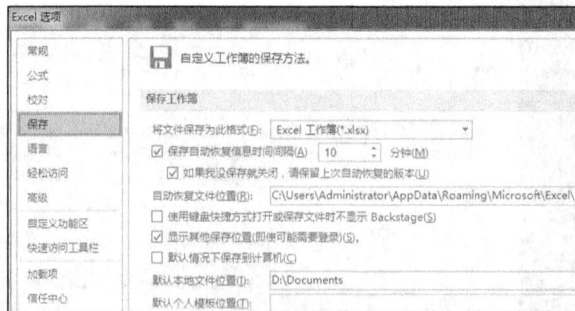

图 2-14 设置文件自动定时保护

2.1.5 数据输入

要创建工作表，就必须在单元格中输入数据。当启动所需的输入法并选中目标单元格后，即可开始输入数据。在工作表的单元格中，可以使用两种基本数据格式，即常数和公式。常数是指文字、数字、日期和时间等数据；公式是指包含等号 "=" 的函数、宏命令等。

在单元格中输入数据时，需要掌握以下 3 种基本输入方法。

（1）单击目标单元格，然后直接输入。

（2）双击目标单元格，该单元格中会出现插入光标，将光标移到所需的位置后，即可输入数据（这种方法多用于修改单元格中的数据）。

（3）单击目标单元格，再单击编辑栏，然后在编辑栏中编辑或修改数据。

1. 输入文本

文本包括汉字、英文字母、特殊符号、数字、空格以及其他能够从键盘输入的符号。在 Excel 中，一个单元格内最多可容纳 32 767 个字符，编辑栏可以显示全部的字符，而单元格内最多可以显示 1 024 个字符。

在向单元格中输入文本时，如果相邻单元格中没有数据，那么 Excel 允许长文本覆盖其右边相邻的单元格；如果右边相邻单元格中有数据，则当前单元格只显示该文本的开头部分。要想查看并编辑单元格中的所有内容，可以单击该单元格，此时编辑栏会将该单元格的内容显示出来，如图 2-15 所示。

在输入文本的过程中，文本会同时出现在活动单元格和编辑栏中，按 Backspace 键可以删除光标左边的字符；如果要取消输入，则可单击编辑栏中的 "取消" 按钮或按 Esc 键。

在单元格中输入文本后，要激活当前单元格右侧相邻的单元格，可按 Tab 键；要激活当前单元格下方相邻的单元格，可按 Enter 键；要使当前单元格成为活动单元格，可单击编辑栏中的 "输入" 按钮。

在默认情况下，按 Enter 键后，所选单元格会向下移动。要改变按 Enter 键后所选单元格的移动方向，可执行以下操作步骤。

（1）单击 "文件" 选项卡，选择 "选项" | "高级" 命令，弹出图 2-16 所示的 "使用 Excel 时采用的高级选项" 对话框。

图 2-15　显示单元格中的所有内容　　　　图 2-16　设置单元格的移动方向

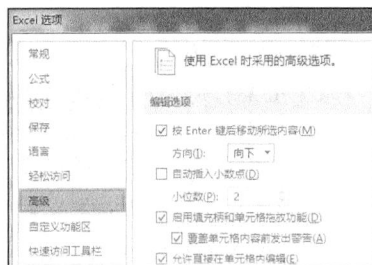

（2）在 "方向" 下拉列表框中选择单元格移动的方向（其中包含 "向下" "向右" "向上" 和 "向左" 4 个选项）。

（3）单击 "确定" 按钮，完成单元格移动方向的设置。

2. 输入数字

数字也是一种文本，和输入其他文本一样，在工作表中输入数字也很简单。要在一个单元格中输入一个数字，首先用鼠标或键盘选中该单元格，然后输入数字，最后按 Enter 键即可。

在 Excel 中，可作为数字使用的字符包括 0、1、2、3、4、5、6、7、8、9、-、( )、.、e、E、,、/、$、¥、%。

在被选中的单元格中输入数字有一点与输入其他文本不同，即单元格中的数字和其他文本的对齐方式不同。在默认情况下，单元格中其他文本的对齐方式为左对齐，而数字的对齐方式是右对齐。要改变对齐方式，可以在"单元格格式"对话框中进行设置（将在后续章节中介绍）。

在向单元格中输入某些数字时，其格式与其他文本不同，输入方法也不相同。下面着重介绍分数和负数的输入方法。

（1）输入分数。

在工作表中，分式常以斜杠"/"来分界分子和分母，其格式为"分子/分母"，但日期的输入方法也是以斜杠来分隔年、月和日的。例如，"2021年6月28日"可以表示为"2021/6/28"，这就有可能造成在输入分数时，系统会将分数当成日期的错误。

为了避免发生这种错误，Excel规定：在输入分数时，须在分数前输入"0"，并且"0"和分子之间用空格隔开。例如，要输入分数7/8，需输入"0 7/8"。如果没有输入"0"和一个空格，则Excel会将该数据作为日期处理，认为输入的内容是"7月8日"，如图2-17所示。

（2）输入负数。

在输入负数时，可以在负数前输入减号"–"作为标识，也可以将数字置于括号"( )"中，例如，在选定的单元格中输入"(1)"，再按Enter键，即显示为–1。

3．输入日期和时间

日期和时间实际上也是一种数字，只不过有其特定的格式。Excel能够识别绝大多数用普通表示方法输入的日期和时间格式。在输入Excel可以识别的日期或时间数据之后，该日期或时间数据在单元格中的格式将变为Excel某种内置的日期或时间格式。

（1）输入日期。

用户可以使用多种格式来输入一个日期，可以用斜杠"/"或"-"来分隔日期的年、月和日。传统的日期表示方法是以两位数来表示年份，例如，2021年6月28日可以表示为21/6/28或21-6-28。当在单元格中输入21/6/28或21-6-28并按Enter键后，Excel会自动将其转换为默认的日期格式，并将用两位数表示的年份更改为用4位数表示的年份。

在默认情况下，当用户输入以两位数字表示的年份时，会出现以下两种情况。

① 当输入的年份为00～29的两位数年份时，Excel将解释为2000—2029年。例如，在单元格中输入日期29/6/28，则Excel将认为日期为2029年6月28日。

② 当输入的年份为30～99的两位数年份时，Excel将解释为1930—1999年。例如，在单元格中输入日期50/1/28，则Excel将认为日期为1950年1月28日，如图2-18所示。

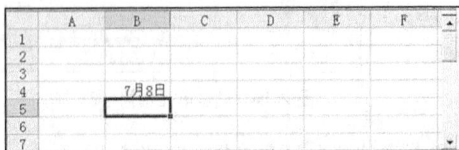

图2-17　没有输入"0"和一个空格后的显示结果　　　　图2-18　输入50/1/28后显示的结果

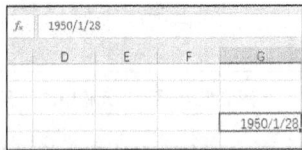

💡 **提示**　为了尽可能避免出错，建议用户在输入日期时，不要输入以两位数字表示的年份，而要输入以4位数字表示的年份。

图2-18所示为多种日期显示格式中的一种。设置日期其他显示格式的具体操作步骤如下。

① 选中目标单元格。

② 选择"开始"|"单元格"|"格式"|"设置单元格格式"命令，如图2-19所示。

③ 在"设置单元格格式"对话框中单击"数字"选项卡，然后选择"分类"列表框中的"日期"选项，如图 2-20 所示。

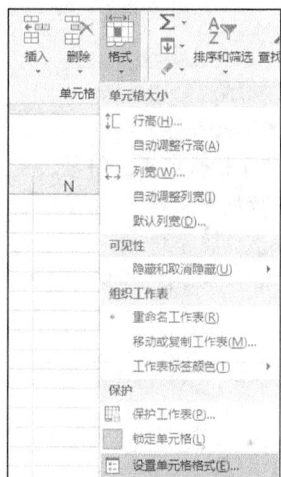

图 2-19 选择"设置单元格格式"命令

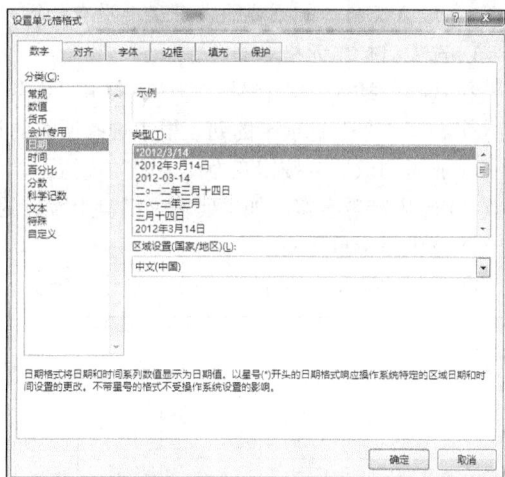

图 2-20 "数字"选项卡

④ 在"类型"列表框中列出了日期的所有显示格式，选择所需的格式，单击"确定"按钮。

（2）输入时间。

在被选中的单元格中输入时间的方法有两种：即按 12 小时制和按 24 小时制输入，二者的输入方法不同。如果按 12 小时制输入时间，则要在时间数字后加一空格，然后输入 a(AM)或 p(PM)，字母 a 表示上午，字母 p 表示下午。例如，输入下午 4 时 30 分 20 秒的方法为：4:30:20p。如果按 24 小时制输入时间，则只需输入 16:30:20。如果用户只输入时间数字，不输入 a 或 p，则 Excel 将默认是上午的时间。

> **提示** 在同一单元格中输入日期和时间时，必须用空格分隔；否则 Excel 将把输入的日期和时间当作文本。在默认状态下，日期和时间在单元格中的对齐方式均为右对齐。如果 Excel 无法识别输入的日期和时间，也会把它们当作文本，并在单元格中左对齐。此外，要输入当前日期，可使用"Ctrl+;"组合键；要输入当前时间，可使用"Ctrl+Shift+;"组合键。

4. 输入公式

公式是指一个等式，利用它可以从已有的值计算出一个新值。公式可以包含数值、算术运算符、单元格引用和内置等式（即函数）等。

计算是 Excel 强大的功能之一。用户可以在被选中的单元格中输入公式，以便对工作表中的数据进行计算。只要输入正确的计算公式，经过简单的操作步骤后，计算的结果就显示在相应的单元格中。如果工作表内的数据有变动，则系统自动将变动后的答案计算出来。

在 Excel 中，所有的公式都以等号开始。等号标志着数学计算的开始，它也告诉 Excel 将其后的等式作为一个公式来存储。公式可以包含工作表中的单元格引用。这样，单元格中的内容即可参与公式中的计算。单元格引用可与数值、算术运算符和函数一起使用。

输入公式的具体操作步骤如下。

（1）选中要输入公式的单元格。

（2）在选中单元格中输入一个等号"="。

（3）在选中的单元格中输入公式的内容，如 3+5、A2+A3、A1+5 等。

（4）按 Enter 键，即可完成公式的输入。

5. 输入符号和特殊字符

（1）输入符号。如果要输入键盘上没有的符号，则操作步骤如下。

① 选中目标单元格。

② 选择"插入"|"符号"命令，打开"符号"对话框，如图 2-21 所示。

③ 在"符号"选项卡的列表框中选择所需的符号，然后单击"插入"按钮。

④ 此时"取消"按钮变为"关闭"按钮，单击该按钮，可在单元格中输入所需的符号。

（2）输入特殊字符。如果要输入键盘上没有的特殊字符，则操作步骤如下。

① 选中目标单元格。

② 选择"插入"|"符号"命令，打开"符号"对话框，单击"特殊字符"选项卡，如图 2-22 所示。

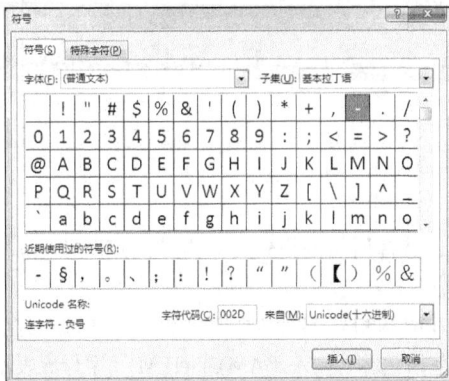

图 2-21 "符号"对话框

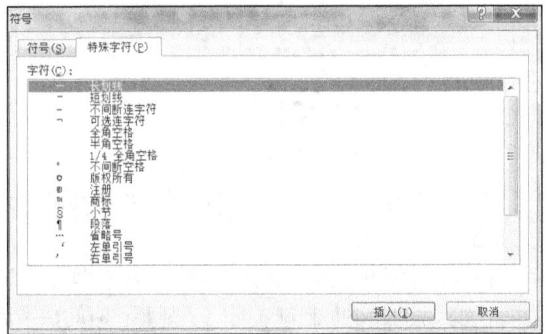

图 2-22 "特殊字符"选项卡

③ 在"字符"列表框中选择所需的特殊符号，然后单击"插入"按钮。

④ 此时"取消"按钮变为"关闭"按钮，单击该按钮，即可在单元格中输入所需的特殊字符。

6. 输入多行数据

如果希望在一个单元格中输入两行数据，只要同时按 Enter 键和 Alt 键就可以在第二行开始输入，如图 2-23 所示。

选择"开始"|"单元格"|"格式"|"设置单元格"命令，打开"设置单元格格式"对话框，在"对齐"选项卡下单击"文本控制"选项组中的"自动换行"复选框，如图 2-24 所示，Excel 会自动将超出单元格宽度的内容转到第二行显示。

图 2-23 输入多行数据

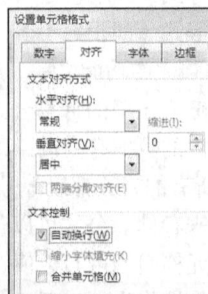

图 2-24 选中"自动换行"复选框

7. 数据的快速填充

在表格中经常要输入一些有规律的数据，如果按常规逐个输入这些数据，则既费时又容易出错。

下面介绍如何快速准确地输入这些有规律的数据。

（1）在多个单元格中输入相同的数据。如果表格中有很多单元格的内容是相同的，显然在每个单元格中重复输入是很麻烦的。在多个单元格中输入相同数据的操作步骤如下。

① 选中需要输入相同数据的多个单元格。

② 在活动单元格（最后选取的单元格）中显示输入的内容，如图 2-25 所示。

③ 同时按 Ctrl 键和 Enter 键，在所有被选中的单元格中都将出现相同的输入数据。

注意 一定要同时按 Ctrl 键和 Enter 键。如果只按 Enter 键，那么只会在活动单元格中出现输入数据。

（2）自动完成输入功能。如果在单元格中输入的起始字符与该列已有单元格中的内容相符，那么 Excel 可以自动填写其余的字符，如图 2-26 所示。

按 Enter 键可以接受自动提供的字符。如果不想采用，继续输入就可以忽略它。按 Backspace 键可以清除自动提供的字符。

自动完成输入功能还有另外一种形式。在单元格中单击鼠标右键，在弹出的快捷菜单中选择"从下拉列表中选择"命令，Excel 将列出所在列所有相邻单元格中的内容供用户选择，如图 2-27 所示。

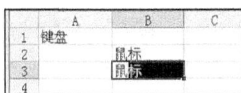

图 2-25　输入数据　　　　图 2-26　自动完成　　　　图 2-27　Excel 提供相邻单元格内容供选择

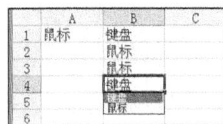

（3）自动填充。如果用户需要输入的数字或文字数据并不是完全一样，而是遵循某种规律，那么该如何处理呢？例如，用户需要输入 1～100 作为编号。显然，逐个手动输入是很麻烦的。这时就需要用到 Excel 的自动填充功能在连续的单元格内产生有规律的序列。

首先，用户应建立一段有规律的数据，然后选中它们。这段有规律的数据既可以在同一列，也可以在同一行，但是必须在相邻的单元格中。

假设建立了 2～4 的一个序列，如图 2-28 所示。

单击鼠标左键按住填充控制点，将控制点向下拖动到合适的位置后释放鼠标左键，Excel 会按照已有数据的规律来填充被选中的单元格，如图 2-29 所示。

图 2-28　自动填充前　　　　图 2-29　自动填充后

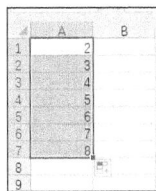

自动填充还有另外一种方式。如果按住鼠标右键拖动填充控制点，那么系统将弹出图 2-30 所示的快捷菜单。在这个快捷菜单中，可以改变填充的方式或指定填充的规律。各命令的含义如下。

① "复制单元格"是指用将选中的单元格中的内容填充到拖动范围内的其他单元格中。

② "填充序列"是指按照选中的单元格中数据的规律进行填充。

③ "仅填充格式"是指仅仅填充格式而不会填充数据。

④ "不带格式填充"是指按照新单元格的格式填充数据。

⑤ "等差序列"和"等比序列"分别是指根据已有的数据按照等差序列或等比序列的规律填充其他单元格。选择"序列"命令，将打开"序列"对话框。在该对话框中，可以设置自动填充的规律。单击"确定"按钮即可完成自动填充操作。

使用 Excel 处理日常事务时，经常需要填充日期序列。Excel 提供了十分方便的日期填充功能。首先在选中的单元格中输入一个日期，如 2021/7/7，然后按住鼠标右键拖动填充控制点，在打开的快捷菜单中选择日期的填充方式，系统将用日期填充拖动的区域。如图 2-31 所示，一共有 4 种日期填充方式："以天数填充"是指依次填入以输入日期开始的每一天；"填充工作日"是指跳过周六和周日，只填充工作日；"以月填充"是指填充每月中和输入日期处在同一天的日期；"以年填充"是指填充每年中和输入日期处在同一月、同一天的日期（即仅改变年份）。

图 2-30 填充的方式　　　　图 2-31 日期的填充方式

（4）用户自定义填充序列。Excel 提供了 11 种预定义的序列，除此之外，还允许用户根据实际需要自定义序列。自定义序列的具体操作步骤如下。

① 单击"文件"选项卡，选择"选项"|"高级"命令。

② 在"Excel 选项"对话框中的"常规"选项卡中单击"编辑自定义列表"按钮，如图 2-32 所示。

③ 弹出"自定义序列"文本框，对话框左侧有系统默认定义好的序列；如要定义一个新序列，则需在右侧输入新序列的数据，序列内容之间按 Enter 键隔开，如输入"中，美，法"，如图 2-33 所示。

图 2-32 单击"编辑自定义列表"按钮　　　　图 2-33 自定义序列的设置

④ 单击"添加"按钮，自定义序列下方出现新建序列内容。

⑤ 单击"确定"按钮，完成自定义序列的设置，并返回工作界面。

此时，单击工作表中的某一单元格，输入"中"，然后向右拖动填充柄，释放鼠标左键即可得到自动填充的"中、美、法"序列内容，如图 2-34 所示。

图 2-34　自定义填充序列

2.1.6　编辑工作表

建立工作表之后，用户需要根据实际需求，利用 Excel 提供的编辑功能，对工作表中的数据进行修改和调整，使建立的工作表符合实际需要。Excel 提供了强大的编辑功能，用于对工作表及其数据进行各种操作。

本小节将介绍工作表的基本操作，如工作表的拆分与冻结、工作表和工作簿的保护、模板的应用。通过学习本小节的内容，读者应掌握工作表数据的编辑方法。

1.　工作表的基本操作

一个工作簿最多可以包含 255 个工作表。下面介绍工作表的基本操作方法。

（1）激活工作表。要激活一个工作表，可以使用以下方法之一。

方法一：单击工作簿底部的"工作表"标签。

方法二：使用键盘，按"Ctrl + PgUp"组合键激活当前工作表的前一个工作表，然后按"Ctrl + PgDn"组合键激活当前工作表的后一个工作表。

图 2-35　"标签滚动"按钮

方法三：使用工作表"标签滚动"按钮。当工作簿中无法显示过多的工作表标签时，单击工作簿左下方的"标签滚动"按钮（见图 2-35），对"工作表"标签进行翻页。

如果要滚动显示其他工作表标签，则可在所需方向上连续单击"标签滚动"按钮中的滚动箭头，直到所需"工作表"标签显示在屏幕上；如果要一次滚动多个工作表，则按 Shift 键，再单击"标签滚动"按钮中的标签滚动箭头；如果要显示最前或者最后一个工作表，则单击"标签滚动"按钮左侧或者右侧的"标签滚动"按钮。

用鼠标右键单击"标签滚动"按钮，可以直接从弹出的当前工作簿的所有工作表列表中选择需要切换到的工作表。

（2）插入和删除工作表。在编辑过程中，经常要在一个已有的工作表中插入一个新的工作表，可以使用以下操作方法之一插入工作表。

方法一：选择"开始"|"单元格"|"插入"|"插入工作表"命令，如图 2-36 所示。

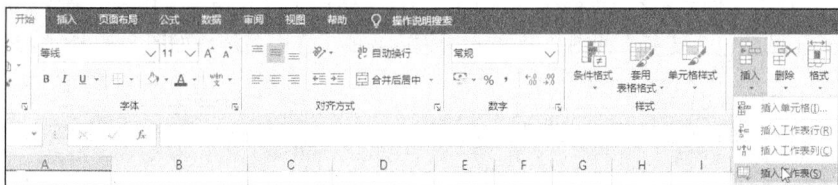

图 2-36　选择"插入工作表"命令

方法二：选择工作表，单击"插入工作表"按钮 。

如果要删除某个工作表，则可以使用以下操作方法之一。

方法一：选中要删除的工作表，选择"开始"|"单元格"|"删除"|"删除工作表"命令。

方法二：在需要删除的工作表标签上单击鼠标右键，从弹出的快捷菜单中选择"删除"命令。

💡 注意　因为工作表被删除以后将无法恢复，所以在删除之前要慎重考虑。

（3）移动和复制工作表。Excel 的工作表可以在一个或者多个工作簿中移动。要将一个工作表移动或者复制到不同的工作簿中，要求两个工作簿必须是打开的。

① 使用菜单。使用菜单移动或复制工作表的操作步骤如下。

a. 用鼠标右键单击要移动的工作表的标签。

b. 选择"移动或复制工作表"命令，打开"移动或复制工作表"对话框，如图 2-37 所示。

c. 在"移动或复制工作表"对话框中的"工作簿"下拉列表框中选择需要移动到的工作簿，在"下列选定工作表之前"列表框中选择要移至位置之前的工作表。如果是要移动，则取消选中"建立副本"复选框。如果要复制，则选中"建立副本"复选框。最后单击"确定"按钮。

图 2-37 "移动或复制工作表"对话框

② 使用鼠标。单击需要移动的工作表的标签，将它拖动到指定的位置，然后释放鼠标左键。在拖动的过程中，鼠标指针变成一个小表和一个小箭头。如果是复制操作，则需要在拖动鼠标时按住 Ctrl 键。

> **注意** 若将一个工作表从一个工作簿移动到另外一个工作簿，而目标工作簿中含有与此工作表同名的工作表，则 Excel 将自动改变此工作表的名称并使之变为唯一的名称。例如，Sheet 2 变为 Sheet 2（2）。

（4）对多个工作表同时进行操作。用户可以一次对多个工作表进行操作，方法是先选中多个工作表，然后执行移动、复制和删除等操作。选中多个工作表的方法有以下两种。

① 单击工作表标签的同时按 Ctrl 键，则该工作表与以前选择的工作表同时被选中。

② 单击工作表标签的同时按 Shift 键，则选中连续的工作表。

> **注意** 要取消选中工作表中的其中一个，可以在按 Ctrl 键的同时单击该工作表标签。如果要取消所有被选中的工作表，则可以用鼠标右键单击某个选中的"工作表"标签，在弹出的快捷菜单中选择"取消成组工作表"命令；或者不按 Ctrl 键，直接单击一个未选中的工作表标签。

（5）重命名工作表。为工作表起一个有意义的名称，以便辨认、查找和使用是很有必要的。为工作表命名有以下 3 种方法。

方法一：单击工作表标签（如表 Sheet 1），选择"格式"|"重命名工作表"命令，此时，工作表标签 Sheet 1 的颜色会变灰，如图 2-38 所示。输入新的工作表名称后如图 2-39 所示。

图 2-38 重命名工作表

图 2-39 重命名工作表后

方法二：在工作表标签上单击鼠标右键，从弹出的快捷菜单中选择"重命名"命令，工作表标签颜色变灰后，输入新的工作表名称即可。

方法三：双击需要重命名的工作表，工作表标签的颜色变灰后，输入新的工作表名称即可。

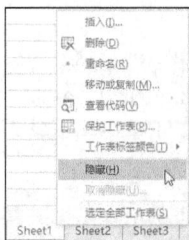

图 2-40 快捷菜单

（6）隐藏工作表。如果不希望被他人查看某些工作表，可以使用 Excel 的隐藏工作表功能将工作表隐藏起来。隐藏工作表还可以减少屏幕上显示的窗口和工作表，避免不必要的改动。例如，可隐藏包含敏感数据的工作表。当一个工作表被隐藏后，它的标签也被隐藏起来。隐藏的工作表仍处于打开状态，其他文档仍可以利用其中的信息。

隐藏工作表的操作步骤如下。

① 用在需要隐藏的工作表标签上单击鼠标右键，弹出图 2-40 所示的快捷菜单。

② 选择"隐藏"命令，选定的工作表将被隐藏。

注意 不能将工作簿中的所有工作表都隐藏起来，每一个工作簿至少要有一个可见的工作表。

显示被隐藏的工作表的操作步骤如下。

① 用鼠标右键单击工作表标签，选择"取消隐藏"命令，打开图 2-41 所示的"取消隐藏"对话框。

② 在"取消隐藏"对话框中，选择需要取消隐藏的工作表，单击"确定"按钮即可。

2. 拆分和冻结工作表

Excel 提供了拆分和冻结工作表窗口的功能。用户利用这些功能更加有效利用屏幕空间。拆分和冻结工作表窗口是两个非常相似的功能。

拆分工作表窗口是把工作表当前活动的窗口拆分成若干窗格，并且在每个被拆分的窗格中都可以通过滚动条来显示工作表的每一部分。使用拆分窗口功能可以在一个文档窗口中查看工作表中不同部分的内容。

拆分和冻结工作表

冻结工作表窗口功能也是将工作表当前活动窗口拆分成若干窗格，与拆分工作表不同的是，在冻结工作表窗口时，活动工作表的上方和左边窗格将被冻结，即当垂直滚动时，冻结点上方的全部单元格不参与滚动；当水平滚动时，冻结点左边的全部单元格不参与滚动。在通常情况下，可冻结行标题和列标题，然后通过滚动条来查看工作表的内容，如图 2-42 所示。

图 2-41 "取消隐藏"对话框

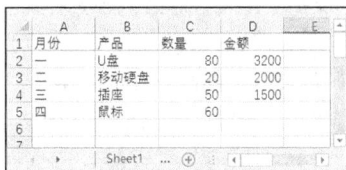

图 2-42 冻结工作表窗口

（1）拆分工作表。拆分工作表的操作步骤如下。

① 选定拆分分隔处的单元格，该单元格的左上角就是拆分的分隔点。

② 选择"视图"|"窗口"|"拆分"命令，如图 2-43 所示。

③ 工作表窗口将被拆分为上、下、左、右 4 个部分，如图 2-44 所示。

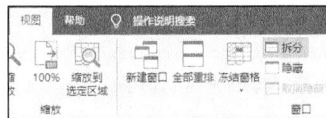

图 2-43 "视图"|"窗口"|"拆分"命令

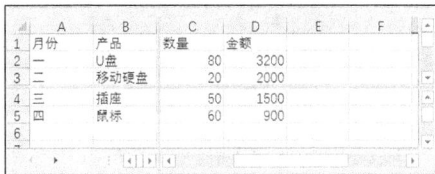

图 2-44 拆分工作表窗口

提示 拆分框就是位于垂直滚动条和水平滚动条之间的横格条。

被拆分的工作表窗口还可以还原。取消拆分窗口有以下两种方法。

方法一：单击拆分窗口的任一单元格，选择"视图"|"窗口"|"拆分"命令。

方法二：在分割条的交点处双击；如果要删除一条分割条，则需要在该分割条上方双击。

（2）冻结工作表。对于比较大的工作表，屏幕无法在一页同时显示其标题和数据。这就需要冻结工作表。

可以将工作表中选定单元格的上窗格和左窗格冻结在屏幕上，使滚动工作表时，屏幕上一直显示行标题和列标题，而且不影响打印。

① 冻结工作表窗口的操作步骤如下。

第一步：选择一个单元格作为冻结点，冻结点上方和左边的所有单元格都将被冻结，并保留在屏幕上。

第二步：选择"视图"|"窗口"|"冻结窗格"|"冻结窗格"命令，如图2-45所示。

第三步：冻结拆分窗格后，拖动工作表的垂直或水平滚动条，保持列标题或行标题不变，滚动显示冻结区域中行或列的数据。

② 撤消冻结。要撤消被冻结的工作表窗口，可以选择"视图"|"窗口"|"冻结窗格"|"取消冻结窗格"命令。

3. 保护工作表和工作簿

当必须放下手中的工作，但又不想退出 Excel 时，可以为工作表和工作簿建立保护，防止因误操作损坏工作表和工作簿数据。

（1）保护工作表。保护工作表功能可以防止修改工作表中

图2-45 冻结工作表窗口

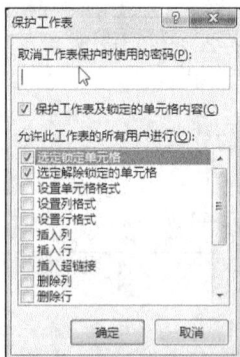

的单元格、Excel 宏表、图表项、对话框编辑表项和图形对象等。保护工作表的操作步骤如下。

① 激活需要保护的工作表。

② 选择"审阅"|"更改"|"保护工作表"命令，打开"保护工作表"对话框，如图2-46所示。

③ 在"保护工作表"对话框中选择需要保护的工作表并输入密码后，单击"确定"按钮。输入密码（可选）可以防止未授权用户取消对工作表的保护。密码可以为字母、数字和符号，并且区分大小写。密码的长度不能超过255个字符。

④ 弹出"确认密码"对话框，如图2-47所示，再次输入密码，单击"确定"按钮。

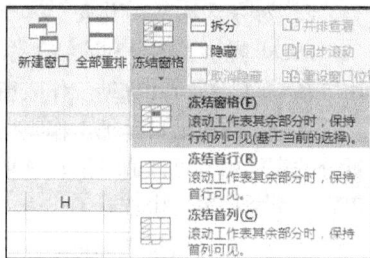

图2-46 "保护工作表"对话框

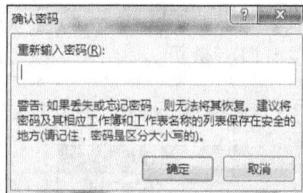

图2-47 "确认密码"对话框

若有人试图修改受保护的工作表，就会弹出图2-48所示的警告对话框。

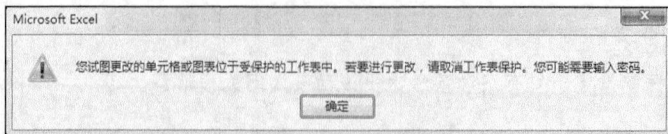

图2-48 工作表受到保护后

（2）保护工作簿。保护工作簿功能可以保护工作簿的结构和窗口，防止对工作簿进行插入、删

除、移动、隐藏、取消隐藏以及重命名工作表等操作；保护工作簿的结构和窗口不被移动或改变大小。启用保护工作簿功能的操作步骤如下。

① 激活需要保护的工作簿。

② 选择"审阅"|"保护"|"保护工作簿"命令，如图 2-49 所示。

③ 弹出"保护结构和窗口"对话框，选择需要保护的选项并输入密码，单击"确定"按钮，如图 2-50 所示。

图 2-49 "审阅"|"保护"|"保护工作簿"命令

图 2-50 "保护结构和窗口"对话框

④ 弹出"确认密码"对话框，再次输入密码，单击"确定"按钮。

"保护结构和窗口"对话框中各选项的含义如下。

- "结构"：保护工作簿的结构，避免删除、移动、隐藏、取消隐藏、插入工作表或者重命名工作簿。
- "窗口"：保护工作簿的窗口不被移动、缩放、隐藏、取消隐藏或关闭。
- "密码（可选）"：与"保护工作表"中的密码功能相同，可以防止未授权用户的非法操作。

（3）取消保护。如果要取消工作表或者工作簿的保护状态，可以选择"审阅"|"更改"|"撤消工作表保护"命令。

如果原来没有设置密码，则选择所需命令即可取消保护；如果原来设置了密码，则选择所需的命令后，将打开"撤消工作表保护"对话框或"撤消工作簿保护"对话框，输入正确的密码后，单击"确定"按钮，即可取消对工作表或工作簿的保护。

2.1.7　修饰工作表

专业的电子表格不仅需要翔实的数据内容和公式分析、统计功能，还应美观。

本小节将通过设置表格外观参数（文字大小、字体、颜色、对齐方式、单元格的边框线、底纹以及表格的行高和列宽等）来美化工作表，从而更有效地显示数据内容。

1. 设置单元格格式

用户可以对 Excel 中的单元格设置各种格式，包括设置单元格中数据的类型、文本的对齐方式、字体、单元格的边框以及设置单元格保护等。用户不仅可以对单个单元格和单元格区域设置格式，还可以同时对一个或多个工作表设置格式。设置单元格格式的操作步骤如下。

① 选中需要设置格式的单元格或者单元格区域。

② 选择"开始"|"单元格"|"格式"|"设置单元格格式"命令，或者在选中的单元格上单击鼠标右键，在弹出的快捷菜单中选择"设置单元格格式"命令，打开"设置单元格格式"对话框，如图 2-51 所示。

③ 在"设置单元格格式"对话框中设置单元格的格式，单击"确定"按钮即可。

（1）设置数据的对齐方式。为了排版整齐，单元格中的数据一般需要对齐。在默认情况下，单元格中的文本是左对齐，数字是右对齐。

如果需要改变数据的对齐方式，则在"设置单元格格式"对话框中的"对齐"选项卡中设置数据对齐方式，如图 2-52 所示。

图 2-51 "设置单元格格式"对话框

图 2-52 "对齐"选项卡

① 设置水平对齐方式。"水平对齐"下拉列表框中包含"常规""靠左（缩进）""居中""靠右（缩进）""填充""两端对齐""跨列居中"和"分散对齐（缩进）"等选项，默认选项为"常规"选项，即文本左对齐，数字右对齐，逻辑值和错误值居中对齐。

② 设置垂直对齐方式。"垂直对齐"下拉列表框中包含"常规""靠下""居中""两端对齐"和"分散对齐"等选项，默认选项为"靠下"选项，即文本靠下垂直对齐。"缩进"文本框用于设置单元格内容从左向右缩进，缩进的单位是一个字符。

③ 设置文本控制选项。"文本控制"包括"自动换行""缩小字体填充"和"合并单元格"3 个复选框。

● "自动换行"复选框：选中该复选框，单元格中的文本会自动换行，行数的多少与文本的长度和单元格的宽度有关。

● "缩小字体填充"复选框：选中该复选框，Excel 会根据列宽自动缩小单元格中字符的大小，使单元格内的字符在该列能够全部显示。

● "合并单元格"复选框：选中该复选框，所选单元格将被合并成一个单元格，如果所选的单元格都有数据，则在单击"确定"按钮后，Excel 会弹出一个消息框，提示只保留左上方单元格内容，单击"确定"按钮即可。

④ 设置文本的旋转方向。"方向"用来改变单元格中文本旋转的角度，例如，要将文本从右上往左下转，使用负数，反之使用正数。"开始"选项卡中提供了常用的文本对齐方式的工具按钮，如图 2-53 所示。利用这些按钮可以大大提高工作效率。

图 2-53 对齐方式的快捷工具按钮

（2）设置单元格字体。在"设置单元格格式"对话框的"字体"选项卡中设置字体、字形、字号、下划线、颜色和特殊效果，如图 2-54 所示。

① 设置字体、字形、字号。Excel 提供的字体包括宋体、仿宋体和楷体等多种字体，用户可以在"字体"列表框中选择任意一种字体。Excel 提供的字形包括常规、倾斜、加粗和加粗倾斜，用户可以在"字形"列表框中选择任意一种字形。字体的大小由字号决定，可用字号取决于打印机和文本所用的字体，在"字号"列表框中选择一种字号来设置单元格字体的大小。

② 设置下划线、颜色。在"下划线"和"颜色"下拉列表框中根据需要选择下划线类型和颜色。

③ 设置普通字体。选中"普通字体"复选框，"字体"选项卡中的各个选项将重置为默认值。

④ 设置特殊效果。"特殊效果"包括"删除线""上标"和"下标"3 个选项。

• "删除线"复选框：选中该复选框可以产生一条贯穿字符中间的直线。

• "上标"和"下标"复选框：选中这两个复选框可以将选中的文本或数字设置为上标或者下标。

"开始"选项卡提供了常用的设置单元格字体格式的工具按钮，如图 2-55 所示。

（3）设置单元格边框。在工作表中给单元格添加边框可以突出显示工作表数据，使工作表更加清晰明了。要设置单元格边框，在"设置单元格格式"对话框的"边框"选项卡中进行设置即可，如图 2-56 所示。

图 2-54 "字体"选项卡

图 2-55 单元格字体格式设置的工具按钮

图 2-56 "边框"选项卡

技巧 可以利用边框产生三维效果，方法是将浅色作为背景色，以白色作为边框顶部和左部的颜色，以黑色作为边框底部和右部的颜色，这样就会产生凸的效果，反之则会产生凹的效果。

（4）设置单元格颜色或图案。如果想改善工作表的视觉效果，则可以为单元格填充颜色或图案。方法为：在"设置单元格格式"对话框的"填充"选项卡中设置即可，如图 2-57 所示。

在"填充"选项卡中可以设置单元格的底色、单元格底纹的类型和颜色。在"示例"预览框中可以预览设置的效果。

（5）设置单元格保护。Excel 提供了设置单元格保护的方法，防止单元格被非法修改。在设置单元格保护之前必须设置工作表保护。设置工作表保护后，在"设置单元格格式"对话框的"保护"选项卡中即可对单元格设置保护，如图 2-58 所示。

技巧 定义一个单元格的格式后，若想把这个单元格的格式用于另外的单元格，则可使用格式刷功能快速复制格式。选中定义了格式的单元格或单元格区域，单击"常用"工具栏中的"格式刷"按钮，然后单击需要复制单元格格式的单元格或单元格区域。

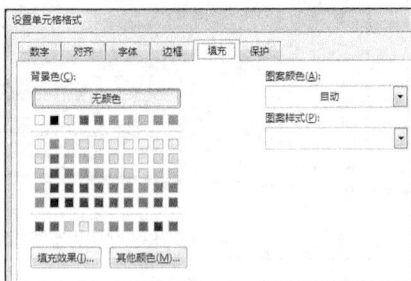

图 2-57 "填充"选项卡

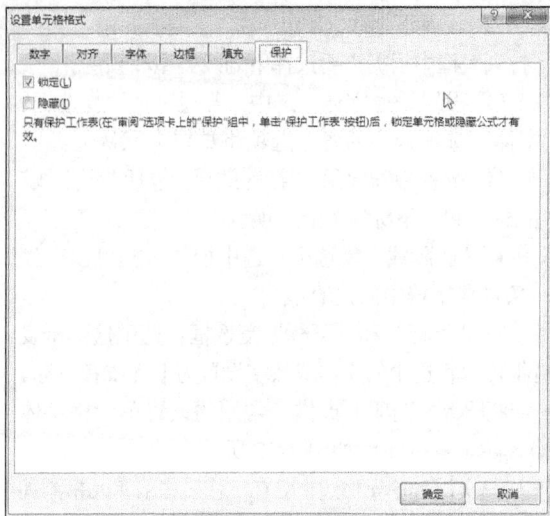

图 2-58 "保护"选项卡

2．格式化行和列

适当调整工作表的列宽和行高可以使工作表更加美观，也有助于在一页中显示更多的数据。此外，用户也可以将某些行和列隐藏起来，以保护数据安全。

（1）调整行高和列宽。在 Excel 中，工作表的默认行高为 14.25，默认列宽为 8.38。要想改变行高和列宽，可以使用鼠标直接在工作表中修改，也可以利用菜单修改。

方法一：将鼠标指针移动到行号区数字上、下边框或列号区字母的左、右边框上，拖动鼠标调整行高或列宽至所需位置后释放鼠标左键即可。

方法二：选择"开始"|"单元格"|"格式"|"列宽"命令，打开"列宽"对话框，如图 2-59 所示。在"列宽"文本框中输入列宽值，单击"确定"按钮即可。

选择"开始"|"单元格"|"格式"|"自动调整列宽"命令，Excel 将自动调整列宽，使之适合列中最长的单元格的宽度。

调整行高和调整列宽的操作相似，只是应选择"开始"|"单元格"|"格式"|"行高"命令。

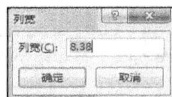

图 2-59 打开列宽对话框

（2）隐藏与取消隐藏。要将某些行和列隐藏起来，首先选中需要隐藏的行的行号区数字或列的列号区字母，然后选择"开始"|"单元格"|"格式"|"隐藏和取消隐藏"命令，最后在子菜单中选择需要隐藏的内容即可，如图 2-60 所示。

要将隐藏的行和列显示出来，首先选择包含隐藏行或列的上、下行行号区数字或上、下列的列号区字母，然后选择"开始"|"单元格"|"格式"|"隐藏和取消隐藏"命令，最后在子菜单中选择"取消隐藏行"或"取消隐藏列"命令即可。

3．自动套用格式

Excel 提供了多种工作表格式，用户可以使用"自动套用格式功能"为工作表穿上一件 Excel 自带的"修饰外套"。这样既可以美化工作表，还能节省大量的时间。

自动套用格式的具体操作步骤如下。

（1）打开需要套用格式的工作表。

（2）选择"开始"|"式样"|"套用表格格式"命令，如图 2-61 所示，该命令提供了多种可供选择的表样式。

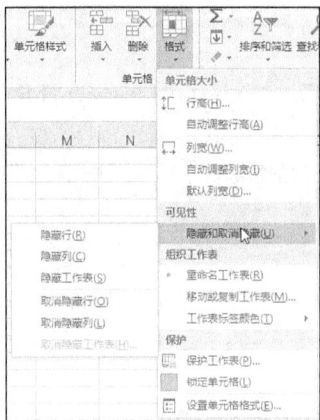

图 2-60 选择"隐藏和取消隐藏"命令

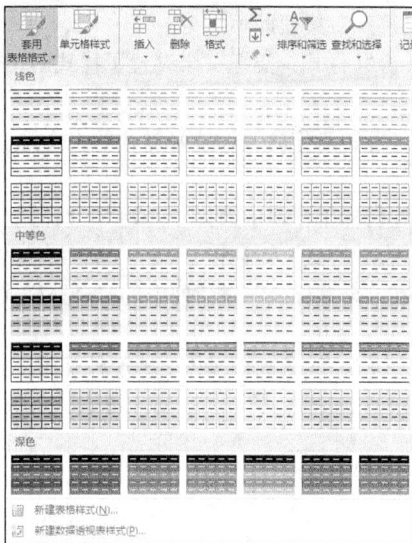

图 2-61 "开始"|"式样"|"套用表格格式"命令

（3）单击选择需要套用的格式，如"浅蓝，表式样中等色深浅 27"，弹出如图 2-62 所示的"创建表"对话框。

（4）选中需要套用的区域，单击"确定"按钮返回工作表，套用格式后的效果如图 2-63 所示。

图 2-62 "创建表"对话框

图 2-63 套用格式后的效果

4. 使用样式

为了方便用户，Excel 提供了将数字、对齐、字体、边框、图案和保护等格式设置成样式的方法。可以根据需要将这几种格式组合成样式，并赋予名称。当需要设置工作表的格式时，只要使用样式功能将定义的样式应用于选中的单元格区域，而不必使用"设置单元格格式"功能逐项设置。

（1）使用样式。选择"开始"|"样式"|"单元格样式"命令，即可使用样式功能，如图 2-64 所示。

Excel 提供了多种预定义的样式，如图 2-65 所示。选中单元格，单击需要的样式即可。

当 Excel 提供的样式不能满足需求时，用户可以自定义样式。自定义样式的具体操作步骤如下。

① 选择要添加样式的工作簿。

② 选择"开始"|"样式"|"单元格样式"|"新建单元格样式"命令，打开如图 2-65 所示的"样式"对话框。

③ 在"样式名"文本框中输入样式名，单击"格式"按钮，在弹出的"设置单元格格式"对话框中设置单元格样式。

④ 单击"确定"按钮，返回"样式"对话框，

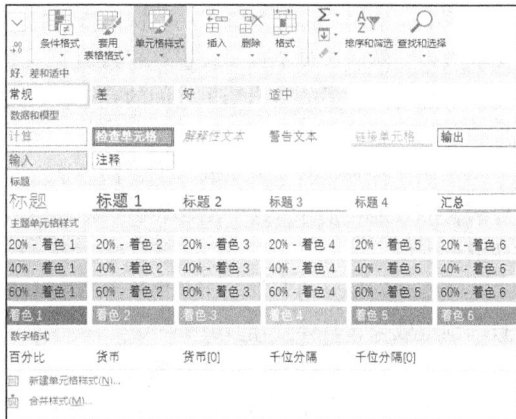

图 2-64 选择"单元格样式"命令

再单击"确定"按钮即可。

（2）合并样式。要把一个设置了样式的工作簿应用于另一个工作簿，可以合并样式，具体操作步骤如下。

① 打开源工作簿（设置好样式的工作簿）和目标工作簿（要并入样式的工作簿），并激活目标工作簿。

② 在目标工作簿中选择"开始"|"样式"|"单元格样式"|"合并样式"命令，打开如图 2-66 所示的"合并样式"对话框。

③ 在"合并样式"对话框中的"合并样式来源"列表框中选择源工作簿，然后单击"确定"按钮即可。

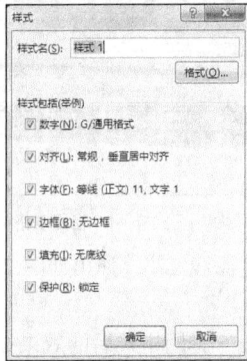

图 2-65 "样式"对话框

图 2-66 "合并样式"对话框

2.1.8 打印工作表

打印是电子表格软件的重要内容，也是使用电子表格软件的关键步骤。在屏幕上编制好工作表后，Excel 会按默认设置安排好打印过程，只需选择"文件"|"打印"命令，单击"打印"按钮即可开始打印。但是，不同行业用户需要的报告样式是不同的，每个用户都有自己的特殊要求。为方便用户，Excel 通过页面设置、打印预览等命令提供了许多设置或调整打印效果的实用功能。下面介绍怎样利用这些功能，打印出完美的、具有专业水准的工作表。

1. 预览打印结果

在准备打印和输出工作表之前，有一些工作要做。例如，使用"打印预览"功能快速查看打印页面的效果，然后通过"页面设置"相关功能调整预览效果与最终期望的输出结果之间的差距，以达到理想的打印结果。

例如，打开"宏达公司五月上旬销售情况"工作表，如图 2-67 所示，这个工作表由表格和曲线图两部分组成。

查看"宏达公司五月上旬销售情况"工作表的打印预览效果，具体操作步骤如下。

（1）选中"宏达公司五月上旬销售情况"工作表。

（2）单击"文件"选项卡，选择"打印"选项，在窗口的右侧可以看到预览效果，如图 2-68 所示。

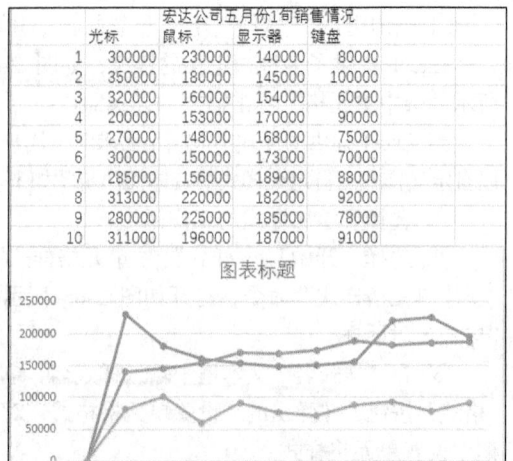

图 2-67　宏达公司五月上旬销售情况

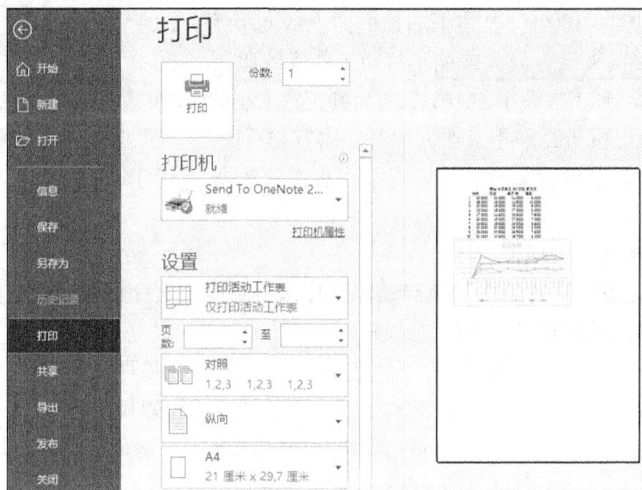

图 2-68　打印预览

　　打印预览窗口底部状态栏显示的信息为"第 1 页　共 1 页"，说明这个工作表需要用 1 页纸打印出来。Excel 对于超过 1 页的内容，根据打印纸张的大小自动进行分页处理。单击"下一页"▶按钮，可依次预览剩余几页的打印预览效果。

　　（3）单击功能区某一选项卡，将退出打印预览模式，返回工作表的常规显示状态。

　　2. 打印设置

　　按照默认设置打印出的工作表若不满足要求，用户可以通过一些操作使得打印结果符合要求。

　　（1）设置纸张方向。可以将工作表的打印方向设置为纵向和横向两个方向。纵向是以纸张的短边为水平位置打印；横向是以纸张的长边为水平位置打印。设置纸张方向的具体操作步骤如下。

　　① 选择"页面布局"选项卡。

　　② 单击"纸张方向"按钮，选择"纵向"或者"横向"命令，如图 2-69 所示，完成纸张方向的设置。

　　（2）设置纸张大小。选择"页面布局"|"纸张大小"命令，在下拉列表框中选择需要的纸张大小即可，如图 2-70 所示。

图 2-69　选择"纸张方向"

图 2-70　选择"纸张大小"

　　（3）设置缩放比例。"页面布局"选项卡中有一个"调整为合适大小"选项组，如图 2-71 所示。

单击其中的"缩放比例：100%"文本框右边的向上或向下箭头，或者在文本框中输入数字来设置放大或缩小打印工作表的比例。Excel 允许用户将工作表缩小到正常大小的 10%，放大到正常大小的 400%。

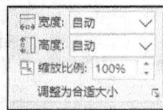

图 2-71 "调整为合适大小"选项组

（4）设置页边距。页边距是指工作表中打印内容与页面上、下、左、右页边的距离，正确设置页边距可以将工作表中的数据打印到页面的指定区域。设置页边距的具体操作步骤如下。

① 选择"页面布局"选项卡。

② 单击"页面设置"选项组中的"启动器"按钮，弹出"页面设置"对话框。

③ 选择如图 2-72 所示的"页边距"选项卡。

图 2-72 "页边距"选项卡

④ 输入页边距、页眉和页脚的数值，或者单击文本框右边的向上或向下箭头，均可以调整页边距。设置"页眉、页脚"与页边距离的方法同上。只是页眉和页脚与页边的距离应小于工作表上端和下端的页边距。

⑤ 单击"确定"按钮，完成页边距的设置。

在"居中方式"选项组中选中"水平"复选框，使工作表在水平方向居中；选中"垂直"复选框，使工作表在垂直方向居中。若两个复选框都选中，则工作表位于页面中间。

（5）设置页眉、页脚。页眉是工作表顶部的眉批、文本或页号。页脚是工作表底部的眉批、文本或页号。用户可以选择 Excel 提供的页眉和页脚，也可以自定义页眉和页脚，具体操作步骤如下。

① 选择"页面布局"选项卡。

② 单击"页面设置"选项组中的"启动器"按钮，弹出"页面设置"对话框。

③ 选择"页眉/页脚"选项卡，单击"自定义页眉"或"自定义页脚"按钮，如图 2-73 所示。

④ 弹出"页眉"或"页脚"对话框，其中"页眉"对话框如图 2-74 所示。可以通过对话框中的"文本格式"Ⓐ"页码"🗋"页数"🗐"日期"🗓"时间"🕘"文件名"🗐和"标签名"🗐按钮定义页眉或页脚。

图 2-73 "页眉/页脚"选项卡

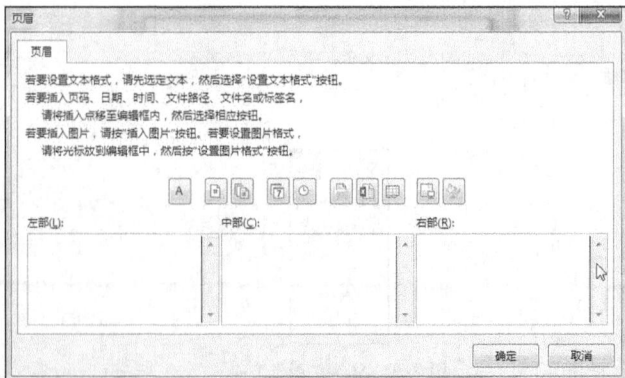

图 2-74 "页眉"对话框

（6）设置打印网格线与标题。通常，网格线与标题是用户根据需要设计的。在打印前，用户可以选中"页面布局"选项卡中"工作表选项"选项组中的网格线"打印"或者标题"打印"选项，如图 2-75 所示。

（7）设置打印区域。Excel 默认的打印区域是整个工作表，可以设置需要打印的局部工作表内容，具体操作步骤如下。

① 选中单元格区域。

② 选择"页面布局"选项卡。

③ 选择"打印区域"|"设置打印区域"命令，如图 2-76 所示。

④ 设置打印区域的单元格区域为被鼠标选中框内的区域，效果如图 2-77 所示。

⑤ 单击"文件"选项卡，选择"打印"选项，预览打印效果，如图 2-78 所示。

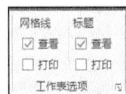

图 2-75 "工作表选项"选项组　　图 2-76 选择"设置
打印区域"命令

图 2-77 被线框中的打印区域

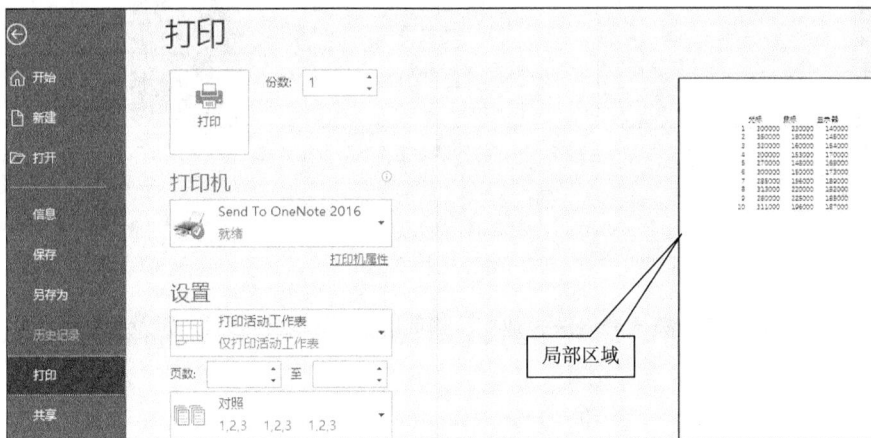

图 2-78 预览打印效果

如果只是进行简单的打印设置，则可选择"文件"|"打印"选项，在"打印"对话框中直接设置，如图 2-79 所示。下面介绍"打印"对话框的主要选项。

"份数"选项：设置打印的份数。

"打印活动工作表"选项：单击该选项的下拉按钮，在下拉列表（见图 2-80）中选中"打印活动工作表"选项，逐页打印当前工作表的所有区域；选中"打印整个工作簿"选项，打印整个工作簿；选中"打印选定区域"选项，只打印工作表中选定的单元格区域。

"页数"选项：打印"……至……"组合框中指定的页。

"对照"选项：当打印份数大于 1 且打印内容多于 1 页时，用户需要选择是从首页到末页按顺序打印完成一份后再打印下一份，还是打印完首页所需份数后，再逐页向后打印。

"纵向"或"横向"选项：设置打印纸张方向为"纵向"或"横向"。

"A4"选项：设置打印纸张的大小。

"正常边距"选项：设置工作表打印的页边距。

"无缩放"选项：设置工作表打印的缩放比例。

3. 打印

打印工作表，可以按"Ctrl+P"组合键或者单击"文件" | 打印"选项，出现图 2-79 所示的页面，完成工作表打印的相关设置后，单击"打印"按钮，如图 2-81 所示。

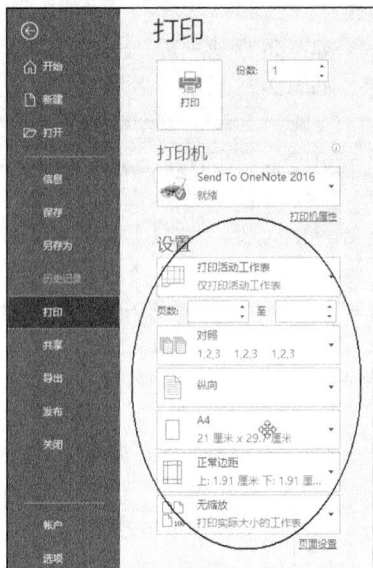

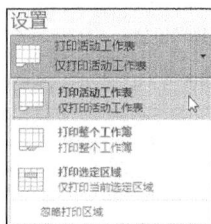

图 2-79 "打印"对话框   图 2-80 "打印活动工作表"下拉列表   图 2-81 "打印"按钮

2.2 公式

本节介绍了公式的基本概念和语法，建立、修改、移动和复制公式，以及公式的引用、公式的审核、用数组公式进行计算等内容。

2.2.1 公式概述

公式主要用于计算。可以说，没有公式，Excel 就没有使用价值。使用公式可以进行简单的计算，如加、减、乘、除等；也可以完成很复杂的计算，如统计等；还可以比较或者操作文本和字符串。当工作表需要计算结果时，使用公式是多数情况下的最好选择。

简单地说，公式就是一个等式，或者说公式是连续的一组数据和运算符组成的序列。

考察以下公式：（1）"=10*2/3+4"；（2）"=SUM(A1:A3)"；（3）"=B5&C6"。

第一个公式是用户熟悉的，只是等号左边是省略的单元格。第二、第三个公式可能是用户以前没有接触过的。在 Excel 中，公式有其本身的特点，并且有自己的规定，或者叫作语法。

在工作表单元格中输入公式以后，公式的结果会显示在工作表单元格中。用户要想查看产生结果的公式，只需选中该单元格，公式就会出现在公式栏中。用户要在单元格中编辑公式，需要双击该单元格或者按 F2 键。

下面介绍公式中的运算符和公式的运算顺序。

1. 运算符

在 Excel 中，运算符可以分为 4 类：算术运算符、比较运算符、文本运算符和引用运算符。

用户通过算术运算符可以完成基本的数学运算，如加、减、乘、除、乘方和求百分数等。Excel 中的算术运算符如表 2-1 所示。

表 2-1　Excel 中的算术运算符

公式中使用的符号和键盘符	含义	示例
+	加	8+8
–	减	8–8
–	负号	–8
*	乘	8*8
/	除	8/8
^	乘方	8^8
%	百分号	88%
( )	括号	(3+3)*3

比较运算符用于比较两个数值，并产生逻辑值 TRUE 和 FALSE。Excel 中的比较运算符如表 2-2 所示。

表 2-2　Excel 中的比较运算符

公式中使用的符号和键盘符	含义	示例
=	等于	C1=C2
>	大于	C1>C2
<	小于	C1<C2
>=	大于等于	C1>=C2
<=	小于等于	C1<=C2
<>	不等于	C1<>C2

文本运算符可以将一个或者多个文本连接为一个组合文本。文本运算符只有 "&"，其含义是将两个文本值连接或串联起来产生一个组合的文本值，如 CLASS&ROOM 的结果是 CLASSROOM。

引用运算符可以将单元格区域合并运算。Excel 中的引用运算符如表 2-3 所示。

表 2-3　Excel 中的引用运算符

公式中使用的符号和键盘符	含义	示例
：（冒号）	区域运算符，对于两个引用之间，包括两个引用在内的所有单元格进行引用	A1:B5
，（逗号）	联合运算符，将多个引用合并为一个引用	SUM(A1:B2，A3:A4)
（空格）	交叉运算符，产生同时属于两个引用的单元格区域的引用	SUM(A4:H4　B3:B8)

2. 运算顺序

当公式中同时存在加法、减法、乘法、除法、乘方时，Excel 如何确定它们运算的先后顺序呢？这就需要理解运算符的运算顺序，也就是运算符的优先级。对于同级的运算符，按照从等号开始从左到右进行运算；对于不同级的运算符，按照运算符的优先级进行运算。常用运算符的优先级如表 2-4 所示。

表 2-4 常用运算符的优先级

运算符	说明
:（冒号）	区域运算符
,（逗号）	联合运算符
（空格）	交叉运算符
（ ）	括号
−（负号）	如−5
%	百分号
^	乘方
*和/	乘和除
+和−	加和减
&	文本运算符
=、<、>、>=、<=、<>	比较运算符

3. 文本运算符

文本运算符（&）用于连接字符串，例如，公式 ""我爱"&"伟大的"&"中国"" 的结果是 "我爱伟大的中国"。当然，文本运算符还可以连接数字，如公式= "12&34" 的结果是 "1234" 字符串。

注意 用&来连接数字时，数字串两边的双引号可以没有，但连接一般的字母、字符串和文本时，双引号不可去掉，否则公式将返回错误值。

4. 比较运算

比较运算符可以对两个数字或者两个字符串进行比较，以产生逻辑值 TRUE 或 FALSE。例如，公式=200<400 的结果是 TRUE；公式=100>400 的结果是 FALSE。

注意 用比较运算符对字符串进行比较时，Excel 先将字符串转化成内部的 ASCII，然后再比较。因此公式= "AB" > "BC" 的结果是 FALSE。

5. 数值转换

在公式中，每个运算符都需要特定类型的数值与之对应。如果输入数值的类型与所需的类型不同，则 Excel 有时可以对这个数值进行转换。下面举几个例子来说明公式中数值的转换。

例如，公式= ""1"+"2"" 产生的结果是 3。这是因为使用 "+" 时，Excel 会认为公式中的运算项为数值。虽然公式中的引号说明 "1" 和 "2" 是文本型数字，但 Excel 会自动将文本数字转换成数值。例如，公式= ""1"+"\$2.00"" 的结果也是 3，其原因与前例相同。使用函数的公式 "=SQRT("9")"，公式也会先将字符 "9" 转换成数值 9，然后计算 SQRT()函数，即对 9 开方（有关函数的使用参看本章后面的章节），得到结果为 3。

例如，公式 "="A"&TRUE" 的结果是 ATRUE。这是因为连接文本时，Excel 会自动将数值和逻辑型值转换成文本。

6. 日期和时间

Excel 不仅可以对数字或者字符进行运算，还可以对日期进行运算。Excel 会将日期存储为一系列的序列数，将时间存储为小数，因为时间可以看成为日期的一部分。

用户可以用一个日期减去另外一个日期来计算两个日期的差值。例如，公式 "="98/10/1"–"97/8/1"" 的结果为 "426"，即 1998 年 10 月 1 日和 1997 年 8 月 1 日之间相差 426 天。

同样，用户也可以对日期进行其他的混合运算，例如，公式="""98/10/1"–"97/8/1"/"98/10/1"" 的结果为 "36 068.01"。

> **提示** 在 Excel 中输入日期，并且年份输入为两位数时，Excel 会将 00～29 的输入数解释为 2003— 2029 年，而将 30～99 的输入数解释为 1930—1999 年。例如，对于 21/7/7，Excel 会认为这个日期为 2021 年 7 月 7 日，而将 95/10/1 认为是 1995 年 10 月 1 日。

7. 语法

所谓公式的语法，就是公式中元素的结构或者顺序。Excel 中的公式遵循特定的语法：最前面是等号 "="，后面是参与运算的元素和运算符。元素可以是常量数值、单元格引用、标志名称以及工作表函数。

2.2.2 公式的基本操作

公式的运用在 Excel 中占有很重要的地位。下面介绍公式的基本操作。

1. 建立公式

公式的建立在前面的例子中提到过，下面介绍怎样通过键盘和公式选项板创建公式。

（1）输入公式。用键盘创建公式的操作步骤如下。

① 选中要输入公式的单元格。

② 先输入等号 "="，然后输入计算表达式；如果是使用函数向导向单元格中输入公式，则 Excel 会自动在公式前面插入等号。

③ 按 Enter 键完成公式的输入。

> **注意** 如果在某一区域内输入同一个公式，逐个输入显然太慢了。这时可以选中该单元格区域，输入需要的公式，然后按 "Ctrl+Enter" 组合键，Excel 会自动将所有单元格都粘贴上该输入公式。这不仅对公式有效，而且对其他文本和字符都有效。

（2）公式选项板。使用公式选项板输入公式。公式选项板有助于输入含有函数的公式。

要显示公式选项板，可以单击编辑栏中的 f_x 按钮，在弹出的图 2-82 所示的 "插入函数" 对话框中选择需要的函数，弹出图 2-83 所示的 "函数参数" 对话框，在公式中输入函数时，公式选项板会显示函数的名称、函数中的每个参数、函数的当前结果和整个公式的结果等。

下面以计算 15、20、30 的平均值为例，说明公式选项板的使用。这里需要运用 AVERAGE 函数。操作步骤如下。

① 选中一个单元格。

② 单击编辑栏中的 f_x 按钮，在弹出的 "插入函数" 对话框中选择需要的函数 AVERAGE。

③ 在公式选项板的 AVERAGE 函数参数栏中分别输入 15、20 和 30。

④ 输入完毕，计算结果出现在公式选项板上，如图 2-83 所示。

⑤ 单击 "确定" 按钮完成公式的输入，完整的公式将会出现在编辑栏中，计算结果会显示在所选单元格中。

建立公式

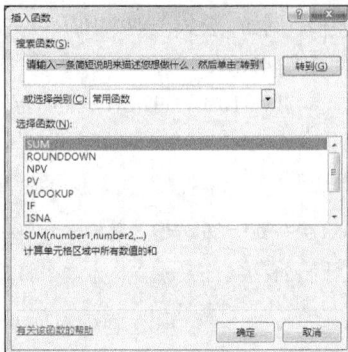

图 2-82 "插入函数"对话框

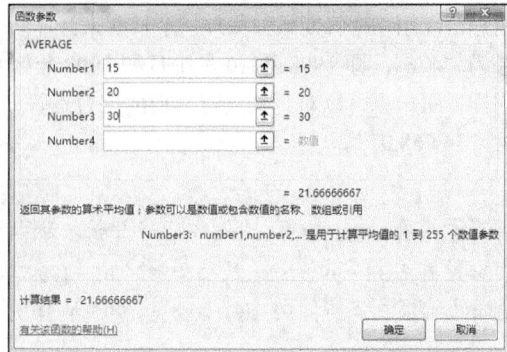

图 2-83 输入函数的公式选项板

2. 修改公式

发现公式有错误，就必须修改。修改公式非常简单，具体操作步骤如下。

① 单击需要修改公式的单元格。

② 在编辑栏中对公式进行修改。如果需要修改公式中的函数，则要替换或修改函数的参数。

3. 公式的移动和复制

如果要将含有公式的单元格整个（包括格式、边框等）移动或者复制到另外的单元格或单元格区域，则可以按照前面章节介绍的移动和复制单元格的方法，也可以只粘贴单元格的公式。

如图 2-84 所示，在 A1 单元格中有一个公式="40+50*3"，现在要将它移动或复制到 C3 单元格中，具体操作步骤如下。

① 单击 A1 单元格。

② 单击"常用"工具栏中的"剪切"（进行移动操作）或者"复制"按钮（进行复制操作）。

③ 在 C4 单元格上单击鼠标右键，在弹出的快捷菜单中选择"选择性粘贴"命令，如图 2-85 所示。

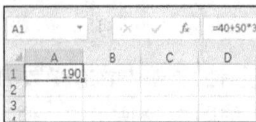

图 2-84 单元格中的公式

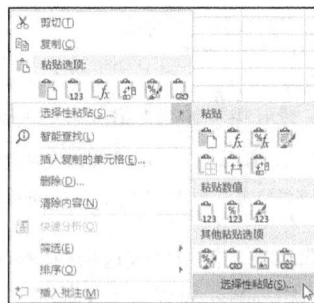

图 2-85 "选择性粘贴"命令

④ 在"选择性粘贴"对话框中选中"公式"按钮 ，即可完成移动或复制操作。

2.2.3 公式的引用

每个单元格都有行、列坐标位置，在 Excel 中，单元格行、列坐标位置称为单元格引用。在公式中，可以通过引用来代替单元格中的实际数值。在公式中，不但可以引用本工作簿中任何一个工作表中任何单元格或单元格区域的数据，而且可以引用其他工作簿中的任何单元格或者单元格区域的数据。

引用单元格数据以后，公式的运算值将随着被引用单元格数据的变化而变化。在被引用的单元格数据被修改后，公式的运算值将自动修改。

1. 引用的类型

为满足用户的需要，Excel 提供了 3 种引用类型：相对引用、绝对引用和混合引用。在引用单元格数据时，要弄清这 3 种引用类型。

（1）绝对引用是指被引用的单元格与引用的单元格的位置关系是绝对的，无论将这个公式粘贴到哪个单元格，公式所引用的还是原来单元格的数据。绝对引用的单元格名称的行和列前都有符号"$"，如$A$l、$D$2 等。

（2）相对引用是直接用单元格或者单元格区域名，而不加符号"$"，如 A1、D2 等。使用相对引用后，系统将会记住建立公式的单元格和被引用的单元格的相对位置关系。在粘贴该公式时，新的公式单元格和被引用的单元格仍保持这种相对位置。

图 2-86 所示为 4 位学生的成绩表。要计算 4 位学生各科成绩的平均分和总评成绩。

计算平均分的公式是 4 人成绩的平均值。

计算总评成绩的公式为"=语文*30%+数学*30%+英语*30%+体育*10%"。各科在总评中所占比例已经列于第二行。

运用绝对引用和相对引用计算平均分和总评成绩的操作步骤如下。

	A	B	C	D	E
1					
2	所占比例	30%	30%	30%	10%
3					
4		语文	数学	英语	体育
5	美美	88	92	88	98
6	霹露	85	90	89	89
7	小强	96	85	78	93
8	小峰	87	89	84	95

图 2-86 成绩表

① 在单元格 B9 中输入公式"=AVERAGE(B5，B6，B7，B8)"。在这个公式中，对单元格区域 B5:B8 都使用了相对引用，在单元格 B9 中得到计算结果。

② 将单元格 B9 的公式复制到单元格 C9、D9、E9 中，复制完成后，会发现这些单元格中的公式与 B9 单元格的公式不同了。原来公式中的 B 分别被改为了 C、D、E。这就是相对引用。

③ 在单元格 F5 中输入公式"=B5*$B$2+C5*$C$2+D5*$D$2+E5*$E$2"。在这个公式中，对单元格区域 B5:E5 都使用了相对引用，而对单元格区域 B2:E2 采用了绝对引用。再将单元格 F5 的公式复制到单元格 F6、F7 和 F8 中。复制完成后，可以发现在这些单元格中，公式相对引用的单元格名称变了，而绝对引用的单元格名称没有改变。

（3）若符号$在数字之前，而字母前没有$，那么被引用的单元格的行位置是绝对的，列位置是相对的；反之，被引用的单元格的行位置是相对的，列位置是绝对的。这就是混合引用，如$E3 或者 E$3。

2. 引用同一工作簿中的单元格

在当前工作表中可以引用其他工作表单元格中的内容。例如，当前的工作表是 Sheet 1，要在 A1 单元格中引用工作表 Sheet 3 中的 B6:B8 单元格区域的内容之和，有以下两种方法。

（1）直接输入。在 Sheet 1 中选中 A1 单元格，输入"=SUM(Sheet3! B6:B8)"，然后按 Enter 键。

（2）选择需要引用的单元格。在 Sheet 1 中选中 A1 单元格，输入"=SUM"；单击 Sheet 3 工作表的标签；在 Sheet 3 中选中 B6:B8 单元格区域，然后按 Enter 键。

💡注意　当编辑栏中显示 Sheet 1 中的 A1 单元格的公式"=SUM(Sheet3!B6:B8"时，此公式还缺少一个")"，这时可以在编辑栏中补上")"，也可以直接按 Enter 键，Excel 会自动加上一个")"。

3. 引用其他工作簿中的单元格

在当前工作表中，可以引用其他工作簿中的单元格或者单元格区域的数据或者公式。例如，当前的工作簿是"工作簿 2"，"工作簿 2"的 Sheet 1 工作表中的 A1 单元格要引用"工作簿 1"（文件存放的路径是"C:\My Documents\工作簿 1.xls"）中的$B$3:$B$4 单元格中的数据，则可以按以下步骤进行操作。

（1）直接输入。在 Sheet 1 中选中 A1 单元格，输入"= SUM('C:\My Documents\[工作簿 1.xls]Sheet1'!$B$3:$B$4)"，然后按 Enter 键。

（2）选择需要引用的单元格。在 Sheet 1 中选中 A1 单元格，输入 "=SUM"，打开 "工作簿 1"，在其中单击工作表 Sheet 1 的标签，在 Sheet 1 中选择$B$3:$B$4 单元格区域，然后按 Enter 键，关闭 "工作簿 1"。

为了便于操作和观察，可以选择 "视图 1" | "窗口" | "全部重排" 命令，单击 "确认" 按钮或者按 Enter 键，使 "工作簿 1" 和 "工作簿 2" 同时显示在屏幕上，然后执行上述操作。

2.2.4 公式的错误与审核

审核公式对公式的正确性来说至关重要。它包括循环引用、公式返回的错误值、审核及检查等内容。

1. 循环引用

引用公式自身所在的单元格时，公式将把它视为循环引用。公式的循环引用是指公式直接或者间接引用该公式所在单元格的数值。在计算循环引用的公式时，Excel 必须使用上一次迭代的结果来计算循环引用中的每个单元格。而迭代的意思是重复工作表直到满足特定的数值条件。如果不改变迭代的默认设置，Excel 将在 100 次迭代以后或者两个相邻迭代得到的数值变化小于 0.001 时，停止迭代运算。

在使用循环引用时，可以根据需要设置迭代的次数和迭代的最大误差。在 Excel 中，默认的迭代次数为 100。

更改默认迭代设置的操作步骤如下。

（1）单击 "文件" 选项卡，选择 "选项" | "公式" 命令，打开图 2-87 所示的 "Excel 选项" 对话框。

（2）选中 "启用迭代计算" 复选框。

（3）根据需要在 "最多迭代次数" 文本框和 "最大误差" 文本框中输入迭代运算时的最大迭代次数和最大误差。

（4）单击 "确认" 按钮，完成设置。

2. 公式返回的错误值

如果输入的公式不符合格式或者其他要求，就无法在 Excel 工作表的单元格中显示运算结果。该单元格中会显示错误值，如 "#####!" "#DIV/0!" "#N/A" "# NAME?" "#NULL!" "#NUM!" "#REF!" "#VALUE!"。了解这些错误

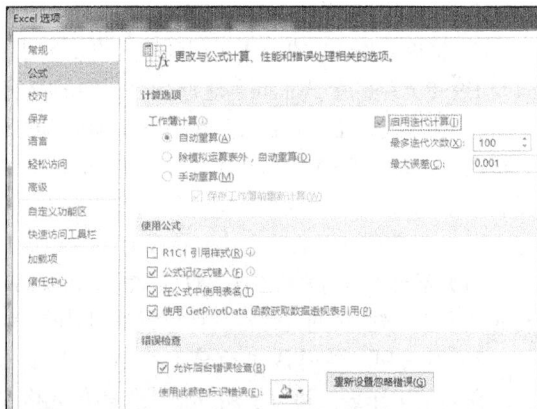

图 2-87 "Excel 选项" 对话框

值的含义有助于修改单元格中的公式。表 2-5 所示为 Excel 中的错误值及其含义。

表 2-5 错误值及其含义

错误值	含义
#####!	公式产生的结果或输入的常数太长，当前单元格宽度不够，不能正确显示出来，将单元格加宽即可解决
#DIV/0!	公式中的除数或者分母为 0。这时要检查是否存在以下几种情况：（1）公式中是否引用了空白的单元格或数值为 0 的单元格作为除数；（2）引用的宏程序是否包含返回 "#DIV/0!" 值的宏函数；（3）是否有函数在特定条件下返回 "#DIV/0!" 错误值
#N/A	引用的单元格中没有可以使用的数值。在建立数学模型缺少个别数据时，可以在相应的单元格中输入 #N/A，以免引用空单元格
# NAME?	公式中含有不能识别的名字或者字符。这时要检查公式中引用的单元格名称中是否有不正确的字符
#NULL!	试图为公式中两个不相交的区域指定交叉点。这时要检查是否使用了不正确的区域操作符或者出现不正确的单元格引用

续表

错误值	含义
#NUM!	公式中某个函数的参数不正确，这时要检查函数的每个参数是否正确
#REF!	引用中有无效的单元格。移动、复制和删除公式中的引用区域时，应当注意是否破坏了公式中的单元格引用，需检查公式中是否有无效的单元格引用
#VALUE!	在需要数值或者逻辑值的位置输入了文本。这时需检查公式或者函数的数值和参数

3. 审核及检查

Excel 提供了公式审核功能，用户可以追踪选定范围内的公式引用或者从属单元格，也可以追踪错误。使用公式审核功能的操作方法为：选中需要审核的公式所在的单元格，在"公式"选项卡的"公式审核"选项组中选择相关命令，如图 2-88 所示。该选项组包含了审核公式功能的各种命令。

如果需要显示公式引用过的单元格，则在图 2-88 所示的选项组中单击"公式审核"工具栏中的"追踪引用单元格"按钮。这时公式引用过的单元格会有追踪箭头指向公式所在的单元格。取消该追踪箭头的方法是在"公式审核"选项组中的"移去箭头"下拉列表框中选择"移去追踪引用单元格"命令。

如果需要显示某单元格被哪些单元格的公式引用，则可以在图 2-88 所示的选项组中选择"追踪从属单元格"命令，或者单击"公式审核"工具栏中的"追踪从属单元格"按钮。这时该单元格会产生指向引用它的公式所在单元格的追踪箭头。在删除单元格之前，最好使用这种方法来检查该单元格是否已被其他公式引用。在"公式审核"选项组中的"移去箭头"下拉列表框中选择"移去从属单元格追踪"命令可取消追踪箭头。

当单元格显示错误值时，在"公式审核"选项组中的"错误检查"下拉列表框中选择"追踪错误"命令，如图 2-89 所示，即可追踪出产生错误的单元格。

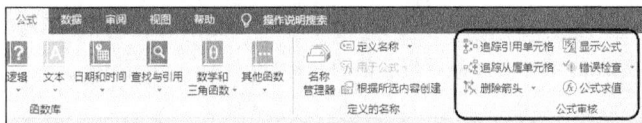

图 2-88 "公式审核"子菜单　　　图 2-89 "追踪错误"命令

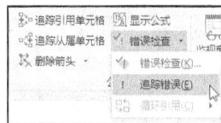

若要取消上述的所有追踪箭头，则可以在"公式审核"选项中的"移去箭头"下拉列表框中选择合适的命令。

若要在每个单元格中显示公式，而不是结果值，则可以单击"公式审核"选项组中的"显示公式"按钮。此时工作表中所有设置公式的单元格均显示公式，如图 2-90 所示。

图 2-90 单元格显示公式

2.2.5 数组计算

数组其实就是一组同类型的数据，它可以在单个单元格中使用，也可以在单元格区域中使用。数组是实现在小空间中进行大量计算的强有力工具。它可以代替很多重复的公式。

1. 输入数组公式

输入数组公式的具体操作步骤如下。

（1）选中需要输入数组公式的单元格或者单元格区域。

（2）输入公式的内容。

（3）按"Shift + Ctrl + Enter"组合键结束输入。

输入数组公式非常简单，但要理解它并不容易。下面举例说明如何建立数组公式。

如图 2-91 所示，要在 C 列得到 A 列和 B 列 1～4 行相乘的结果，当然可以先在 C1 单元格中输入公式"=A1*B1"，然后通过复制来达到目的。现在要使用数组的方法得到结果。这时，A1:A4 和 B1:B4 单元格区域的数据就是数组的参数。具体操作步骤如下。

选中 C1:C4 单元格区域（注意：4 个单元格全部选中），然后在编辑栏中输入公式"=A1:A4*B1:B4"，按"Shift + Ctrl + Enter"组合键结束输入，得到如图 2-92 所示的结果。

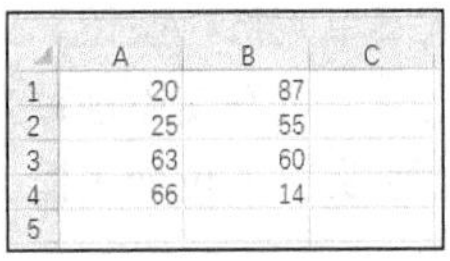

图 2-91　数组参数 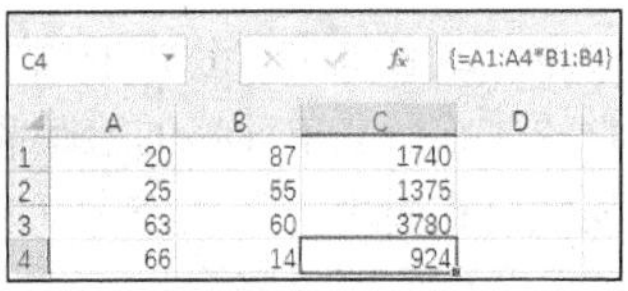　　　　　图 2-92　返回多个结果

> **注意**　数组公式如果返回多个结果，则在删除数组公式时，必须删除整个数组公式，即选中整个数组公式所在的单元格区域然后删除，不能只删除数组公式的一部分。

2. 选中数组范围

通常，输入数组公式的范围，其大小与外形应该与输入数据的范围的大小和外形相同。存放结果的范围太小，会看不到所有的结果；范围太大，有些单元格中会出现不必要的"#N/A"错误。因此，选择的数组公式的范围必须与数组参数的范围一致。

3. 数组常量

在数组公式中，通常会使用单元格区域引用，也可以直接输入数值数组。直接输入的数值数组被称为数组常量。当不想在工作表中的每个单元格中都输入数值时，可以使用数组常量方法来建立数组常量。

建立数组常量的方法为：直接在公式中输入数值，并且用大括号"{}"把输入的数值括起来。需要注意的是，把不同列的数值用逗号","分开，不同行的数值用分号";"分开。例如，要表示一行中的 100、200、300 和下一行中的 400、500、600，应该输入一个 2 行 3 列的数组常量 {100,200,300;400,500,600}。

在实际应用中，先选中一个 2 行 3 列的矩形区域，然后输入公式"={100,200,300;400,500, 600}"，按"Shift + Ctrl + Enter"组合键结束输入，在这个被选中的 2 行 3 列的矩形区域中可一次性得到需要的数值，如图 2-93 所示。

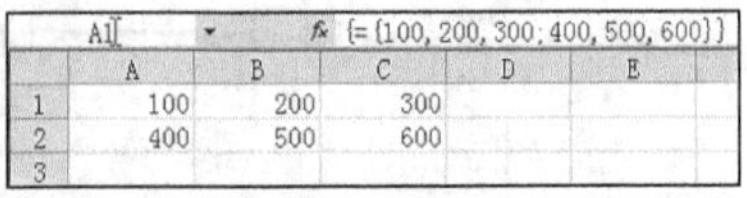

图 2-93　数组常量举例

数组常量有其输入的规范，因此，无论是在单元格中输入数组常量，还是直接在公式中输入数组常量，都不是随便输入一个数值或者公式就可以实现的。

在 Excel 中，使用数组常量应该注意以下规定。

- 数组常量中不能含有单元格引用，并且数组常量的列或者行的长度必须相等。
- 数组常量可以包括数字、文本、逻辑值 FALSE 和 TRUE 以及错误值，如 "#NAME?"。
- 数组常量中的数字可以是整数、小数和科学记数公式。
- 在同一数组中可以有不同类型的数值，如{1,2,"A",TRUE}。
- 数组常量中的数值不能是公式，必须是常量，并且不能含有$、( )或者%。
- 文本必须包含在双引号内，如 "CLASSROOMS"。

2.3　函数

函数处理数据的方式与公式处理数据的方式相同，函数通过引用参数接收数据，并返回结果。在大多数情况下，返回的是计算结果，也可以返回文本、引用、逻辑值、数组，或者工作表的信息。本节将介绍如何使用函数，并举例说明 Excel 中的一些工作表函数。

2.3.1　函数概述

前面已经看到，单元格中可以包括文本、公式和函数。通过公式和函数可以在单元格中放置计算的值。公式可以进行加、减、乘、除运算，也可以包含函数。

Excel 用预置的工作表函数进行数学、文本、逻辑运算和查找工作表的信息。与直接用公式进行计算相比，使用函数进行计算的速度更快。例如，公式 "=(A1+A2+A3+A4+A5+A6+A7+A8)/8" 与函数公式 "=AVERAGE(A1:A8)" 是等价的。但是，使用函数速度更快，占用工具栏的空间更少，还可以减少输入出错，因此，应该尽量使用函数。

函数通过引用参数接收数据，输入的参数应该放在函数名之后，而且必须用括号括起来。各函数使用特定类型的参数，如数值、引用、文本或者逻辑值。函数中使用参数的方式与等式中使用变量的方式相同。

函数的语法以函数的名称开始，后面是左括号以及逗号隔开的参数和右括号。如果函数要以公式的形式出现，则在函数名前必须输入等号。

1．函数分类

Excel 提供了大量的函数，这些函数按功能可以分为以下几种类型。

（1）数字和三角函数：可以处理简单和复杂的数学计算。

（2）文本函数：文本函数用于在公式中处理字符串。

（3）逻辑函数：使用逻辑函数可以判断真假值和检验符号。

（4）数据库函数：用于分析数据清单中的数值是否符合特定条件。

（5）统计函数：可以对选定区域的数据进行统计分析。

（6）查找和引用函数：可以在数据清单和表格中查找特定数据，或者查找某一单元格的引用。

（7）日期与时间函数：用于在公式中分析和处理日期及时间值。

（8）过程函数：用于工程分析。

（9）信息函数：用于确定存储在单元格中的数据的类型。

（10）财务函数：可以进行一般的财务计算。

2. 输入函数

输入函数与输入公式的过程类似。用户可以在单元格中直接输入函数的名称、参数，这是最快的方法。如果不能确定函数的拼写以及函数的参数，则可以使用函数向导插入函数。

输入单个函数的操作步骤如下。

（1）选中需要输入函数的单元格。

（2）选择"公式"|"函数库"命令，或者单击编辑栏中的 f_x 按钮，打开图 2-94 所示的"插入函数"对话框。

（3）在"或选择类别"下拉列表框中选择所需的函数类型，该函数类型的所有函数都显示在"选择函数"列表框中，在该列表框中选择需要使用的函数。

（4）单击"确定"按钮完成函数的输入。

"插入函数"对话框中的两个列表框下方都有选中函数的说明，便于用户了解所选函数的作用。

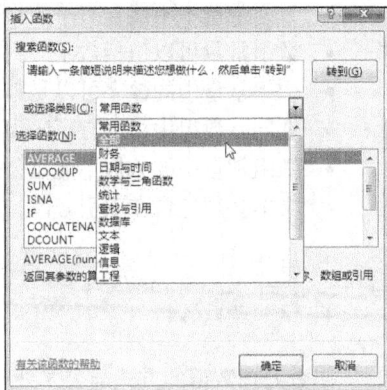

图 2-94　"插入函数"对话框

2.3.2　常用的函数

Excel 有 200 多个函数，下面介绍常用的函数。

1. 财务函数

（1）DB 函数。DB 函数是用固定余额递减法来计算一笔资产在给定期间内的折旧费，其语法为：DB(Cost, Salvage, Life, Period, Month)。其中，Cost 为固定资产的初始价值；Salvage 为固定资产使用年限结束时的预计残值；Life 为固定资产的预计可使用年限；Period 为需要计算折旧值的单个时间周期，它的单位必须与 life 相同；Month 为第一年的月份数，如果缺省，则默认为 12 个月。

例如，要计算初始价值为¥500 000 的资产，在剩余价值为¥100 000、3 年使用期限、第一年中使用 6 个月的情况下，计算第一年的固定余额递减折旧费应使用公式"=DB（500 000,100 000,3,1,6）"，输入该公式，按回车键可得"¥103 750.00"。

（2）DDB 函数。DDB 函数利用双倍余额递减法或其他指定方法来计算指定期间内某项固定资产的折旧费。它返回加速利率的折旧费——早期大，后期小。这种方法是以资产的净账簿值（资产价值减去前几年的折旧费）的百分比来计算折旧费，其语法为：DDB(Cost, Salvage, Life, Period, Factor)。其中，前 4 个参数的定义可以参看 DB 函数，Factor 参数是指定余额递减速率，默认为 2，表示一般的双倍余额递减法，如果设置为 3，则表示 3 倍余额递减法。

例如，计算初始价值为¥100 000 的机器在剩余价值为¥10 000、5 年使用期限（60 个月）情况下的折旧费，使用公式"=DDB(100 000,10 000,60,1)"计算第一个月的双倍余额递减折旧费为¥3 333.33；使用公式"=DDB(100 000,10 000,5,1)"计算第一年的双倍余额递减折旧费为¥40 000.00；使用公式"=DDB(100 000,10 000,5,5)"计算第五年的双倍余额递减折旧费为¥2 960.00。

（3）PV 函数。PV 函数用于计算某项投资的一系列等额分期偿还额的现值之和或一次性偿还额的现值。其语法为：PV(Rate,Nper,Pmt,Fv,Type)。其中，Rate 为各期利率；Nper 为投资期限；Pmt 为各个数额相同时的定期支付额；Fv 为未来值，或在最后一次付款期后获得的一次性偿还款，其默认值为 0；Type 用于确定各期的付款时间是在期初还是在期末，Type 为 0 表示期末，Type 为 1 表示期初，其默认值为 0。

例如，有一个投资机会，只需要现在投资¥120 000，就可以在未来 5 年每年返回¥30 000。为判断这项投资是否有价值，必须计算将得到的等额分期偿还额¥30 000 的现值之和。假设现在的银行利率为 4.0%，则可以使用公式"=PV(4%,5,30 000)"。

该公式使用了 Pmt 参数；没有 Fv 参数；也没使用 Type 参数，表示支付发生在每个周期的期末。输入该公式按回车键可得"¥ –133 554.67"，这表示现在投入¥133 554.67 才能得到每年返回的¥30 000。由于现在只需要投资¥120 000，因此这是一项有价值的投资。

如果该投资不是在未来 5 年每年返回¥30 000，而是一次性偿还款的，就应该使用公式"=PV（4%,5,150 000)"。

这里必须使用逗号作为占位符来表示未用到 Pmt 参数，以便使 Excel 知道 150 000 为 fv 参数；这里同样省略了 Type 参数，其含义同上。输入该公式按回车键可得"¥ –123 289.07"，这表示现在投入¥123 289.07 才能得到 5 年后返回¥150 000，由于现在只需要¥120 000，因此这仍然是一项有价值的投资。

（4）NPV 函数。NPV 函数是基于一系列现金流和固定的各期利率，返回一项投资的净现值。一般来说，任何大于 0 的净现值都被认为有利可图。该函数的语法为：NPV(Rate, Valuel, Value2,…)。其中，Rate 为各期利率；Valuel，Value2，…为 1 ~ 254 笔支出及收入的参数值。它们所属各期间的长度必须相等，支付及收入的时间都发生在期末。因为 NPV 函数按次序使用 Valuel,Value2,…来注释现金流的次序，所以一定要保证支出和收入的数额按正确的顺序输入。

如果参数是数值、空白单元格、逻辑值或表示数值的文字表达式，则都会计算在内；如果参数是错误值或不能转化为数值的文字，则被忽略；如果参数是一个数组或引用，就只将其中的数值部分计算在内，忽略数组或引用中的空白单元格、逻辑值、文字及错误值。NPV 函数在两个方面不同于 PV 函数：PV 函数假定相同的支付额，而 NPV 函数允许可变的支付额；PV 函数允许支付和接收发生在周期开始或者结束，而 NPV 函数假定所有支付和收入都均等分布，发生在周期结束。如果投资费用必须在前面全部付清，则不应将此项费用作为 Value 参数之一，而应当从函数结果中减去它。另一方面，如果该费用必须在第一期结束时付清，则应当将它作为第一个负 Value 参数。

例如，要进行一项¥150 000 的投资，预计第一年年末损失¥10 000，第二年年末、第三年年末和第四年年末分别可以获得¥50 000、¥75 000、¥95 000。银行利率为 5%，要估计这项投资是否划算，应使用公式"=NPV(5%,–10 000,50 000,75 000,95 000) – 150 000"。

计算结果为"¥28 772.22"。所以这项投资有价值。

（5）RATE 函数。RATE 函数用于计算得到一系列等额支付或者一次总支付的投资收益率，其语法为：RATE (Nper, Pmt, Pv, Fv, Type, Guess)。其中，Nper、Pmt、Fv、Type 4 个参数的定义可以参看 PV 函数；Pv 为投资额现值；Guess 为提供给 Excel 开始计算收益率的一个起点，默认值为 0.1，即 10%。

例如，考虑一项 4 年内每年可以得到¥100 000 的投资，投资费用为¥320 000。要计算投资的实际收益率，可以使用公式"=RATE(4,100 000,–320 000)"，按回车键可得"10%"。准确的结果为 0.095 642 274，但是由于结果为百分比形式，因此 Excel 将单元格格式转化为百分比。

RATE 函数是利用迭代过程来计算利率的。函数从给定的 Guess 参数值开始计算投资的利润率。如果第一个净现值大于 0，则函数选择一个较低的利率进行第二次迭代。RATE 函数继续这个过程直到得到正确的收益率或者已经迭代 20 次。如果在输入 RATE 函数后得到错误值"#NUM!"，则 Excel 也许不能在 20 次迭代内求得收益率。这时需要选择一个不同的 Guess 参数，为函数提供一个运行起点。

（6）IRR 函数。IRR 函数用于计算一组现金流的内部收益率。这些现金流必须按固定的间隔发生，如按月或按年，其语法为：IRR(Values, Guess)。其中，Values 为数组或包含用来计算内部收益率的数字单元格的引用。允许只有一个 Values 参数，它必须至少包括一个正数值和负数值。IRR 函数忽略文字、逻辑值和空白单元格。

因为 IRR 函数根据数值的顺序来解释现金流的顺序，故应确定按需要的顺序输入了支付和收入的数值。IRR 函数中 Guess 的参数定义参看 RATE 函数。

IRR 函数很近似于 RATE 函数。RATE 函数和 IRR 函数的区别类似于 PV 函数和 NPV 函数的区别。与 NPV 函数一样，IRR 函数考虑了投资费用和不等支付额的问题，故其应用范围更广。

例如，要进行一项¥120 000 的投资，并预期今后 5 年的净收益分别为¥25 000、¥27 000、¥35 000、¥38 000 和¥40 000。建立一个包含投资和收入信息的简单工作表。在工作表的 A1:A6 单元格区域分别输入−¥120 000、¥25 000、¥27 000、¥35 000、¥38 000 和¥40 000。选中 A7 单元格，输入公式"=IRR(A1:A6)"后，计算此项投资在 5 年后的内部收益率，结果为 11%。若在 A7 单元格中输入公式"=IRR(A1:A5)"，则计算此项投资 4 年后的内部收益率，结果为 2%。若在 A7 单元格中输入公式"=IRR(A1:A4，−10%)"，则计算此项投资 3 年后的内部收益率，并由−10%的利率开始算起，结果为"−14%"。

2. 日期与时间函数

在 2.2 节中提到过日期与时间的运算，Excel 将日期和时间记录为序列数。下面简单介绍常用的日期与时间函数。

（1）NOW 函数。NOW 函数返回计算机的系统日期和时间对应的日期、时间序列数，其语法为 NOW()。例如，当前日期为 2018 年 9 月 20 日 10:00，选中某一单元格，输入公式"=NOW()"，按回车键，显示"2018/9/20 10:00"。10 分钟后，该单元格显示"2018/9/20 10:10"。

（2）TODAY 函数。TODAY 函数返回当前日期的序列数。该函数与 NOW 函数的作用一样，只是该函数不返回序列数的时间部分。工作表打开或者重新计算时，Excel 会更新序列数。该函数的语法为 TODAY( )。

（3）DATE 函数。DATE 函数返回某一特定日期的序列数，其语法为 DATE(Year, Month, Day)。其中，Year 为年；Month 为月份，如果输入的月份大于 12，则将从指定年份的一月份开始往上累加；Day 为在该月中第几天的数字，如果 Day 大于该月份的最大天数，则将从指定月份的第一天开始往上累加。

例如，选中任一单元格输入公式"=DATE(99,5,1)"并按回车键后，单元格显示"2018/5/1"。

（4）DATEVALUE 函数。DATEVALUE 函数得到的结果是 Date_Text 参数表示的序列数。它可以将文字表示的日期转换成一个序列数，其语法为 DATEVALUE(Date_Text)。其中，Date_Text 参数可以是 Excel 预定义的任何日期格式。

例如，要得到 2018 年 9 月 20 日的序列数，可以使用公式"=DATEVALUE("2018-9-20")"，所得结果为"43363"（计算机设置不同，序列数结果也不相同）。

（5）NETWORKDAYS 函数。NETWORKDAYS 函数得到的结果是参数 Start_Data 和 End_Data 之间的总工作天数。计算工作天数时，应注意工作日不包括周末和专门指定的假期，其语法为 NETWORKDAYS=(Start_Date,End_Date,Holidays)。其中，Start_Date 为起始日期的日期值；End_Date 为终止日期的日期值；holidays 为可选清单，表示不在工作日历中的一个或多个日期构成的可选区域，如各种法定假日或自定假日。

任何参数为非法定日期值，函数 NETWORKDAYS 都将得到错误值"#NUM!"。

例如，要计算 2018 年 3 月 1 日至 2018 年 3 月 19 日的总工作天数（除去节假日和 3 月 8 日），使用公式"=NETWORKDAYS(DATEVALUE("2018-3-1"), DATEVALUE("2018-3-9"), DATEVALUE ("2018-3-8"))"，结果为"12"。

（6）WEEKDAY 函数。WEEKDAY 函数用来计算与 Serial_Number 对应的序列数是星期几，其返回值为 1 ~ 7 的整数，其语法为 WEEKDAY(Serial_Number, Return_Type)。其中，Serial_Number 为日期-时间代码，它可以是数字，也可以是文本，如"2018-9-20"或者"43 363"；Return_Type 为可选，用于确定一星期从哪天开始，默认值表示由星期日开始为"1"，到星期六为"7"；其值为"2"时，由星期一开始为"1"，到星期日为"7"；其值为"3"时，由星期一开始为 0，到星期日为"6"。

例如，要想知道 2018 年 9 月 20 日是星期几，可以输入公式"=WEEKDAY("2018-9-20", 2)"，得到结果为"4"，即星期四。

（7）EOMONTH 函数。EOMONTH 函数用来计算 Start_Date 之前或之后指定月份中最后一天的日期序列数，其语法为 EOMONTH(Start_Date, Months)。其中，Start_Date 为起始日期的日期值；Months 为 Start_Date 之前或之后指定的月数，其如果是正数，则指将来的日期，如果是负数，则指过去的日期。

例如，今天为 2018 年 9 月 26 日，要想知道这个月底的序列数，可以使用公式"=EOMONTH(TODAY( ),0)"，得到结果为"43 373"或"2018/9/30（单元格设置为日期格式）"。

3. 数学与三角函数

数学与三角函数是工作表中大部分计算的基础，特别是在它当中可以找到大多数数学与过程函数。

（1）SUM 函数。SUM 函数用于计算一系列数字之和，其语法为 SUM(Numberl, Number2, …)。其中，Numberl,Number2,…为 1～255 个需要求和的参数，它们可以是数字、公式、范围或者产生数字的单元格引用。

SUM 函数忽略数组或单元格引用中的空白单元格、逻辑值、文本。如果参数为错误值或为不能转换成数字的文本，则会导致错误。

例如，公式"=SUM(13, 12)"的结果为 25，公式"=SUM("13", 22, TRUE)"的结果为 36。这是因为文本值被转换成数字，逻辑值 TRUE 被转换成数字 1。

如果 A1 单元格中为 TEXT，则公式"=SUM(13, 22, A1)"的结果为 35，因为 Excel 忽略了文本。

如果 A1:A5 单元格区域包含 10、20、30、40 和 50，则公式"=SUM(A 1:A3)"的结果为"60"。公式"=SUM(A 1:A5, 100)"的结果为"250"。

（2）ROUND 函数。ROUND 函数将参数引用的数四舍五入到指定的小数位数，其语法为 ROUND(Number, Num_Digits)。其中，Number 为需要四舍五入的数值、包含数值的单元格引用或者结果为数值的公式；Num_Digits 为四舍五入的位数，可以为任意整数。当它为负数时，将四舍五入小数点左边的位数；当它为 0 时，将四舍五入最近的整数。表 2-6 所示为 ROUND 函数的几个例子。

表 2-6　ROUND 函数返回值

输入项	返回值
=ROUND(123.456,−2)	100
=ROUND(123.456,−1)	120
=ROUND(123.456,0)	123
=ROUND(123.456,1)	123.5
=ROUND(123.456,2)	123.46
=ROUND(123.456,3)	123.456

（3）EVEN 函数。EVEN 函数计算沿绝对值增大方向取整后最接近的偶数，其语法为 EVEN（Number）。其中，Number 为要取整的数值。如果 Number 为非数值参数，则 EVEN 函数会得到错误值"#VALUE!"。

不论 Number 的正、负号如何，函数都向远离 0 的方向四舍五入，如果 Number 恰好是偶数，则无需进行任何四舍五入处理。表 2-7 所示为 EVEN 函数的几个例子。

表 2-7 EVEN 函数返回值

输入项	返回值
=EVEN(23.4)	24
=EVEN(2)	2
=EVEN(3)	4
=EVEN(−3)	−4

（4）PI 函数。PI 函数用于计算常量 π 精确到 14 位小数的数值 3.141 592 653 589 79，其语法为 PI ( )。PI 函数没有参数，通常嵌套在公式或其他函数中。

例如，要计算圆的面积，可以用 π 乘以圆半径的平方，公式"= PI () * (5^2)"可计算半径为 5 的圆的面积，结果四舍五入到两位小数是 78.54。

（5）RADIANS 函数。RADIANS 函数用来将角度转换为弧度。三角函数是以弧度而不是以角度来度量角度的。弧度根据常量 π 计算角度，其中 180° 定义为 π 弧度。该函数的语法为 RADIANS(Angle)。其中，Angle 为用弧度度量的角度。例如，公式"=RADIANS(180)"的结果是 3.141 592 653 589 79。

（6）SIN 函数。SIN 函数用于计算角度的正弦值。与之类似的有求余弦值的 COS 函数、求正切值的 TAN 函数。SIN 函数的语法为 SIN(Angle)。其中，Angle 为以弧度度量的角度。

如果已知角度要求其正弦值，则可以将角度乘以 π/180，或者用 RADIANS 函数转换成弧度。

例如，要计算 30° 的正弦值，可以使用公式"=SIN (30*PI ()/180)"，或者"=SIN (RADIANS (30))"，其结果为 0.5。

（7）ASIN 函数。ASIN 函数用于计算角度的反正弦值。与之类似的有求反余弦值的 ACOS 函数和求反正切值的 ATAN 函数。ASIN 函数的语法为 ASIN{Number}。其中，Number 为角度的正弦值，介于 −1 ~ 1。ASIN 函数总是返回 −π/2 ~ π/2 的一个弧度值。

例如，公式"=ASIN(0.5)"的结果为 0.523 598 775 598 299，即为 π/6。

4. 统计函数

统计函数可以帮助用户处理一些简单的问题，如计算平均值、计算某些项目的数量等。统计函数还可以进行一些简单的统计分析，如标准偏差、方差等。

（1）AVERAGE 函数。AVERAGE 函数用来求参数平均值（算术平均值），其语法为 AVERAGE (Numberl, Number2, …)。其中，Numberl,Number2,…为要计算平均值的 1 ~ 255 个参数，参数可以是单个值或者范围，范围包括数字、单元格引用和包含数字的数组。AVERAGE 函数忽略文本、逻辑值和空白单元格。

例如，C12:C15 单元格区域中分别是以下的数值：2、3、4、5；公式"=AVERAGE(C12:C15)"的结果为 3.5，而公式"=AVERAGE(C12:C15,11)"的结果为 5。

（2）COUNT 函数。COUNT 函数用于计算参数中数字的数量，其语法为 COUNT (Valuel, Value2, …)。其中，Valuel,Value2,…为要计算数字数量的 1 ~ 255 个参数，参数可以是单个值或者范围，范围包括数字、单元格引用和包含数字的数组。COUNT 函数忽略文本、逻辑值或空白单元格，只计算数字类型的数据数量。

如果要统计逻辑值、文字和错误值，则需要使用函数 COUNTA。

例如，A6:A9 单元格区域的数值分别是 1、2、3、4，则公式"=COUNT (A6:A9)"的结果为 4。如果 A8 单元格为空白单元格，则结果为 3。

（3）COUNTA 函数。COUNTA 函数用于计算参数中非空白值的数量，其语法为 COUNTA (Value1, Value2, …)。其中，Value1,Value2,…为要计算非空白值数量的 1 ~ 255 个参数，参数可以是单个值或者范围，范围包括数字、单元格引用和包含数字的数组。COUNTA 函数忽略数组或者单元格引用中的空白单元格。

例如，B14 单元格是唯一的空白单元格，则公式 "=COUNTA (B1:B15)" 的结果为 14。

（4）STDEV.S 函数。STDEV.S 函数用来计算某一样本的标准偏差，其语法为 STDEV.S (Number1, Number2,…)。其中，Number1, Number2,…为对应于总体样本的 1～255 个参数。

STDEV.S 函数忽略逻辑值（TRUE 或 FALSE）和文本。如果不能忽略逻辑值和文本，则应使用 STDEVA 函数。如果数据代表全部样本总体，则应该使用 STDEV.P 函数来计算给定样本总体的标准偏差。

例如，要计算 B5:B14 单元格区域中的样本值 45、13、68、32、10、70、18、10、50、29 的标准偏差，可利用公式 "=STDEV.S(B5:B14)"，得到的结果为 22.863 119 26。

（5）DEVSQ 函数。DEVSQ 函数用于计算数据点与各自样本均值偏差的平方和，其语法为 DEVSQ(Number1, Number2, …)。其中，Number1,Number2…是用于计算的 1～255 个参数或者一个数组或数组引用。

例如，要计算在 A2:A11 单元格区域中样本值 15、23、78、72、70、60、56、17、58、99 的均值偏差的平方和，利用公式 "=DEVSQ(A2:A11)"，得到的结果为 7 081.6。

（6）MAX 函数。MAX 函数用于计算参数中的最大值，其语法为 MAX(Number1, Number2, …)。其中，Number1, Number2, …为需要找出最大数值的 1～255 个数值。参数可以是单个值或者范围，范围包括数字、单元格引用和包含数字的数组。MAX 函数忽略文本、逻辑值和空白单元格，只考虑数字类型的数据大小。如果逻辑值和文本不能忽略，则使用 MAX 函数代替；如果参数不包含数字，则 MAX 函数将返回 0。

例如，C1:D3 单元格区域包含数字-2、4、32、30、10、7，则公式 "=MAX(Cl：D3)" 的结果为 32。

5. 查找及引用函数

当用户需要确定单元格内容、范围或者选择的范围时，查找及引用函数非常有用。

（1）ADDRESS 函数。ADDRESS 函数用于计算指定的单元格引用，结果用文本形式表示，其语法为 ADDRESS(Row_Num,Column_Num,Abs_Num,A1,Sheet_Text)。其中，Row_Num 为单元格引用中的行号；Column_Num 为单元格引用中的列号；Abs_num 用于指定引用类型，当默认值为 1 时，即表示绝对引用；当默认值为 2 时，表示绝对行，相对列；当默认值为 3 时，表示相对行，绝对列；当默认值为 4 时，表示相对引用；A1 用于指明引用样式，默认值为 TRUE，即得到 A1 形式的引用，如果默认值为 FALSE，即得到 R1C1 形式的引用；Sheet_Text 是文本，指明作为外部引用的工作表名，如果省略，则不使用任何工作表名。

例如，公式 "=ADDRESS(15, 4, 2, 1)" 的结果为 "D$15"。而公式 "=ADDRESS(10, 5, 4, 0)" 的结果为 "R[10]C[5]"。

（2）VLOOKUP 函数。VLOOKUP 函数用于查找所构造的表格中存放的信息。当在表格中查找信息时，一般用行索引或者列索引来定位特定单元格。Excel 在利用这种定位方式时做了一些变动，即查找第一列中小于等于用户所提供的最大值来得到一个索引，然后用另一指定参数作为其他索引。这样可以根据表格中的信息查找数值，而不必确切地知道数值在哪里。VLOOKUP 函数的语法为 VLOOKUP(Lookup_Value, Table_Array, Col_Index_Num, Range_Lookup)。其中，Lookup_Value 为要在表格中查找第一个索引的值，它可以为数值、引用和文字串；Table_Array 为定义表格的数组或者范围名称，其第一行的数值可以为文本、数字或逻辑值；Col_Index_Num 为开始选择结果的表格列（第二个索引），当其值为 1 时，返回 Table_Array 第一列的数值，而当其值为 2 时，返回 Table_Array 第二列的数值，以此类推，但如果其值小于 1，VLOOKUP 函数就返回错误值 "#VALUE!"；如果其值大于 Table_Array 的列数，VLOOKUP 函数就返回错误值“#REF!”；Range_Lookup 为一逻辑值，指明函数 VLOOKUP 查找时是精确匹配还是近似匹配，其默认值为 TRUE，此时函数返回近似匹配值，如果其为 FALSE，则 VLOOKUP 函数将查找精确匹配值，如果找不到，则返回错误值“#N/A”。

例如，要在图 2-95 所示的表格中检索数据，可使用公式“=VLOOKUP(42, A1:C6, 3)”，得到的结果为 24。

对上述表格的检索过程如下：先找到包含比较值的列，这里为列 A，接下来扫描比较值查找小于等于 Lookup Value 的最大值。由于第 4 个比较值 40 小于 41，而第 5 个比较值 50 又大于 41，所以，以包含 40 的行（即行 4）作为行索引。列索引是 Col_Index_Num 参数，这里是 3，因此 C 列包含所要的数据。由此可以得到单元格 C5 中的数值为 27。

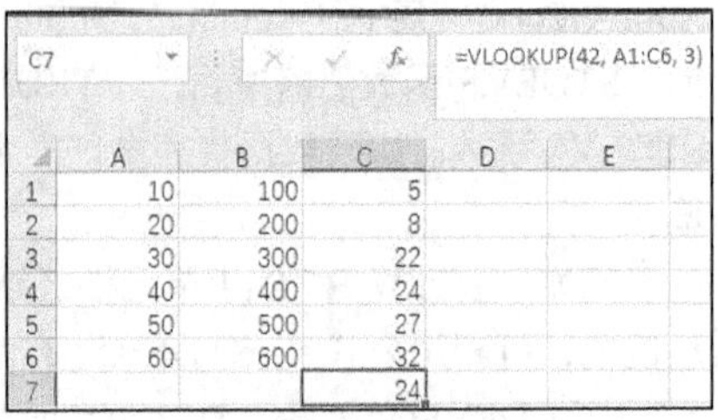
C7 =VLOOKUP(42, A1:C6, 3)

	A	B	C	D	E
1	10	100	5		
2	20	200	8		
3	30	300	22		
4	40	400	24		
5	50	500	27		
6	60	600	32		
7			24		

图 2-95 要检索数据的表格

（3）HLOOKUP 函数。HLOOKUP 函数用于在表格或数值数组的首行查找指定的数值，并由此得到表格或数组当前列中指定行处的数值。HLOOKUP 的用法可以参看 VLOOKUP，其语法为 HLOOKUP(Lookup_Value, Table_Array, Col_Index_Num, Range_Lookup)。

（4）OFFSET 函数。OFFSET 函数用于确定具有指定高度和宽度，位于相对于另一个引用指定位置的引用，其语法为 OFFSET(Reference, Rows, Cols, Height, Width)。其中，Reference 为计算偏移的起点位置；Rows 指定 Reference 参数和得到引用之间的垂直距离，正值指定相对 Reference 参数向下偏移；Cols 指定 Reference 参数和得到引用之间的水平距离，正值指定相对 Reference 参数向右偏移；Height 为高度，即所要得到的引用区域的行数，它必须为正数，如果省略，则以 Reference 参数的高度为高度；Width 为宽度，即所要得到的引用区域的列数，它必须为正数，如果省略，则以 Reference 参数的宽度为宽度。

例如，公式=OFFSET(A3:C5, −1, 0, 3, 3)将返回 A2:C4 单元格引用。OFFSET 函数一般不单独使用，它与需要将引用作为参数的函数连用，如公式“=SUM(OFFSET(A3:C5, −1, 0, 3, 3))”得到 A2:C4 单元格区域数值之和。

（5）INDIRECT 函数。INDIRECT 函数可以从单元格引用找到单元格的内容，其语法为 INDIRECT (Ref_Text, A1)。其中，Ref_Text 为一个 A1 格式的引用、R1C1 格式的引用或者单元格名称，如果它的输入项无效，则函数得到错误值“#REF!”；A1 为一个逻辑值，指示使用哪一种引用的类型。如果其值为 FALSE，则 Excel 将其解释为 R1C1 格式；如果其值为 TRUE（默认值），则 Excel 将其解释为 A1 格式。

例如，工作表的单元格 C5 包含文本 B2，单元格 B2 中为数值“17”，则公式“=INDIRECT(C5)”的结果为 17。如果工作表设置为 R1C1 格式的引用，而且单元格 R5C3 包含单元格 R2C2 的引用，单元格 R2C2 中为数值 17，则公式“=INDIRECT(R5C3, FALSE)”的结果为 17。

（6）INDEX 函数。INDEX 函数用于计算指定范围中特定行与特定列交叉点上的单元格引用，其语法为 INDEX(Reference, Row_Num, Column_Num, Area_Num)。其中，Reference 为指定一个或多个区域的引用，如果指定多个区域，则必须用括号括起来，区域之间要用逗号隔开；Row_Num 指定引用中的行序号；Column_Num 指定引用中的列序号；Area_Num 指定 Reference 确定的一个或多个区域中的某个，其默认值为 1。

例如，公式“=INDEX((D5:F9, D10:F14), 1, 2, 2)”将得到单元格区域 D10:F14 中第 1 行、第 2 列的单元格引用。

6. 数据库函数

Excel 中的各个数据库都使用同样的参数：数据库（Database）、字段（Field）和条件（Criteria）。DAVERAGE 函数中讨论的参数说明，适用于所有数据库函数。

（1）DAVERAGE 函数。DAVERAGE 函数用于计算满足查询的数据库记录中给定字段内数值的平均值，其语法为 DAVERAGE(Database, Field, Criteria)。其中，Database 为构成数据清单或数据库的单元格区域，它可以是一个范围或者一个范围引用的名称；Field 指定函数使用的数据列，它可以是引号中的字段名，包含字段名的单元格引用或数字；Criteria 为对一组单元格区域的引用，引用的这组单元格区域用来设定函数的匹配条件。数据库函数可以得到数据清单中与条件区域设定的条件匹配的信息。条件区域包含了函数所要汇总的数据列（即 Field）在数据清单中的列标志的一个副本。

例如，在图 2-96 所示的工作表中，单元格区域 A1:C13 为数据库区域，要统计收入大于 5 000 元的收入平均值，在单元格 F2 输入图 2-96 所示的条件，使用公式 "=DAVERAGE(A1:C13, "收入", E1:F2)" 将得到收入平均值为 7222.841。

（2）DCOUNT 函数。DCOUNT 函数用于计算数据库中给定字段满足条件的记录数，其语法为 DCOUNT(Database, Field, Criteria)。其中，参数 Field 为可选项，如果省略，则 DCOUNT 函数将返回数据库中满足条件 Criteria 的所有记录数；其他参数的定义参看 DAVERAGE 函数。

	A	B	C	D	E	F	G
1	月份	收入	支出		月份	收入	支出
2	1月份	8565.53	4121.51			>5000	
3	2月份	7451.56	5181.18			7222.841	
4	3月份	7415.15	3548.58				
5	4月份	6581.55	4618.58				
6	5月份	7555.51	4915.65				
7	6月份	5164.38	5141.11				
8	7月份	7145.51	6518.58				
9	8月份	8215.62	5815.58				
10	9月份	8715.15	5815.26				
11	10月份	5418.55	5154.66				
12	11月份	4355.35	5815.65				
13	12月份	4982.58	4581.85				

图 2-96　数据库区域

例如，在图 2-96 所示的数据库区域中，要统计收入大于 5 000 元的记录数，可以使用公式 "=DCOUNT(A1:C13, "收入",E1:F2)"，得到的结果为 10。

（3）DSTDEVP 函数。DSTDEVP 函数将数据清单或数据库指定列中满足给定条件单元格中的数字作为总体样本，以计算该样本的标准偏差，其语法为 DSTDEVP(Database, Field, Criteria)，其中各参数的定义与 DAVERAGE 函数相同。

例如，在图 2-96 所示的数据库区域中，要计算收入大于 5 000 元的样本的标准偏差，可以使用公式 "=DSTDEVP(A1:C12, "收入", E1:F2)"，得到的结果为 1145.6499。

（4）DMAX 函数。DMAX 函数将得到数据库中满足条件的记录中给定字段的最大值，其语法为 DMAX(Database, Field, Criteria)，其中各参数的定义与 DAVERAGE 函数相同。

例如，在图 2-96 所示的数据库区域中，要查找收入大于 5 000 元的记录中支出的最大值，可以使用公式 "=DMAX(A1:C13,"支出",E1:G2)"，得到的结果为 6 518.58。

7．文本函数

文本函数又称为字符串函数，对于处理转化到 ASCII 文件的文本以及要装载到主机的文本，都是非常重要的。

（1）CONCATENATE 函数。CONCATENATE 函数用于将给出的几个字符串合并为一个字符串，其语法为 CONCATENATE(Textl, Text2, …)。其中，Textl，Text2，…为 1～30 个要合并成一个字符串的文本。这些文本可以是字符串、数字和单个单元格引用。

例如，公式 "=CONCATENATE("Welcome", "President! ")" 将得到合成字符串 "Welcome President"。

在图 2-96 所示的工作表中，使用公式 "=CONCATENATE("今年", A8, "的", B1, "为", B8, "元")"，将得到今年 7 月份的收入为 7 245.51 元。

（2）VALUE 函数。VALUE 函数用于将以文本形式输入的数字转换成数值，其语法为 VALUE(Text)。其中，Text 为双引号内的字符串，也可以是包含文字的单元格引用。它可以是任何可识别的格式，包括自定义的格式。如果它不是可识别的格式，则 VALUE 函数返回错误值 "#VALUE!"。

例如，公式 "=VALUE("13 425")" 的结果是 "13 425"，如果单元格 B5 中为文本 "13 425"，则公式 "=VALUE(B5)" 得到的结果也是 "13 425"。

VALUE 函数还可以将日期和时间格式的文本转换为日期值。例如，公式 "=VALUE("1-1-1998")" 将得到日期系列值 "35 796"。

（3）FIXED 函数。FIXED 函数用于将数字四舍五入到指定的小数位，用逗号和一个圆点来格式化结果，并以文本形式显示结果，其语法为 FIXED(Number, Decimals, No_Commas)。其中，Number 为要转换成字符串的数；Decimals 为一个整数，当其为正值时，指定小数点右边的位数，当其为负值时，指定小数点左边的位数；No_Commas 为逻辑值，用于指定结果中是否包括逗号，其默认值为 FALSE，即在结果中插入逗号。

例如，公式“=FIXED(5 986.432,2, TRUE)”将得到字符串“5 986.43”，公式“=FIXED(5 986.432, -1, FALSE)”将得到字符串“5 990”。

（4）LEN 函数。LEN 函数用于求输入项中的字符数，其语法为 LEN (Text)。其中，Text 为要计算字符数的字符串，它可以是括号里的文本，也可以是单元格引用。

例如，公式“=LEN ("Text")”的结果为“4”。如果单元格 B5 中包含字符串 Text，则公式“=LEN(B5)”的结果也为“4”。

LEN 函数返回显示文字或者数值的长度，而不是基本单元格内容的长度。

例如，如果单元格 B5 中的公式为“=B1+B2+B3+B4”，则计算结果为“98”，公式“=LEN(B5)”将得到数值 98 的长度为“2”。

（5）REPLACE 函数。REPLACE 函数是用某一文字字符串替换另一个字符串中的全部或者部分内容，其语法为 REPLACE(Old_Text, Start_Num, Num_Chars, New_Text)。其中，Old_Text 为被替换的字符串；Start_Num 为 Old_Text 中要替换为 New_Text 字符的起始位置；Num_Chars 为 Old_Text 中要替换为 New_Text 的字符数；New_Text 为用于替换 Old_Text 字符的字符串。

例如，单元格 A5 中为字符串“Hello,Kitty!”，要将其放到单元格 B1 中，并用字符串“Windy?”来替换其中的“Kitty!”，则选中 B1 单元格，然后使用公式“=REPLACE(A5, 7, 5, "Kitty!")”，得到的结果为“Hello,Windy?”。

（6）REPT 函数。REPT 函数将指定的字符串以指定的次数重复组合为新字符串并填充单元格，其语法为 REPT(Text,Number_Times)。其中，Text 为指定要重复的字符串；Number_Times 为重复的次数，它可以是任意整数，但重复的结果不能超过 255 个字符，如果其值为 0，则 REPT 函数保持单元格为空白，如果它不是整数，则忽略其小数部分。

例如，要想得到 100 个“-”，则可以使用公式“=REPT("-",100)”，结果是一个由 100 个“-”组成的字符串。

（7）SEARCH 函数。SEARCH 函数用于确定一个指定字符或者字符串首次出现在另外一个字符串中的起始位置，其语法为 SEARCH(Find_Text, Within_Text, Start_Num)。其中，Find_Text 为要查找的字符串，可以在其中使用通配符问号“?”和星号“*”，问号可以匹配任何单个字符；星号可以匹配任何字符序列。如果要查找实际的问号或星号，那么应在该字符前加一个代字符（ ～ ）。如果找不到 Find-Text，则 SEARCH 函数返回错误值“#VALUE!”。Within_Text 为被查找的字符串。Start_Num 为开始查找的位置，默认值为 1，从左边开始搜索，如果其值为小于等于 0 或大于 Within_Text 的长度，则 SEARCH 函数返回错误值“#VALUE!”。

例如，公式“=SEARCH("here", "Welcome here!")”的结果为“9”，公式“=SEARCH("a?d", "Welcome here,ladies and gentlmen! ")”的结果为“21”。

8. 逻辑函数

逻辑函数是功能强大的工作表函数，可以使用它对工作表结果进行判断和逻辑选择。

（1）IF 函数。IF 函数可以显示根据逻辑测试真假值的结果。它可以对数值和公式进行条件检测，其语法为 IF(Logical_Test, Value_If_True, Value_If_False)。其中，Logical_Test 为逻辑值，它可以是 TRUE 或者 FALSE，也可以是计算结果为 TRUE 或 FALSE 的任何数值或表达式。Value_If_True 是

Logical_Test 为 TRUE 时函数的结果值，可以是某个公式。如果 Logical_Test 为 TRUE 并且省略 Value_If_True，则得到 TRUE。Value_If_False 是 Logical_Test 为 FALSE 时函数的结果值，可以是某个公式。如果 Logical_Test 为 FALSE 并且省略 Value_If_False，则得到 FALSE。

IF 函数最多可以嵌套 7 层，方法是用 Value_If_True 和 Value_If_False 参数构造复杂的检测条件。

例如，判断单元格 B5 中的数值是否小于 60，当 B5 中的数值小于 60 时，显示 "FAIL!"，B5 中的数值大于 60 时，显示 "PASS!"，可以使用公式 "=IF(B5<60,"FAIL! ","PASS! ")"。

如果还要对 "PASS!" 的情况细分等级，即 60 ~ 85 为 "FINE!"，85 及以上为 "EXCELLENT!"，则可以使用嵌套公式 "=IF(B5<60,"FAIL! ",IF(B5<85,"FINE! ","EXCELLENT! "))"。

（2）AND 函数。AND 函数用于判断所有参数的逻辑值是否为真，如果所有参数的逻辑值为真，则得到结果为 TRUE，否则只要有一个参数的逻辑值为假，就得到结果为 FALSE。该函数的语法为 AND(Logical1, Logical2, …)。其中，Logical1，Logical2，…为 1 ~ 30 个逻辑值参数，各逻辑值参数可以为单个逻辑值 TRUE 或 FALSE，也可以是包含逻辑值的数组或者单元格引用。如果数组或者单元格引用中包含文字或空白单元格，则忽略其值。如果指定的单元格区域包括非逻辑值，则 AND 函数返回错误值 "#VALUE!"。

例如，要判断单元格 B10 中的数值是否大于 5 并且小于 10，可以使用公式 "=AND(B10>5, B10<10)"，当 B10 单元格的数值大于 5 并且小于 10 时，显示 "TRUE"，否则显示 "FALSE"。

（3）NOT 函数。NOT 函数用于对给定参数的逻辑值求反，其语法为 NOT(Logical)。其中，Logical 是一个逻辑值参数，可以是单个逻辑值 TRUE 或 FALSE，或者是逻辑表达式。如果逻辑值为 FALSE，则 NOT 函数结果为 "TRUE"；如果逻辑值为 "TRUE"，则 NOT 函数结果为 FALSE。

例如，公式= "NOT(B5=10)"，当 B5 单元格数值等于 10 时，显示 FALSE，否则显示 TRUE。

（4）OR 函数。OR 函数用于判断给定参数中的逻辑值是否为真，只要有一个为真，就显示 TRUE，如果全部为假，则显示 FALSE。该函数的语法为 OR(Logical1, Logical2, …)。其中，Logical1，Logical2，…的定义参看 AND 函数。

例如，要判断单元格 C6 中是否为 10 或者 20，可以使用公式 "=OR(C6=10, C6=20)"。当单元格中是 10 或 20 时，显示 TRUE，否则显示 FALSE。

本章小结

本章深入介绍了单元格和工作表编辑的各种操作方法，重点介绍了如何对单元格和工作表进行设置和格式化，以及 Excel 中的计算功能、公式与函数。通过本章的学习，读者应熟练掌握单元格的各种编辑操作；掌握单元格的命名规则；能够调整工作表的行高和列宽，使不同单元格的数据都能显示在工作表上；熟悉工作表的基本操作，包括插入、删除、移动、复制、重命名和隐藏工作表，会利用这些操作管理好工作表；熟练使用打印预览功能，在实际打印之前先进行打印预览，确保实际打印的准确性以减少出错；掌握公式的各种基本概念及公式的基本操作，包括建立公式、修改公式、公式的移动和复制；掌握什么是函数及各种函数的语法，了解 Excel 函数的使用方法。

思考练习

1. 填空题

（1）在工作表的单元格中，可以使用两种基本数据格式：_____、_____。

（2）为了与输入时间区别，在输入分数时，必须在分数前输入_____作为区别，并且_____和分子之间用空格隔开。

（3）在 Excel 中，所有公式都以_____开始。

（4）如果输入的数字或文字数据是遵循某种规律的，则需要用到 Excel 的自动填充功能。首先，_____，然后选中它们。单击按住_____，向下拖动到合适的位置后释放鼠标左键即可。

（5）Excel 的_____功能可以将工作表中选定单元格的上窗格和左窗格冻结在屏幕上，从而在滚动工作表时，屏幕上一直显示行标题和列标题，使表格标题和数据一一对应，而且使用冻结工作表窗口不影响打印。

（6）要将某些行或列隐藏起来，先选定要隐藏行的行号区数字或隐藏列的列号区字母，然后选择"_____"|"_____"命令，在弹出的子菜单中选择"_____"命令即可。

（7）在 Excel 中，运算符包括_____4 类。

（8）_____函数可求一系列数字之和；_____函数用求参数平均值（算术平均值）；_____函数用来确定一个指定字符或者字符串首次出现在另外一个字符串中的起始位置；_____函数用来确定根据逻辑测试真假值的结果。

（9）Excel 提供了 3 种引用类型：相对引用、绝对引用和混合引用。在引用单元格数据时，要弄清这 3 种引用类型。其中绝对引用的单元格名称的行和列前都有符号_____。

2. 上机操作题

（1）设计一个企业工资表，设置其中的数据的条件格式。

操作提示如下。

① 设计企业工资表。

② 要求用红色显示月工资小于 3 500 元的单元格中的数据。

（2）函数的具体使用。

① 用 DB 函数计算¥100 000 在剩余价值为¥15 000，5 年使用期限，第一年中使用 9 个月的情况下，第一年的固定余额递减折旧费。

② 在 A1:A5 单元格区域中依次输入 20、35、45、60、80，在 A6 单元格中用 SUM 函数求和，在 A7 单元格中用 AVERAGE 函数求平均数。

第3章

Excel 的高级应用

本章主要介绍 Excel 的常用高级功能，使读者全面了解 Excel 的高级应用。

学习目标
- 掌握利用 Excel 进行数据管理与分析
- 掌握利用 Excel 制作图表
- 掌握利用 Excel 制作图形与艺术字

3.1 数据管理与分析

Excel 在数据管理方面的功能很强大。本节将从获取数据入手，讲解如何编辑分析工作表中的数据，如何对数据进行汇总计算，以及数据透视表等知识。

3.1.1 建立数据列表

准备对工作表中的数据进行管理，首先要建立数据列表。用户可以通过两种途径建立数据表，一种是 Excel 2016 支持的将数据区域转化为表，直接建立数据列表；另一种是沿用 Excel 2003 的记录单功能。

1. 建立数据列表

数据列表即常说的表格。在 Excel 中，用户只要执行了数据库命令，Excel 就会自动将数据列表默认为一个数据库，而此时数据列表中的一行就对应数据库中的一条记录。

建立数据列表的具体操作步骤如下。

（1）选择"插入"选项卡，在"表格"选项组中单击图 3-1 所示的"表格"按钮。

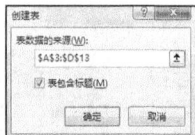

（2）弹出"创建表"对话框，在"表数据的来源"文本框中输入准备创建列表的单元格区域 $A$3:$D$13，如图 3-2 所示。

（3）单击"确定"按钮，完成数据列表的创建，效果如图 3-3 所示。

图 3-1　单击"表格"按钮　　　图 3-2　"创建表"对话框　　　图 3-3　创建数据列表完成

2. 使用记录单

数据清单就是包含相关数据的一系列工作表数据行。若干数据清单组成数据列表。当对工作表中的数据进行操作时，Excel 会将数据清单当成数据库来处理。对数据清单的各种编辑操作经常要用到记录单。由于自 Excel 2010 开始，Excel 将记录单命令设为自定义命令，所以使用该命令时，可用第 1 章介绍的自定义 Excel 方法先将记录单命令调出。

（1）使用记录单。记录单可以在数据清单中一次输入或显示一个完整的信息行，即记录。在使用记录单向新数据清单添加记录时，这个数据清单在每一列的最上面必须有标志。使用记录单的具体操作步骤如下。

① 单击需要添加记录的数据清单中的任意一个单元格，如图 3-4 所示。

② 单击"记录单"按钮，打开"Sheet1"对话框，如图 3-5 所示。

图 3-4　添加记录的数据清单　　　图 3-5　"记录单"对话框

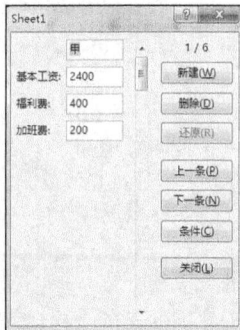

③ 单击"新建"按钮。

④ 输入新记录包含的信息；要移到下一字段，可以按 Tab 键；要移到上一字段，可以按"Shift+Tab"组合键。完成数据输入后，按 Enter 键可继续添加记录。输入数据的记录单如图 3-6 所示。

⑤ 完成记录的添加后，单击"关闭"按钮即完成新记录的添加并关闭记录单，所添加的数据如图 3-7 所示。

> 💡 **注意**　如果添加了含有公式的记录，那么在直到按 Enter 键或单击"关闭"按钮添加记录之后，公式才会被计算。

（2）修改记录单。使用记录单不但可以在工作表中为数据清单添加数据，还可以对数据清单进行修改。修改记录单的具体操作步骤如下。

① 单击需要修改的数据清单中的任意一个单元格。

② 单击"记录单"按钮 🗒，打开"Sheet1"对话框，如图 3-8 所示。

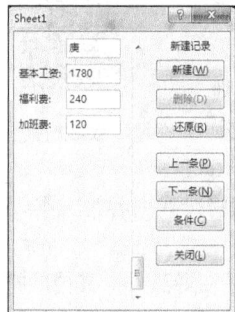

图 3-6　在记录单中输入数据	图 3-7　使用记录单输入数据后的工作表	图 3-8　对记录进行修改

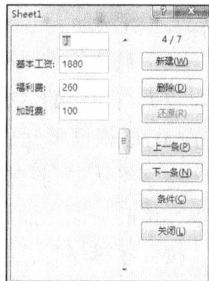

③ 单击"下一条"按钮或者"上一条"按钮找到需要修改的记录，然后在记录单中修改信息，如图 3-8 所示。

④ 该条记录修改完成后，单击"关闭"按钮以更新当前显示的记录并关闭记录单。

> 💡 **提示**　含有公式的字段将公式的结果显示为标志。这种标志不能在记录单中修改。

（3）删除记录。使用记录单在数据清单中删除记录与上述修改记录的方法类似。删除记录的具体操作步骤如下。

① 单击数据清单中的任意一个单元格。

② 单击"记录单"按钮 🗒，打开"Sheet1"对话框。

③ 单击"下一条"按钮或者"上一条"按钮找到需要删除的记录。

④ 单击"删除"按钮，弹出如图 3-9 所示的消息对话框。

⑤ 在该对话框中单击"确定"按钮，即可删除选中的记录。

⑥ 单击"记录单"对话框中的"关闭"按钮关闭对话框。

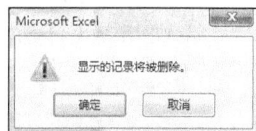

图 3-9　删除记录时的提示

> 💡 **注意**　使用"记录单"对话框删除记录后不能再恢复记录。

（4）查找记录。当数据清单比较大时，要找到数据清单中的记录就不容易了。记录单提供了快速查找数据清单记录的功能。

如果每次要移动一条记录，则可以单击"记录单"对话框中的滚动条箭头。如果要每次移动 10 条记录，则可单击滚动条与下箭头之间的空白。

使用记录单还可以对数据清单中的数据设置查找条件，所设置的条件通常为比较条件。设置条件查找数据清单中的记录的具体操作步骤如下。

① 单击数据清单中的任意一个单元格。

② 单击"记录单"按钮■，打开"Sheet1"对话框。

③ 单击"条件"按钮，然后在记录单中输入查找条件。

④ 单击"上一条"按钮或者"下一条"按钮进行查找，可以顺序找到符合查找条件的记录，如果要在找到符合指定条件的记录之前退出搜索，则可以单击"表单"按钮。

⑤ 找到记录后，可以对记录进行各种编辑操作。操作完毕或者在查找过程中想要退出"表单"对话框，则单击"关闭"按钮即可。

3. 数据清单排序

在工作表或者数据清单中输入数据以后，经常要进行排序操作，以便直观地比较各个记录。

（1）默认的排序顺序。在排序之前，首先介绍 Excel 中的数据的排序规则。在对数据清单中的数据进行排序时，Excel 有默认的排序顺序。Excel 使用特定的排序顺序，根据单元格中的数值而不是格式来排列数据。在排序文本项时，Excel 逐个将字符从左到右排序。例如，如果一个单元格中的文本为 A100，该单元格将排在内容为文本"A1"的单元格的后面，而不在内容为文本"A11"的单元格的前面。

数据排序

按升序排序时，Excel 的排序规则如下（在按降序排序时，除了空格总是在最后外，其他的排序顺序反转）。

① 数字从最小的负数到最大的正数排序。

② 文本以及包含数字的文本，按这样的顺序排序：先是数字 0~9，然后是字符'、-、!、#、$、%、&、( )、*、,、.、/、:、;、?、@、\、^、-、{、|、}、~、+、<、=、>，最后是字母 A~Z。

③ 在逻辑值中，FALSE 排在 TRUE 之前。

④ 所有错误值的优先级相等。

⑤ 空格排在最后。

（2）列数据排序。如果要对数据清单中的单列数据进行排序，则可以根据需要使用列数据排序方法。根据某一列的内容对行数据排序的具体操作步骤如下。

① 在需要排序的数据清单中，单击选中任意一个单元格。

② 选择"数据"|"排序"命令，如图 3-10 所示。

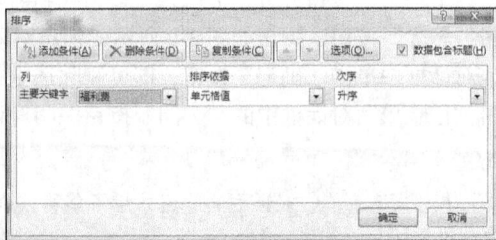

③ 弹出图 3-11 所示的"排序"对话框。

图 3-10 "数据"|"排序"命令　　　　　　　　　图 3-11 "排序"对话框

④ 在"排序"对话框中，选择"主要关键字""排序依据"和"次序"，如图 3-11 所示。

⑤ 单击"确定"按钮，工作表"福利费"列的数字按从小到大的顺序排列，如图 3-12 所示。

如果是通过建立工作列表的方式管理数据，则直接单击需要排序的列标题右侧的下拉按钮，选择准备应用的排序次序即可，如图 3-13 所示。

图 3-12　排序后的工作表

图 3-13　列标题右侧的排序下拉菜单

（3）多列排序。在根据单列数据对工作表中的数据进行排序时，如果该列的某些数据完全相同，则这些行的内容按原来的顺序排列。这就给数据排序带来麻烦。选择多列排序可以解决这个问题，而且在实际操作中，也经常会遇到按照多行的结果进行排序的情况。例如，足球比赛中是按总积分来排列名次的。往往有一些球队总积分相同，这时要通过净胜球来分出名次。根据多列数据的内容对数据行进行排序的具体操作步骤如下。

① 在需要排序的数据清单中，单击任意一个单元格，选择"数据"|"排序"命令。

② 在弹出的"排序"对话框中，选择"基本工资"作为主要关键字，按升序排列。

③ 单击"添加条件"按钮，选择"福利费"作为次要关键字，如图 3-14 所示。

④ 单击"确定"按钮，工作表进行多列排序的结果如图 3-15 所示。

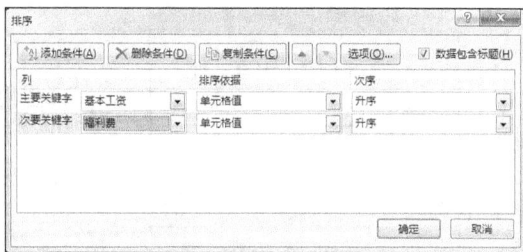

图 3-14　选择次要关键字

图 3-15　多列排序后的工作表

提示：　如果要根据多于 3 列的内容进行排序，首先按照最主要的数据列进行排序。例如，如果数据清单中包含雇员信息，并希望根据基本工资、福利费对其进行排序，则要对数据清单进行两次排序。第一次，在"主要关键字"下拉列表框中选择"基本工资"选项，然后对数据清单进行排序。第二次，在"次要关键字"下拉列表框中选择"福利费"选项，然后对数据清单进行排序。

4．使用筛选

筛选是指从数据中找出符合指定条件的数据，这也是用户经常进行的操作。下面介绍各种筛选的方法。

（1）自动筛选。

① 单击需要筛选的数据列表中的任意一个单元格。

② 选择"数据"|"筛选"命令，如图 3-16 所示。

③ 工作表格式如图 3-17 所示，即在列标题每个字段的右边都出现了一个下拉按钮 。

提示： 如果是已经建立好的数据列表，则不需要以上 3 个步骤。

图 3-16 "数据"｜"筛选"命令

图 3-17 带下拉按钮的工作表

④ 单击列标题右侧的下拉按钮，弹出图 3-18 所示的下列菜单。

⑤ 取消选中"全选"选项，选中"1880"选项。

⑥ 单击"确定"按钮，工作表的格式如图 3-19 所示，仅显示符合筛选条件的数据。

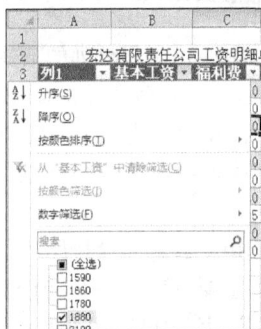

图 3-18 下列菜单

图 3-19 工作表仅显示符合筛选条件的数据

如果要清除所有的筛选，以显示所有行，则可以单击"排序和筛选"选项组中的"清除"按钮即可。

（2）使用高级筛选。使用高级筛选可以对工作表和数据清单进行更复杂的筛选操作。

要进行高级筛选，必须在工作表的数据清单下方至少留出 3 个能用作条件区域的空行，并将含有带筛选值的数据列的列标志复制到该条件区域的第一个空行中。因此，进行高级筛选的数据清单必

图 3-20 高级筛选的条件区域

高级筛选

须有列标志，而且要设置条件区域。这对于简单的工作表和数据清单来说太麻烦了，但是对于大型的工作表和数据清单却非常有用。图 3-20 所示为已在一个工资表的数据清单上建立的条件区域。

注意： 进行高级筛选前，应在筛选条件区域以外的单元格区域中输入高级筛选的条件，条件中包括筛选条件及其所在列的列标题。在条件值和数据清单中至少要留出一个空行。

高级筛选的具体操作步骤如下。

① 单击需要筛选的工作表中的任意一个单元格。

② 选中"数据"选项卡，单击"高级"按钮，如图 3-21 所示。

③ 弹出图 3-22 所示的"高级筛选"对话框。选中"在原有区域显示筛选结果"复选框，在"列表区域"和"条件区域"文本框中输入相应内容；也可以单击"压缩对话框"按钮，在工作表中选

定区域，然后单击“展开对话框”按钮来选定列表区域和条件区域。

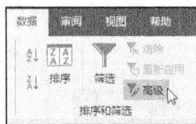

图 3-21　单击“高级”按钮

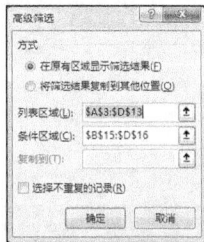

图 3-22　“高级筛选”对话框

④ 单击“确定”按钮，筛选结果如图 3-23 所示。

（3）取消筛选。取消筛选结果，重新显示所有数据，可以使用以下几种方法。

① 如果要在数据清单中取消对某一列的筛选，则需单击该列首单元格右端的下拉按钮，然后单击“全部”命令。

② 如图 3-24 所示，选择“数据”选项卡中的“排序和筛选”选项组，单击该选项组下的“清除”按钮，即可取消所有筛选。

	A	B	C	D
1				
2	宏达有限责任公司工资明细单			
3		基本工资	福利费	加班费
5	乙	2380	380	370
14				
15		基本工资	福利费	加班费
16		>2000	>250	>200

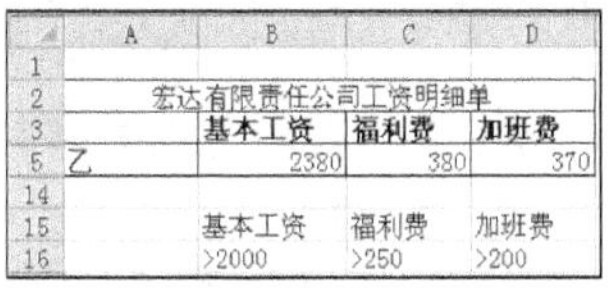

图 3-23　筛选结果

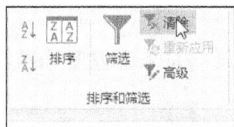

图 3-24　取消所有筛选

3.1.2　分类汇总数据

分类汇总是在数据清单中快捷汇总数据的方法。例如，销售数据清单包含了日期、账户、产品、单位、价格以及收入等项。可以按账户查看分类汇总，也可以按产品查看分类汇总。

分类汇总

用 Excel 的分类汇总命令进行汇总，不必手工创建公式。Excel 可以自动创建公式、插入分类汇总与总和的行，并自动分级显示数据。数据结果可以轻松地用来进行格式化、创建图表和打印。

1. 创建分类汇总

创建分类汇总的具体操作步骤如下。

（1）在需要分类汇总的数据清单中，单击任意一个单元格，如图 3-25 所示。

（2）选中“数据”选项卡，在“分级显示”选项组中单击“分类汇总”按钮，如图 3-26 所示。

（3）在“分类汇总”对话框中的“分类字段”下拉列表框中选择需要分类汇总的数据列，所选的数据列应已经排好序，如图 3-27 所示。

	A	B	C	D
1				
2	宏达有限责任公司工资明细单			
3		基本工资	福利费	加班费
4	甲	2400	400	200
5	乙	2380	380	370
6	丙	2190	320	200
7	丁	1880	260	100
8	戊	2110	280	130
9	己	1660	220	110
10	庚	1780	240	120
11	辛	2100	255	80
12	壬	1590	190	200
13	癸	1880	230	90

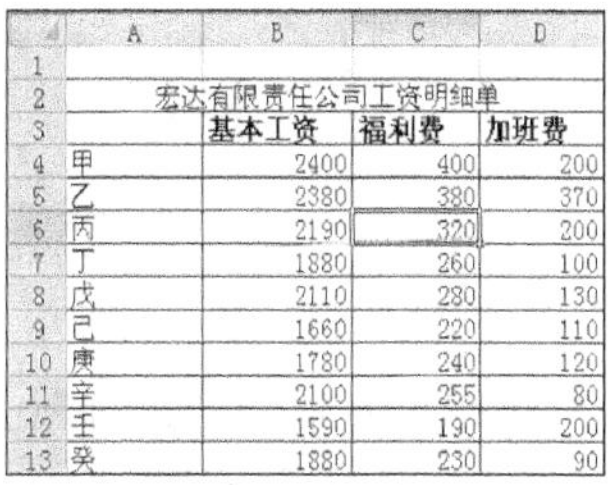

图 3-25　要分类汇总的数据清单

（4）在“汇总方式”下拉列表框中选择所需的用于计算分类汇总的函数。

（5）在“选定汇总项”列表框中，选中需要汇总计算的数值列对应的复选框。

（6）设置“分类汇总”对话框中其他的选项。

- 若想替换任何现存的分类汇总，则选中“替换当前分类汇总”复选框。
- 若想在每组之前插入分页，则选中“每组数据分页”复选框。

- 若想在数据组末端显示分类汇总及总和，则选中"汇总结果显示在数据下方"复选框。

图 3-26　单击"分类汇总"按钮

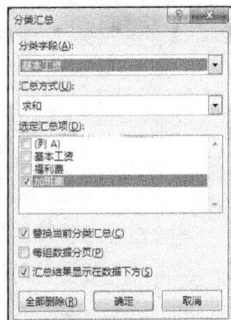

图 3-27　"分类汇总"对话框

（7）单击"确定"按钮，完成分类汇总操作。分类汇总后的结果如图 3-28 所示。

对数据进行分类汇总以后，如果想查看数据清单中的明细数据或者单独查看汇总总计，则要用到分级显示的内容。

在图 3-28 中，工作表左上方是分级显示的级别符号，如果要分级显示某个级别，则单击该级别的数字。

分级显示的级别符号下方有隐藏明细数据符号🔲，单击它可以隐藏数据清单中的明细数据，如图 3-28 所示。

分级显示的级别符号下方还有显示明细数据符号➕，单击它可以显示数据清单中的明细数据，如图 3-29 所示。

图 3-28　分类汇总后结果

图 3-29　明细数据

2．删除分类汇总

删除分类汇总的具体操作步骤如下。

（1）在需要分类汇总的数据清单中，单击任意一个单元格。

（2）单击"数据"选项卡中"分级显示"选项组中的"分类汇总"按钮，打开"分类汇总"对话框。

（3）在"分类汇总"对话框中单击"全部删除"按钮即可。

3.1.3　数据透视表

阅读具有大量数据的工作表是很不方便的，这时用户可以根据需要，将这个工作表生成能够显示分类概要信息的数据透视表。数据透视表能够迅速方便地从数据源中提取并计算需要的信息。

1. 数据透视表简介

数据透视表是一种对大量数据快速汇总和建立交叉列表的交互式表格。它可以用于转换行和列，以便查看源数据的不同汇总结果，可以显示不同页面以筛选数据，还可以根据需要显示区域中的明细数据。

2. 数据透视表的组成

数据透视表由报表筛选、列标签、行标签和数值 4 个部分组成。

其中各组成部分的功能如下。

（1）报表筛选：用于基于报表筛选中的选定项来筛选整个报表。

（2）行标签：用于将字段显示为报表侧面的行。

（3）列标签：用于将字段显示为报表顶部的列。

（4）数值：用于显示汇总数值数据。

3. 数据源

在 Excel 中，可以利用多种数据源来创建数据透视表。可利用的数据源如下。

（1）Excel 的数据清单或者数据库。

（2）外部数据源，包括数据库、文本文件和除了 Excel 工作簿以外的其他数据源，也可以是 Internet 上的数据源。

（3）经过合并计算的多个数据区域以及另外一个数据透视表。

4. 建立数据透视表

以图 3-30 所示的数据清单为数据透视表的数据源建立数据透视表，具体操作步骤如下。

（1）打开准备创建数据透视表的工作簿。

（2）选择"插入"选项卡，在"表格"组中单击"数据透视表"按钮，如图 3-31 所示。

建立数据透视表

图 3-30 企业销售统计表

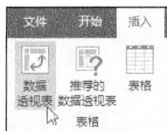

图 3-31 "数据透视表"命令

（3）弹出"创建数据透视表"对话框，在"请选择要分析的数据"选项组单击"表/区域"文本框右侧的"压缩对话框"按钮，如图 3-32 所示。

（4）选择准备创建数据透视表的数据区域，如图 3-33 所示。

（5）单击"创建数据透视表"文本框右侧的"展开对话框"按钮，返回"创建数据透视表"对话框，在"选择放置数据透视表的位置"选项组中选中"新工作表"单选按钮，如图 3-34 所示。

（6）单击"确定"按钮，打开"数据透视表字段"任务窗格，如图 3-35 所示。

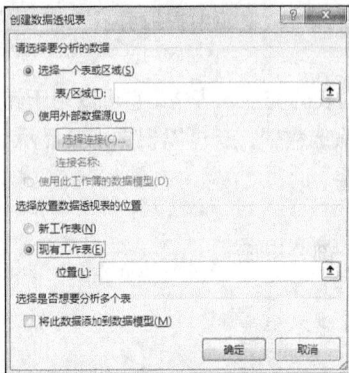

图 3-32 "压缩对话框"按钮

图 3-33 选择准备创建数据透视表的数据区域

图 3-34 "创建数据透视表"对话框

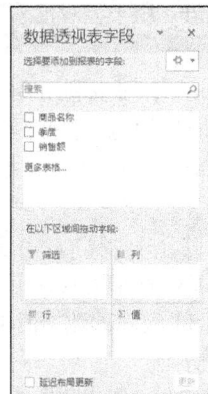

图 3-35 "数据透视表字段"任务窗格

（7）在"数据透视表字段"任务窗格中的"选择要添加到报表的字段"选项组中选择准备设置为"列标签"的字段，单击并拖动选择的字段到相应的区域，如图 3-36 所示。

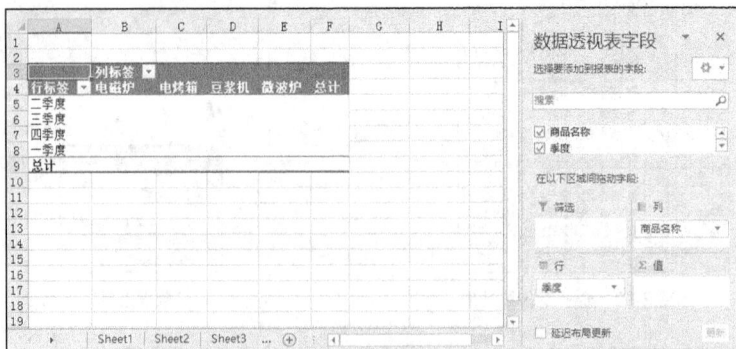

图 3-36 设置"列标签"和"行标签"

（8）在"数据透视表字段"任务窗格中的"选择要添加到报表的字段"选项组中，选择准备设置为"行标签"的字段，单击并拖动选择的字段到相应的区域，如图 3-36 所示。

（9）在"数据透视表字段"任务窗格中的"选择要添加到报表的字段"选项组中选择准备设置为"数值"的字段，单击并拖动选择的字段到相应的区域，如图 3-37 所示，完成数据透视表的创建。

68

图 3-37　设置"数值"完成数据透视表的创建

5. 删除数据透视表

建立数据透视表的数据清单，不能直接删除其中的数据。要删除其中的数据，只能删除整个数据透视表。

（1）打开需要删除的数据透视表。

（2）选择"数据透视表工具"|"分析"选项卡。

（3）在"操作"选项组中的"选择"列表中选择"整个数据透视表"选项，如图 3-38 所示，选中整个数据透视表。

（4）按 Delete 键，删除整个工作表。

6. 添加或删除字段

用户可以根据需要添加和删除数据透视表中的字段。用户只需要在"数据透视表字段"任务窗格中的"选择要添加到报表的字段"区域中，选择准备设置的字段，单击并拖动到相应的区域中，就可以添加字段。或者从相应区域拖回到"选择要添加到报表的字段"区域，就可以删除字段。

图 3-38　选择"整个数据透视表"选项

7. 设置修改分类汇总

（1）单击数据透视表中的任意一个单元格。

（2）选择"数据透视表工具"中的"分析"选项卡，单击该选项卡的"显示"选项组中的"字段列表"按钮，如图 3-39 所示。

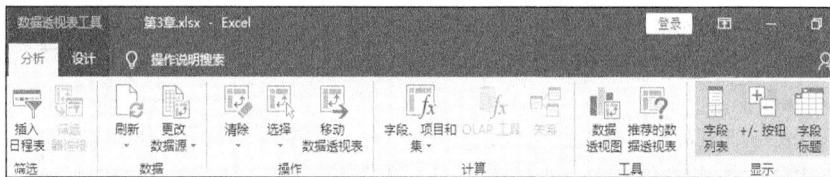

图 3-39　"字段列表"按钮

（3）弹出"数据透视表字段"任务窗格，在"求和项"下拉列表中选择"值字段设置"命令，如图 3-40 所示。

（4）打开"值字段设置"对话框，在"值字段汇总方式"选项组中选择需要使用的汇总函数，如图 3-41 所示。

（5）单击"确定"按钮，完成汇总方式设置。

69

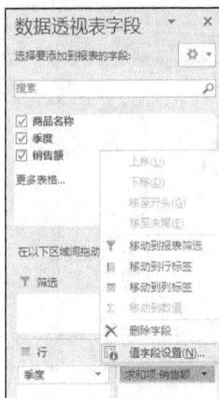

图 3-40 "值字段设置"命令　　　　　图 3-41 "值字段设置"对话框

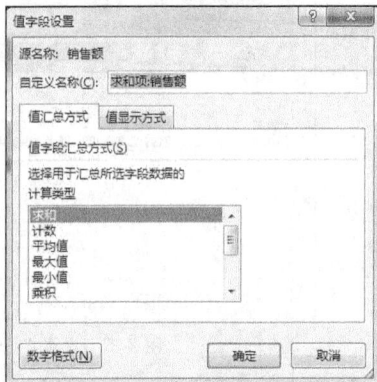

3.2　图表

使用 Excel 的图表功能可以将工作表中枯燥的数据转化为简洁的图表形式。当编辑工作表中的数据时，图表也相应地随着数据的改变而改变，不需要再次生成图表。本节将介绍有关图表的术语、类型，以及建立图表、自定义图表和三维图表等操作。

3.2.1　图表概述

图表具有很好的视觉效果，创建图表后，可以清楚地看到数据之间的差异。应用图表不仅可以把形象地表示数据，还可以对图表中的数据进行预测分析，得到一系列数据的变化趋势。使用 Excel 的图表功能可以将工作表中枯燥的数据转化为简洁的图表形式，可以更有力地传递信息。

1．数据系列

创建图表需以工作表中的数据为基础。工作表中转化为图表的一连串数值的集合称作数据系列。例如，要画出某公司下属各分公司各季度的利润图表，某个分公司各个季度的利润就构成了一个数据系列，如图 3-42 所示，蓝色条形块构成了"甲分公司"各季度利润的数据系列。数据系列一般不止一个，在 Excel 中，图表中以不同的颜色、形状来区别不同的数据系列，并在"图例"中标明了不同的序列。

2．引用

每个数据系列都包含若干数值点，Excel 的数据系列最多可以有 4 000 个数值点，用"引用"作为各数据系列中数值点的标题。例如，图 3-42 中的"三季度"就是序列"甲分公司"的"引用"。

3．嵌入式图表

嵌入式图表是把图表直接插入数据所在的工作表中，主要用于说明工作表的数据关系。这是因为图表具有更强的说服力和更为直观的表达力。图 3-43 所示为嵌入式图表的例子。

4．图表工作表

为创建的图表工作表专门新建一个工作表，整个工作表中只有这一张图表，图 3-42 所示为图表工作表。图表工作表主要用于只需要图表的场合，因为用户输入的数据往往只是为了建立一张图表，因而在最后的输出文档中只需出现一张单独的图表即可。

5．图表类型

Excel 提供了 11 种图表类型，每种图表类型还包含几种不同的子类型，子类型是在图表类型基础上变化而来的。用户在创建图表前需要根据要求决定采用哪一种图表类型。每一种图表类型都有其各自不同的特点。表 3-1 所示为各类图表的用途。

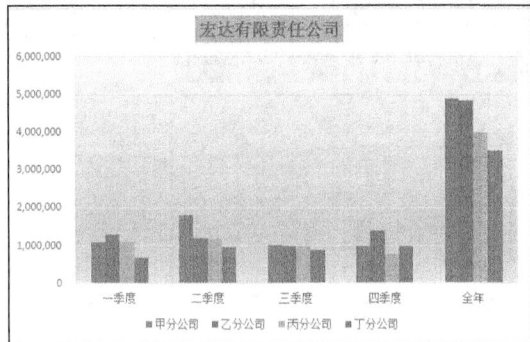

图 3-42 图表工作表

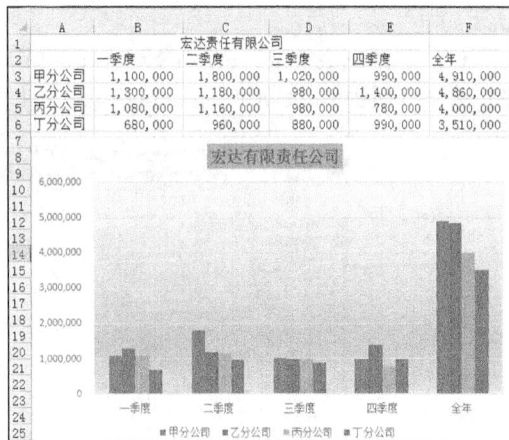

图 3-43 嵌入式图表

表 3-1 各类图表类型的用途

图表类型	用途
柱形图	用于显示一段时期内数据的变化或者各项之间的比较关系
条形图	用于描述各项之间的差异变化或者显示各项与整体之间的关系
折线图	用于显示数据的变化趋势
饼图	用于显示数据系列中各项占总体的比例关系，注意饼图一般只显示一个数据系列
XY（散点）	多用于科学数据，用于比较不同数据系列中的数值，以反应数值之间的关联性
面积图	用于显示局部和整体之间的关系，更强调幅值随时间的变化趋势
圆环图	用于显示部分和整体之间的比例关系，这一点和饼图类似，但可以表示多个数据系列
雷达图	用于多个数据系列之间总和值的比较，各个分类沿各自的数值坐标轴相对于中点呈辐射状分布，同一序列的数值之间用折线相连
曲面图	用于确定两组数据之间的最佳逼近
气泡图	一种特殊类型的 XY 散点图
股价图	用于分析股票价格的走势

3.2.2 创建与修改图表

Excel 提供了很多种类的图表，如柱形、条形和折线等，用户可以根据需要选择合适的图表类型，并修改不能清楚表达含义的图形。

1. 创建图表

根据图表放置方式的不同，图表可以分为嵌入式图表和工作表图表。这两种图表的创建方式类似，下面以建立嵌入式图表为例，介绍如何使用图表向导来创建图表。使用图表向导创建图表的具体操作步骤如下。

（1）选择数据范围。在创建图表之前，先打开用于建立图表的工作表数据，

创建图表

然后选定相应的数据单元格区域，如果希望所使用的数据的行、列标志也显示在图表中，则选定区域还应包括含有行、列标志的单元格，如图 3-44 所示。

宏达责任有限公司				
	一季度	二季度	三季度	四季度	全年
甲分公司	1,100,000	1,800,000	1,020,000	990,000	4,910,000
乙分公司	1,300,000	1,180,000	980,000	1,400,000	4,860,000
丙分公司	1,080,000	1,160,000	980,000	780,000	4,000,000
丁分公司	680,000	960,000	880,000	990,000	3,510,000

图 3-44　选定建立图表的工作表数据范围

（2）选择图表类型。选择"插入"选项卡，在"图表"组中的"柱形图"，下拉菜单中单击所需的柱形图类型，如图 3-45 所示。

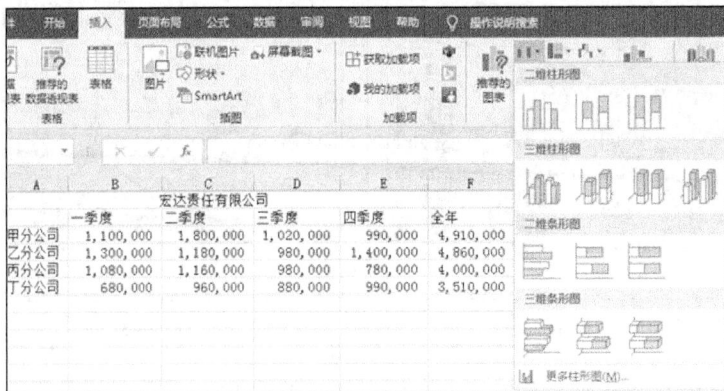

图 3-45　"柱形图"命令

（3）完成柱形图的创建，效果如图 3-46 所示。

Excel 允许用户修改图表，例如，更改图表背景颜色、增加和删除数据系列、更改图例等，这里仅介绍最基本的操作。

2. 改变图表类型

在创建图表时，用户不一定清楚为数据选择哪一种图表类型更合适，通常在创建图表之后，才发现选择另一种图表类型更适合当前的数据，这里就涉及改变图表类型的问题。

（1）打开需要修改图表的工作簿，激活需要改变图表类型的图表。

（2）单击鼠标右键，在快捷菜单中选择"更改图表类型"命令，如图 3-47 所示。

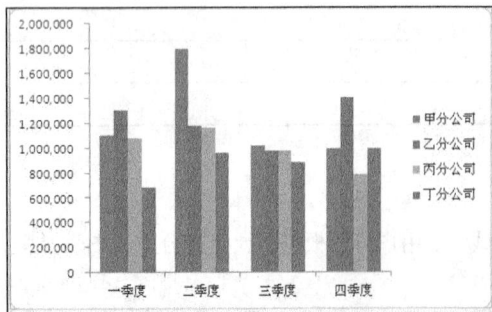

图 3-46　创建完成的柱形图

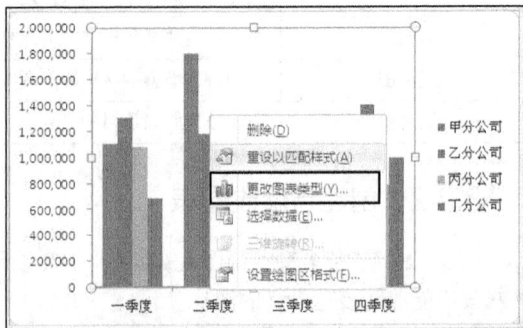

图 3-47　"更改图表类型"命令

（3）弹出如图 3-48 所示的"更改图表类型"对话框，从中选择所需的图表类型。

（4）单击"确定"按钮，改变了图表类型的图表将出现在工作表中，如图 3-49 所示。

图 3-48　"更改图表类型"对话框

图 3-49　改变类型后的图表

3.2.3　自定义图表

当使用 Excel 的自动套用格式创建图表时，如果该图表不符合要求，则可以使用自定义图表修改。下面介绍自定义图表的方法。

1. 图表项

激活图表后，可以选择图表的不同部分进行自定义，图表的每一个可被选择的部分称为图表项，单击图表的不同部分，"图表"工具栏中会出现相应的图表项的名称。图表主要有下列图表项。

（1）图表区域：图表区域是整个图表所有图表项所在的背景区。

（2）图例：图例是对图表中的数据系列的说明。

（3）图表标题：图表标题不包括图表的坐标轴标题，一般位于图表的正上部。

（4）坐标轴：图表坐标轴的名称，分为数值轴和分类轴。

（5）绘图区：绘图区是真正的图表所在区，绘图区不包括图例。

（6）网格线：每种坐标轴都有主、次网格线两类，图 3-50 所示为有数值轴主网格线的图表。

2. 调整图表位置

在同一个工作表中调整图表的位置，直接将图表拖动到合适的位置，松开鼠标左键即可。在不同的工作表中调整图表位置的具体操作步骤如下。

（1）打开需要移动图表的工作簿，激活需要移动的图表。

（2）选择"图表工具"|"设计"选项卡，单击"移动图表"按钮，如图 3-51 所示。

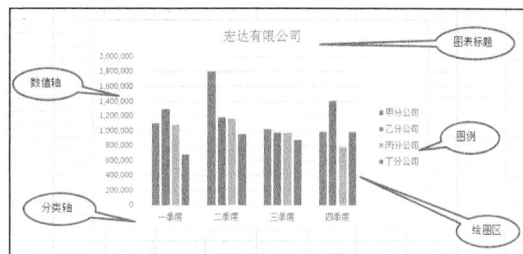

图 3-50　显示主网格线的图表

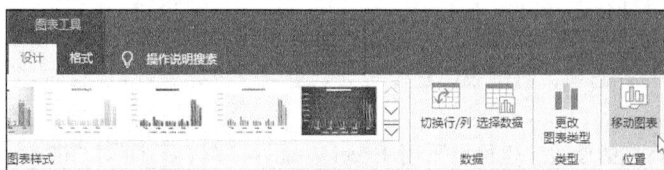

图 3-51　"移动图表"按钮

（3）在弹出的"移动图表"对话框中选择需要移动到的工作表（如 Sheet 4），如图 3-52 所示。

（4）单击"确定"按钮，图表将出现在 Sheet 4 工作表中，如图 3-53 所示。

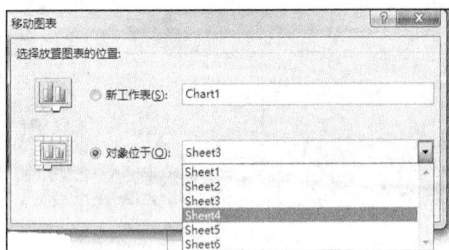

图 3-52 "移动图表"对话框

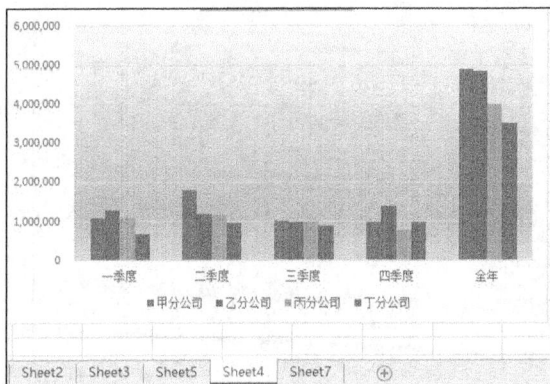

图 3-53 图表出现在 Sheet 4 工作表中

3. 标题操作

（1）添加标题。图表标题是用来对图表进行说明的标志。用户可以在图表中添加图表标题，具体操作步骤如下。

① 打开需要添加标题的图表所在的工作簿，激活该图表。

② 选择"图表工具"|"设计"|"图表布局"选项卡，在"添加图表元素"下拉菜单中选择"图表标题"。

③ 在"图表标题"子菜单中选择"居中覆盖"命令，如图 3-54 所示。

④ 图表中出现标题文本框，在该文本框中输入标题，如图 3-55 所示，标题添加完成。

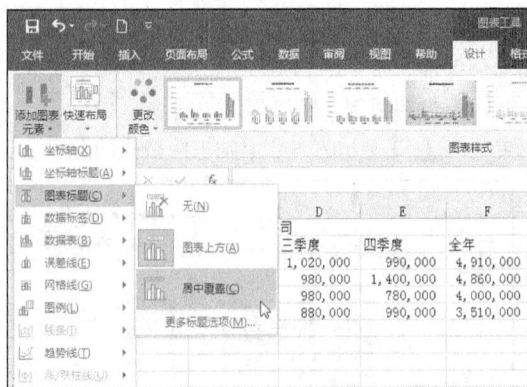

图 3-54 "居中覆盖"命令

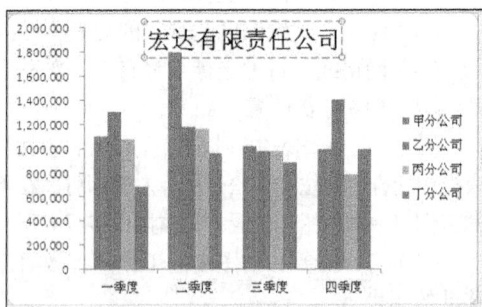

图 3-55 在标题文本框中输入标题

（2）修改标题属性。用鼠标右键单击需要修改的标题，在快捷菜单中选择"设置图表标题格式"命令，弹出"设置图表标题格式"对话框，如图 3-56 所示。用户可以根据需要设置"图表标题格式"对话框中的各选项，将图表标题设置为紫色填充色，有外边阴影的标题格式，如图 3-57 所示。

对于图表标题格式的设置，也可以采用 Excel 功能区"图表工具"|"格式"选项卡中的现有模式快速设置，如图 3-58 所示。

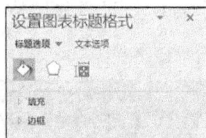

图 3-56 "设置图表标题格式"对话框

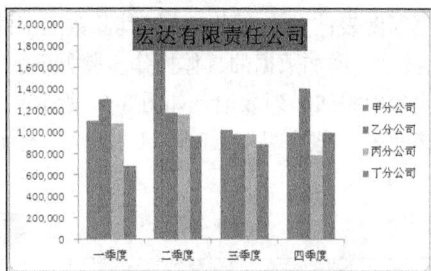

图 3-57 图表完成标题格式设置

图 3-58 "图表工具"|"格式"选项卡

4. 添加网格线

网格线扩展了坐标轴上的刻度线，有助于用户弄清数值点的数值大小。添加网格线的具体操作步骤如下。

（1）打开需要添加网格线的图表所在的工作簿，激活该图表。

（2）选择"图表工具"|"设计"选项卡，单击"添加图表元素"下拉按钮。

（3）在"添加图表元素"下拉菜单中选择"网格线"|"主轴主要水平网格线"命令，如图 3-59 所示。

（4）该图表中即显示主轴主要水平网格线，如图 3-60 所示。

图 3-59 选择"主轴主要水平网格线"命令

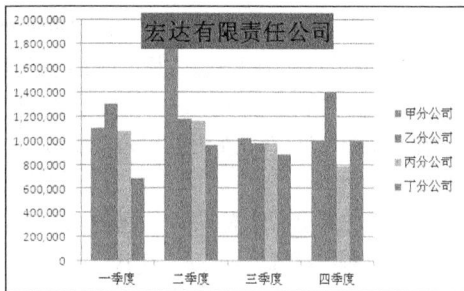

图 3-60 图表显示主轴主要水平网格线

如果用户不需要网格线，则在网格线的菜单中将已勾选的网格线选项取消即可。

> **注意** 主要网格线通过坐标轴的数据标志点，次要网格线位于主要网格线之间。

5. 数据系列操作

由于图表与其源数据之间在创建图表时已经建立了链接关系，所以，修改工作表中的数据后，

Excel 会自动更新图表；在修改图表后，其源数据中的数据也会随着改变。

（1）添加数据。添加数据的具体操作步骤如下。

① 在工作表中添加 F 列数据，如图 3-61 所示。

② 选中该图表，选择"图表工具"|"设计"选项卡，单击该选项卡中的"选择数据"按钮，如图 3-62 所示。

图 3-61　添加 F 列数据后的工作表

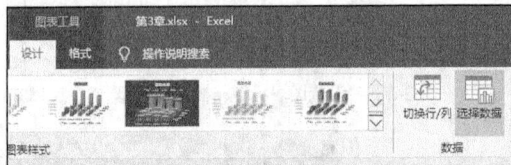

图 3-62　"选择数据"按钮

③ 弹出如图 3-63 所示的"选择数据源"对话框，单击"图表数据区域"文本框右侧的"压缩对话框"按钮▲。

④ 单击该图表所在工作表的标签，选择 A2:F6 单元格区域，单击"图表数据区域"文本框右侧的"展开对话框"按钮◙，返回"选择数据源"对话框。

⑤ 单击"确定"按钮，"全年"数据将添加到图表中，如图 3-64 所示。

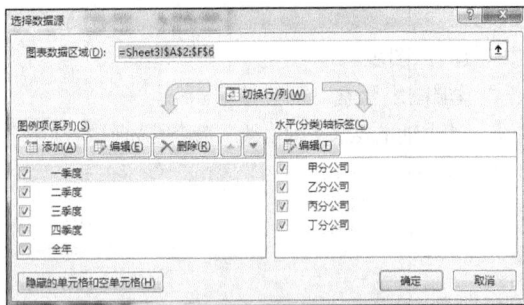

图 3-63　"选择数据源"对话框

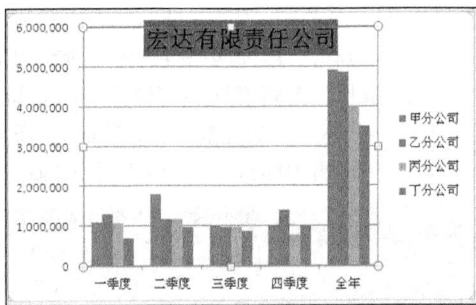

图 3-64　添加数据后的新图表

（2）删除数据系列。要同时删除工作表和图表中的数据，只要从工作表中删除数据，图表就会自动更新；要从图表中删除数据，只需在图表单击要删除的数据，按 Delete 键即可。

6. 设置图表区格式

在某些情况下，重新设置图表区格式，可以更好地突出图表的内容。设置图表区格式的具体操作步骤如下。

（1）单击需要设置的图表，选中该图表绘图区。

（2）选择"图表工具"|"格式"选项卡，单击"设置所选内容格式"按钮，如图 3-65 所示。

（3）弹出"设置绘图区格式"对话框，如图 3-66 所示。

（4）选择"渐变填充"选项，选择一种预设颜色，如图 3-66 所示。

（5）单击"关闭"按钮，图表区的格式如图 3-67 所示。

7. 添加文本框

文本框用于输入文本和对文本进行编辑，用文本框为工作表和图表添加注释性文字，并常常与箭头和圆一起使用，可以指明信息所解释的对象。

添加文本框的具体操作步骤如下。

（1）打开需要添加文本框的工作表。

图 3-65 "设置所选内容格式"按钮

图 3-66 "设置绘图区格式"对话框

（2）选择"图表工具"|"格式"选项卡，单击"文本框"按钮，如图 3-68 所示。

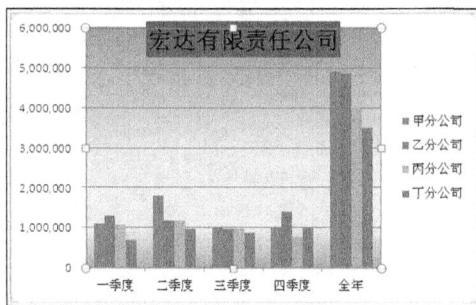

图 3-67 设置后的图表

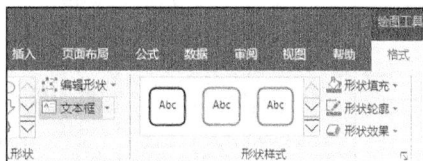

图 3-68 "文本框"按钮

（3）此时鼠标指针变成十字形状，拖动鼠标画出一个文本框并在其中输入文字，如图 3-69 所示。

（4）选择"图表工具"|"格式"选项卡，单击"箭头"按钮，如图 3-70 所示。

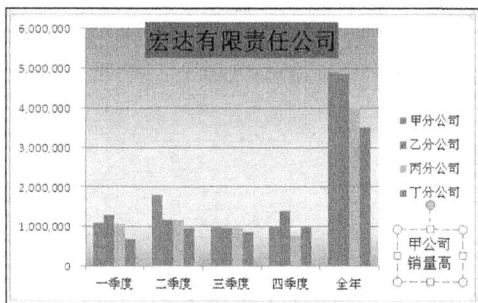

图 3-69 画出文本框并在其中输入文字

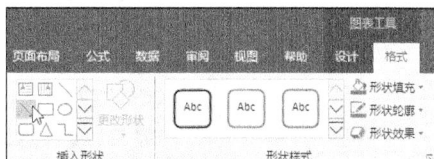

图 3-70 单击"箭头"按钮

（5）拖动鼠标画出一个箭头，为图表插入一条解释，如图 3-71 所示。

另外，用鼠标右键单击文本框，在出现的快捷菜单中选择"设置形状格式"选项，出现设置形状格式的对话框，如图 3-72 所示。在该对话框中选择相应的选项，可以设置文本框格式。也可单击文本框，在功能区出现的"绘图工具"|"格式"选项卡内选择相应的选项，进行设置。图 3-73 所示

为设置后的文本框。

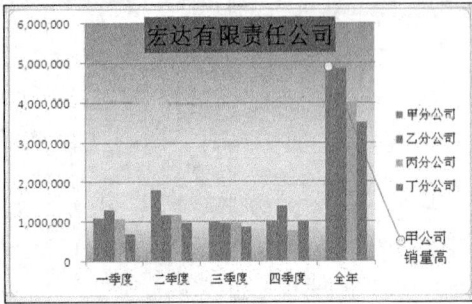

图 3-71　图表插入一条解释

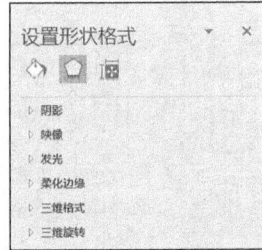

图 3-72　设置形状格式的对话框

8. 三维图表

三维图表比二维图表更符合人的视觉习惯，比二维图表更能吸引人的注意力。三维图表使用得当，往往会达到事半功倍的效果。

创建三维图表的方法为：选择需要建立图表的数据范围，在"插入"选项卡"图表"组中的"柱形图"下拉菜单中选择需要的图表类型即可，如图 3-74 所示。图 3-75 所示为创建好的三维图表。

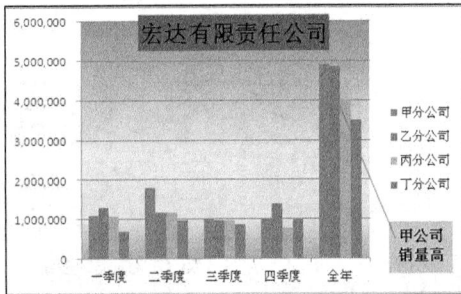

图 3-73　设置后的文本框

图 3-74　选择三维图表类型

创建三维图表的操作基本与创建二维图表的操作相同，但是可以对三维图表进行三维旋转。旋转三维图表的具体操作步骤如下。

（1）激活需要旋转的三维图表，单击鼠标右键，在弹出的快捷菜单中选择"三维旋转"命令，如图 3-76 所示。

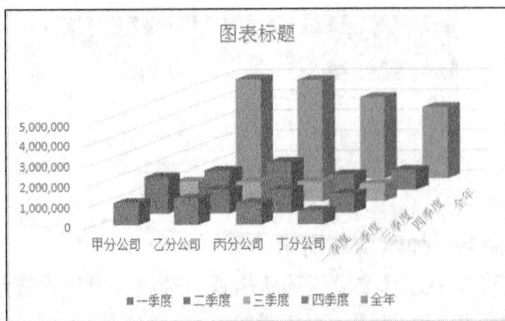

图 3-75　创建好的三维图表

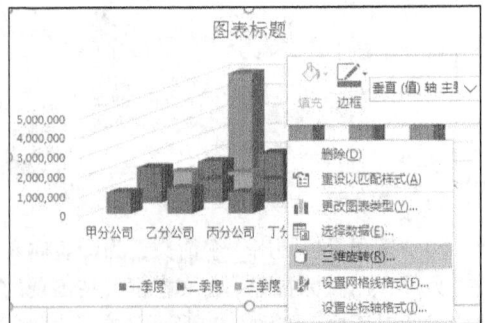

图 3-76　"三维旋转"命令

（2）弹出"设置图表区格式"对话框，在"三维旋转"选项组中可以调整三维图表的各项参数，如图 3-77 所示。

（3）设置完成后，单击"关闭"按钮，三维图表即旋转，如图 3-78 所示。

图 3-77　设置三维旋转

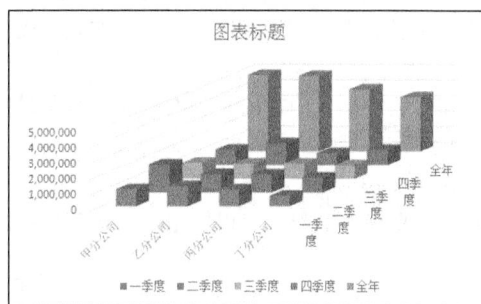

图 3-78　旋转后的三维图表效果

3.2.4　迷你图表

Excel 2010 开始新增了迷你图的功能。迷你图是工作表单元格中的一个微型图表。在工作表单元格中创建迷你图的操作步骤如下。

（1）打开需要创建迷你图的工作表，选中需要创建迷你图的 B10 单元格。

（2）单击"插入"选项卡"迷你图"选项组中的"柱形图"命令，如图 3-79 所示。

图 3-79　单击"迷你图"选项组中的"柱形图"命令

（3）在"创建迷你图"对话框中选择数据源，如图 3-80 所示。

（4）单击"确定"按钮，在 B10 单元格中显示迷你柱形图，如图 3-81 所示。

图 3-80　"创建迷你图"对话框

图 3-81　迷你柱形图

3.3 图形与艺术字

图文并茂的图表往往更能吸引读者。Excel 提供了大量的剪贴画、强大的图像处理功能、精彩的艺术字以及各种图表背景，可以让用户设计出赏心悦目的图表。本节主要介绍图形和艺术字的运用。

3.3.1 插入图形对象

除了图表之外，还可以在工作表中添加图形对象。与图表不同的是，图形对象与工作表中的数据并不相关，但是应用它们可以使工作表更美观。可以将精美的图片和剪贴画插入图表，为图表增色。

在工作表中插入图片的方法为：选中插入图片的位置，选择"插入"选项卡中的"图片"按钮，如图 3-82 所示。

弹出图 3-83 所示的"插入图片"对话框，在"查找范围"列表框中找到需要插入的图片。要在插入图片之前浏览效果，可以单击"预览"按钮，确认后单击"插入"按钮。

图 3-82 "图片"按钮

图 3-83 "插入图片"对话框

插入的图片可以在"图片工具"|"格式"选项卡中编辑，如图 3-84 所示。

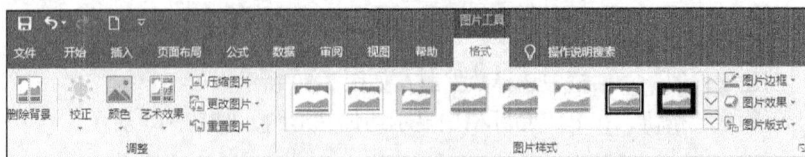

图 3-84 "图片工具"|"格式"选项卡

3.3.2 艺术字的运用

运用艺术字可以美化文案视觉效果。在工作表中插入艺术字的操作步骤如下。

（1）选择插入艺术字的位置，单击"插入"选项卡"文本"选项组中的"艺术字"下拉按钮，如图 3-85 所示。

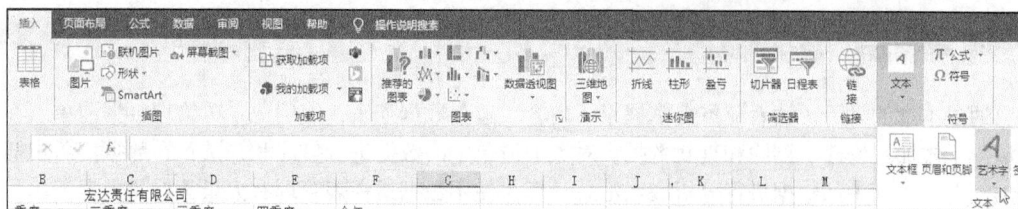

图 3-85 "艺术字"命令

（2）在弹出的艺术字库（见图 3-86）中选择所需的艺术字效果后，工作表中出现图 3-87 所示的文本框。

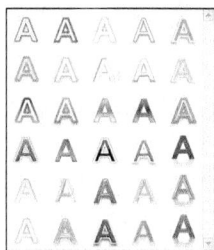

图 3-86 艺术字库

图 3-87 "编辑'艺术字'文字"文本框

（3）在"编辑'艺术字'文字"文本框中输入所需文字，艺术字即添加完成，如图 3-88 所示。

图 3-88 完成添加艺术字

如果需要更改艺术字的设置，则在该艺术字上单击鼠标右键，在图 3-89 所示的快捷菜单中选择"设置文字效果格式"命令，在弹出的"设置形状格式"对话框中进行相关设置，如图 3-90 所示。

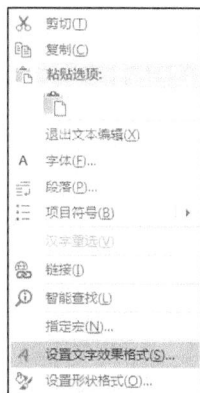

图 3-89 "设置文字效果格式"命令

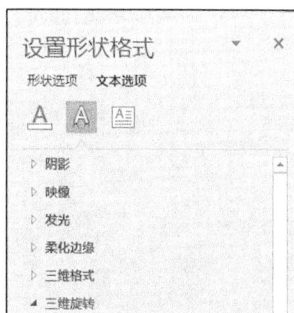

图 3-90 "设置形状格式"对话框

本章小结

通过本章的学习，读者应重点掌握以下内容：建立数据列表；使用记录单管理数据清单；在数据清单中添加、修改、删除和查找数据；对数据清单中的数据进行排序和筛选；在数据清单中插入分类汇总，对其中的数据进行分析或者汇总计算；使用数据透视表管理有大量数据的数据清单，根据数据创建图表；图形与艺术字在工作表中的应用。

思考练习

1. 填空题

（1）修改数据清单时，单击需要修改的数据清单中的任意一个单元格，选择_____命令，打开_____对话框。单击_____按钮找到需要修改的记录，然后在记录中修改信息。

（2）显示一段时期内数据的变化或者各项之间的比较关系，一般使用_____。

（3）建立数据透视表和数据透视图，通过_____命令，在打开的_____对话框中进行系列操作。

（4）在 Excel 中，_____图用于显示元素与核心元素的关系。

（5）创建图表要以_____为基础，在工作表中，转化为图表的一连串数值的集合称作_____。例如，绘制某公司下属的各个分公司各季度的利润图表，某个分公司各个季度的利润就构成了一个_____。

2. 上机操作题

对数据进行排序。

操作提示如下。

（1）输入数据。

（2）选择数据。

（3）选定"主要关键字"，对数据进行单列排序。

（4）选定"主要关键字"，对数据进行多列排序。

第二部分

Excel 2016 对会计日常账务核算的处理

第4章

Excel 在会计凭证中的应用

会计凭证是会计核算的重要依据；填制和审核会计凭证是会计核算的一种专门方法，也是会计工作的起点和基础。通过本章的学习，读者应了解并掌握 Excel 在会计账务处理流程中编制会计凭证环节的应用。

学习目标

- 了解会计凭证的基本概念
- 掌握利用 Excel 建立并填制会计科目表
- 掌握利用 Excel 修改和删除会计科目
- 掌握利用 Excel 建立会计凭证表

4.1 会计凭证概述

4.1.1 会计凭证的含义及作用

会计凭证是指记录经济业务、明确经济责任的书面证明，也是登记账簿的依据。填制和审核会计凭证，既是会计工作的开始，也是会计对经济业务进行监督的重要环节。

会计凭证在会计核算中具有十分重要的意义，主要表现在以下几个方面。

（1）填制和取得会计凭证，可以及时、正确地反映各项经济业务的完成情况。

（2）审核会计凭证，可以更有力地发挥会计的监督作用，使会计记录合理、合法。

（3）填制和审核会计凭证，可以增强经济管理中人员的责任感。

4.1.2 会计凭证的类型

会计凭证按填制的程序及其在经济管理中的用途，分为原始凭证和记账凭证。

1. 原始凭证

原始凭证是指在经济业务发生或完成时取得或填制的，用以记录或证明经济业务的发生或完成等情况，并作为原始依据的会计凭证。原始凭证必须真实、完整、规范、及时和正确，并必须有经办人的签字。此外，原始凭证只有经过审核后，才能作为记账依据。审核原始凭证是保证会计记录的真实性和正确性，以及充分发挥会计监督作用的重要环节。

2. 记账凭证

记账凭证是指会计人员根据审核无误后的原始凭证填制的，用来确定经济业务中应借、应贷的会计科目分录，并作为记账依据的会计凭证。记账凭证在记账前需经过审核。

4.2 建立和处理会计科目表

在利用 Excel 处理会计账务时，首先要建立会计科目表。建立会计科目表时，需要在 Excel 工作表中输入数据。输入数据有两种方法：一种是直接在单元格中输入数据；另一种是在记录单中输入数据。由于采用记录单的方式便于新建、删除及查找会计科目，所以本节将介绍如何采用记录单建立会计科目表。

4.2.1 建立会计科目表

建立会计科目表的具体操作步骤如下。

（1）打开 Excel，新建工作表，如图 4-1 所示。

（2）单击选中 A1 单元格，输入"宏达有限责任公司会计科目表"，如图 4-2 所示。

图 4-1 打开 Excel

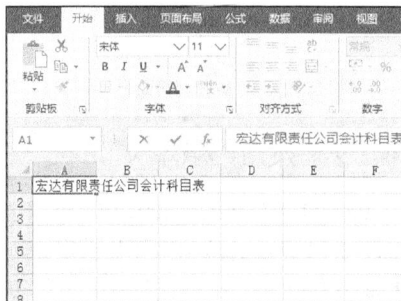

图 4-2 输入会计科目表名称

（3）在 A2 和 B2 单元格中分别输入"科目编号"和"科目名称"，如图 4-3 所示。

（4）将光标移至列标 A 和 B 中间，当光标变成 ┿ 时，拖动鼠标，将 A 列单元格调整到合适的宽度。

（5）将光标移至列标 B 和 C 中间，当光标变成 ┿ 时，拖动鼠标，将 B 列单元格调整到合适的宽度。

（6）将光标移至 A1，单击并拖至 B2，选定 A1:B2 单元格区域，如图 4-4 所示。

图 4-3 输入"科目编号"和"科目名称"　　　　图 4-4 调整 A、B 列单元格的宽度

（7）在 A3 和 B3 单元格中，分别输入"1 000"和"资产类"，如图 4-5 所示。

（8）按照宏达有限责任公司所需的会计科目，输入所有科目编号及科目名称，如图 4-6 所示。

图 4-5 输入科目编号与科目名称　　　　图 4-6 输入所有科目编号与科目名称

（9）将鼠标光标移至 Sheet1 的工作表标签处，单击鼠标右键，在弹出的快捷菜单中选择"重命名"命令，如图 4-7 所示。

（10）将 Sheet1 重命名为"会计科目表"，如图 4-8 所示。将该工作簿保存为"第 4 章.xlsx"。

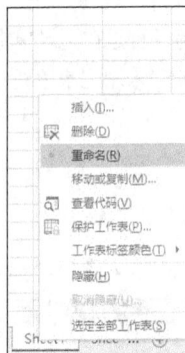

图 4-7 选择"重命名"命令　　　　图 4-8 重命名后的工作表

4.2.2 设置记录单

在 Excel 1997～Excel 2003 中，可以选择"数据"|"记录单"命令，以数据列表的方式编辑数据。从 Excel 2010 开始，这项功能被设定为选择性命令，Excel 2016 没有将"记录单"命令纳入其选项区域或命令按钮中。用户要使用记录单功能，只有以自定义方式将数据列表命令调出后，才可以执行列表命令。设置记录单的具体操作步骤如下。

（1）打开 4.2.1 小节建立的工作表。

（2）单击"文件"选项卡，在"Excel 选项"对话框中选择"自定义功能区"选项。单击"新建组"命令。

（3）在"Excel 选项"对话框的"从下列位置选择命令"下拉列表框中选择"所有命令"，再选择"记录单"，单击"新建组"按钮，再单击"添加"按钮，如图 4-9 所示。

（4）单击"确定"按钮，将"记录单"命令添加到 Excel 功能区"开始"选项卡中的"新建组"中，如图 4-10 所示。

图 4-9　添加"记录单"

图 4-10　"记录单"命令添加到新建组

（5）将光标置于"会计科目表"工作表 A3:B57 单元格区域内的任何一个单元格，单击"记录单"命令，可以记录单的方式来编辑会计科目，如图 4-11 所示。

4.2.3　修改和删除会计科目

企业会计科目的设置应保持相对稳定，但是并非一成不变，需要根据社会经济环境变化和单位经济业务发展的需要，对已使用的会计科目进行相应的修改、补充和删除。

1. 修改会计科目

修改会计科目的具体操作步骤如下。

（1）打开 4.2.1 小节建立的工作表。

图 4-11　用记录单方式编辑会计科目

（2）单击需要修改的"会计科目表"中的任意一个单元格。

（3）选择"新建组"|"记录单"命令，打开"会计科目表"对话框。

（4）单击"下一条"按钮或者"上一条"按钮找到需要修改的记录，在记录中修改信息，如图 4-12 所示。

（5）完成会计科目修改后，单击"关闭"按钮更新当前显示的记录并关闭记录单。

2. 查询并删除会计科目

利用记录单可以快速找到某个会计科目并删除。

具体操作步骤如下。

（1）打开 4.2.1 小节建立的工作表。

（2）单击需要修改的"会计科目表"中的任意一个单元格。

（3）选择"新建组"|"记录单"命令，打开"sheet1"对话框。

（4）单击"条件"按钮，在记录单中输入需要查询的会计科目名称、科目编号或者会计科目的编号范围，如图 4-13 所示。

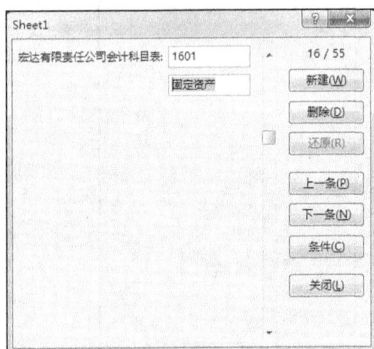

图 4-12　修改会计科目

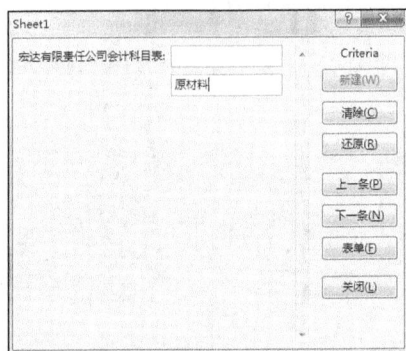

图 4-13　在记录单输入查找条件

（5）单击"上一条"按钮或者"上一条"按钮进行查找，可以按顺序找到满足查找条件的记录。满足图 4-13 所示的查找条件的记录，如图 4-14 所示。

（6）单击"删除"按钮，弹出图 4-15 所示的警告对话框。

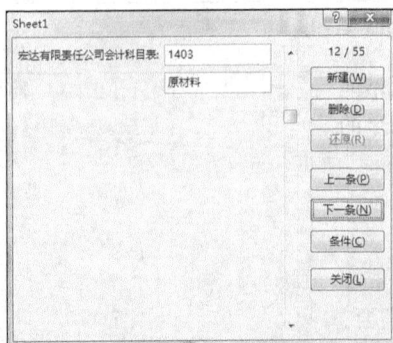

图 4-14　查找结果

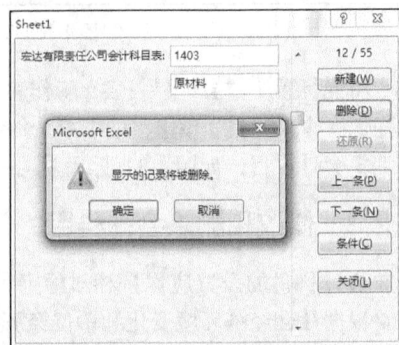

图 4-15　删除提示对话框

（7）在该对话框中单击"确定"按钮，记录即被删除。

（8）单击"会计科目表"对话框中的"关闭"按钮，完成会计科目的删除操作。

4.2.4 美化会计科目表

前面完成了会计科目表的基本操作，但是制作出的会计科目表略显粗糙。接下来对会计科目表进行填充颜色、设置字体等操作。

具体操作步骤如下。

（1）打开 4.2.1 小节建立的工作表。

（2）选中整张工作表。

（3）单击"常用"工具栏中的"填充颜色"下拉按钮 ，在打开的调色板中选择"绿色"，如图 4-16 所示，整张会计科目表都被填充了所选颜色。

（4）单击选中 A1 单元格，单击"字体颜色"下拉按钮 ，在打开的调色板中选择"红色"，如图 4-17 所示，会计科目表的标题文字颜色变成红色。

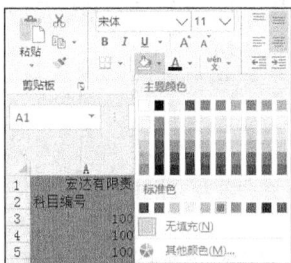

图 4-16 选择会计科目表颜色

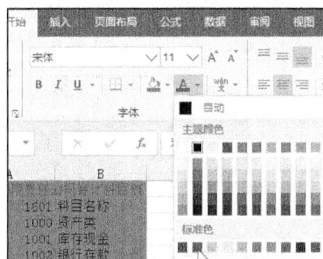

图 4-17 选择字体颜色

（5）单击选中 A1 单元格，单击"加粗"按钮 B ，会计科目表标题的文字变粗，如图 4-18 所示。

（6）选择 A3:B3 单元格区域，按住 Ctrl 键。

（7）继续选择 A5:B5 单元格区域和 A7:B7 单元格区域。

（8）释放 Ctrl 键，此时有 6 个单元格被选中。

（9）单击"填充颜色"下拉按钮，在打开的调色板中选择"橙色"，表格中行与行之间颜色分明，格外清晰，如图 4-19 所示。

（10）选择 A3:B8 单元格区域，单击"格式刷"按钮 。

（11）拖动鼠标选择 A9:B57 单元格区域。

（12）释放鼠标左键，会计科目表内容不变，但行间颜色分明，如图 4-20 所示。

图 4-18 会计科目表标题的文字加粗

图 4-19 设置会计科目表填充颜色

图 4-20 完成设置的会计科目表

4.3 建立记账凭证表

建立起会计科目表后，按照手工会计账务处理程序，应该将企业日常发生的经济业务填写在记账凭证中。但大部分会计信息系统都会省略填写凭证这个环节，虽然在操作上看起来像是填写凭证，而事实上是利用表单功能建立数据库。

4.3.1 设置会计凭证表

设置会计凭证表的操作步骤如下。

（1）打开"第 4 章.xlsx"工作簿的 Sheet 2 工作表。

（2）选择 A1:J1 单元格区域，单击"合并及居中"按钮▦。

（3）选中 A1 单元格，输入文本"宏达有限责任公司会计凭证表"，单击"加粗" **B** 按钮。

（4）将光标分别移至列标 A 和 B、B 和 C、C 和 D、D 和 E 中间，当光标变成 ✛ 形状时，拖动鼠标，将 A、B、C、D 列单元格调整为所需的宽度，如图 4-21 所示。

图 4-21　完成宽度调整的会计凭证表

（5）选择 A2:J2 单元格区域，分别输入表头"年、月、日、序号、凭证编号、摘要、科目编号、科目名称，借方金额、贷方金额"，选中第 2 行，单击 ▤ 按钮使单元格的内容居中，如图 4-22 所示。

图 4-22　设置好的表头

（6）选择 I3:J100 单元格区域并单击鼠标右键，在弹出的快捷菜单中选择"设置单元格格式"命令。

（7）打开"设置单元格格式"对话框，切换到"数字"选项卡，选择"会计专用"选项，在"小数位数"文本框中输入 2，如图 4-23 所示。

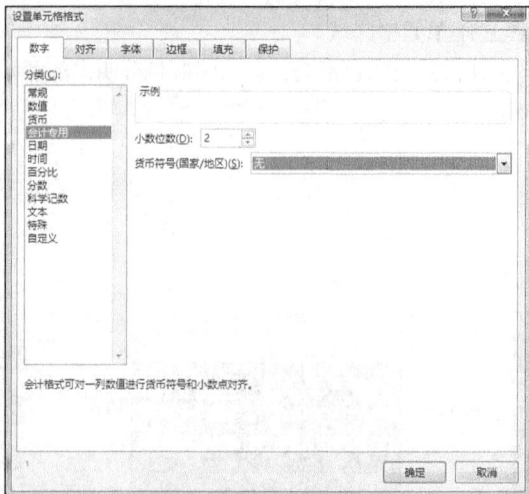

图 4-23　设置"数字"选项卡

（8）单击"确定"按钮，将"借方金额"和"贷方金额"设置为数值格式。此时"宏达有限责任公司会计凭证表"的基本格式设置完毕。

（9）将 Sheet2 工作表重命名为"记账凭证表"。

4.3.2　自动生成会计凭证编号

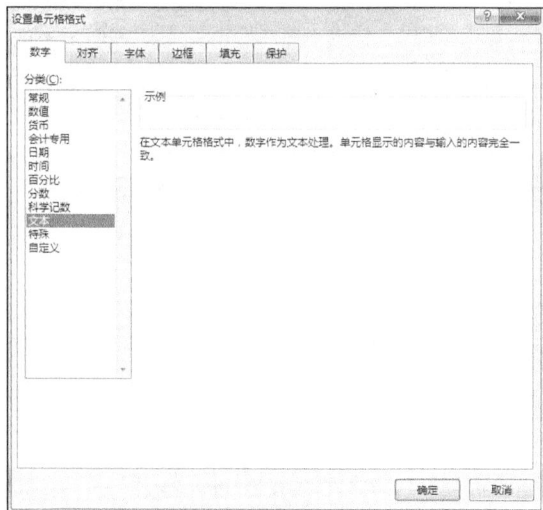

会计人员在用会计凭证记录经济业务时，要对每笔经济业务进行编号，以便查找和以后核对。用 Excel 编制会计凭证表时，可以利用 CONCATENATE 函数，以"年+月+日+当日顺序号"的格式自动生成会计凭证编号。

自动生成会计
凭证编号

（1）打开"第 4 章.xlsx"工作簿的"记账凭证表"。

（2）选择列 A:D 并单击鼠标右键，在弹出的快捷菜单中选择"设置单元格格式"命令。

（3）打开"设置单元格格式"对话框，切换到"数字"选项卡，选择"文本"选项，如图 4-24 所示。

（4）单击"确定"按钮。

（5）分别在 A3、B3、C3、D3 单元格中输入"20*1""01""01""01"。

（6）选中 E3 单元格。

（7）单击 *fx* 按钮，打开"插入函数"对话框。

（8）在"或选择类别"下拉列表框中选择"文本"选项。在"选择函数"列表框中选择 CONCATENATE 函数，如图 4-25 所示。

图 4-24　"数字"选项卡

图 4-25　选择 CONCATENATE 函数

（9）单击"确定"按钮。

在 CONCATENATE 函数中输入公式"=CONCATENATE(A3,B3,C3,D3)"，即在"函数参数"对话框中输入业务的"年、月、日、序号"等信息对应的单元格名称，如图 4-26 所示。

（10）单击"确定"按钮。

（11）E3 自动生成凭证编号，如图 4-27 所示。

（12）选中 E3 单元格并单击鼠标右键，从弹出的快捷菜单中选择"复制"命令。

（13）选中 E4:E30 单元格区域并单击鼠标右键，从弹出的快捷菜单中选择"粘贴"命令，E4:E30 将套用 E3 的函数。

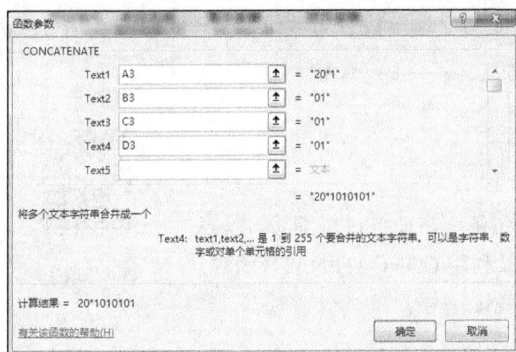

图 4-26 输入 CONCATENATE 函数参数

图 4-27 自动生成凭证编号

4.3.3 自动显示会计科目

进入经济业务记录的工作后，先登记业务发生的时间，接下来用会计专门的语言"会计科目"来记录企业发生的经济活动。在输入经济业务时，为了节约时间，可以利用 VLOOKUP 函数，自动显示会计科目。

1. 定义名称

"定义名称"在 Excel 中有举足轻重的地位，在许多地方都可以应用。由于需要用 VLOOKUP 函数自动显示会计科目，而 VLOOKUP()函数中引用的位置需要使用定义名称的工作簿，故应先了解如何定义名称。

定义名称的具体操作步骤如下。

（1）打开"第 4 章.xlsx"工作簿的"记账凭证表"工作表。

（2）在"公式"|"定义名称"下拉菜单中选择"定义名称"命令，如图 4-28 所示。

（3）在打开的"新建名称"对话框的"名称"文本框中输入"科目名称"，如图 4-29 所示。

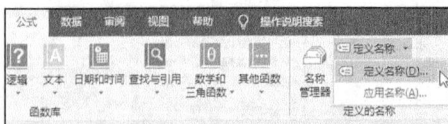

图 4-28 选择"定义名称"

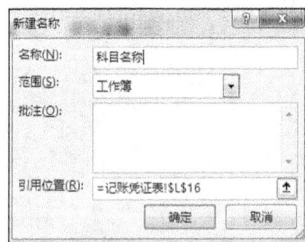

图 4-29 输入名称

（4）单击"引用位置"旁的折叠按钮。

（5）在"会计科目表"的工作表标签处单击，切换到该工作表。

（6）选择 A3:B56 单元格区域，"新建名称"对话框的"引用位置"会随之改变，如图 4-30 所示。

（7）单击"新建名称"对话框中的折叠按钮，打开图 4-31 所示的"新建名称"对话框。其中，"引用位置"选项已确定。

（8）单击"确定"按钮，完成"定义名称"的设置。

2. 自动显示会计科目

自动显示会计科目的操作步骤如下。

（1）打开"第 4 章.xlsx"工作簿中的"记账凭证表"工作表。

图 4-30　选定引用位置

图 4-31　完成"引用位置"的设定

（2）选择 H3 单元格。

（3）单击 *fx* 按钮，打开"插入函数"对话框。

（4）在"或选择类别"下拉列表框中选择"逻辑"选项。在"选择函数"列表框中选择 IF 函数，如图 4-32 所示。

（5）单击"确定"按钮。

（6）在 IF 函数的 Logical_test 文本框中输入"G3="""。

（7）在 IF 函数的 Value_if_true 文本框中输入""""，如图 4-33 所示。

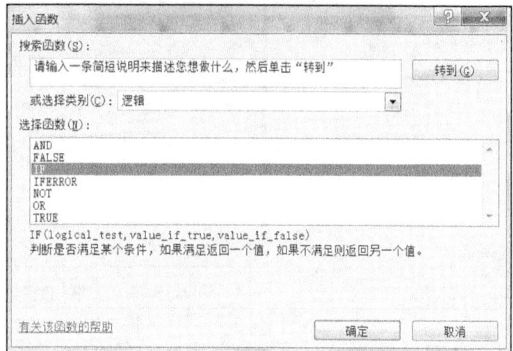

图 4-32　选择 IF 函数

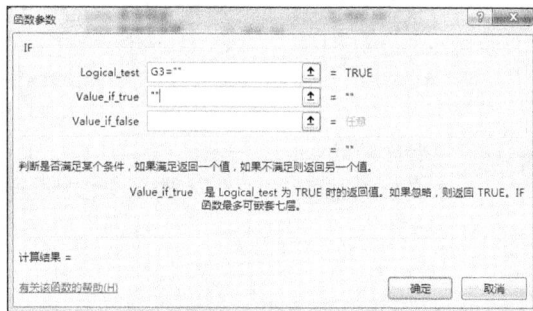

图 4-33　输入 IF 函数参数

（8）将光标移至 IF 函数的 Value_if_false 自变量位置空白处，单击如图 4-34 所示的下拉菜单按钮，寻找 VLOOKUP 函数。

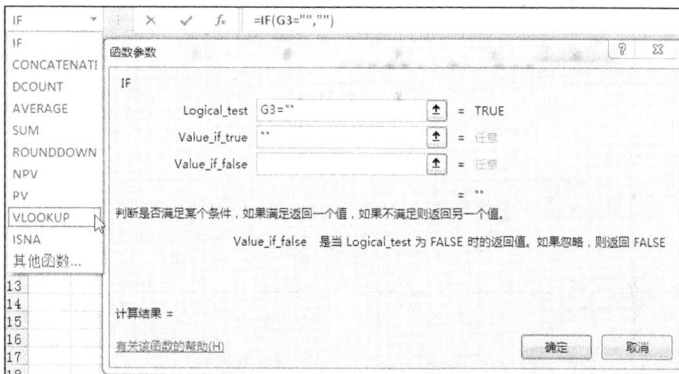

图 4-34　选择 VLOOKUP 函数

（9）找到并插入 VLOOKUP 函数后，在该函数的 Lookup_value 自变量位置输入 G3。

（10）将光标移至 VLOOKUP 函数的 Table_array 自变量位置空白处，单击"公式"|"定义的名称"|"用于公式"按钮的下拉箭头，在下拉菜单中选择"科目名称"，如图 4-35 所示。

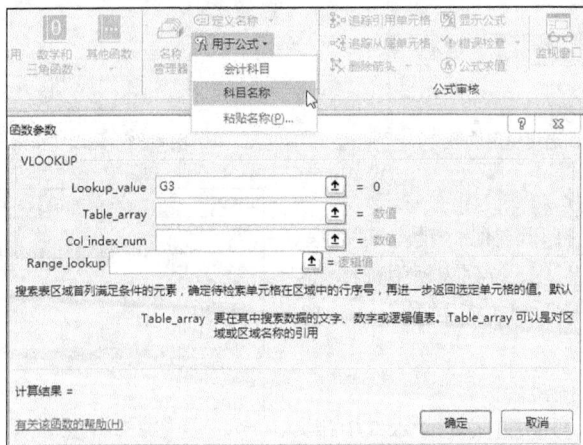

图 4-35　VLOOKUP 函数参数 Table_array 自变量的设定

（11）选择"科目名称"定义的名称后，VLOOKUP 函数的 Table_array 自变量变为如图 4-36 所示。

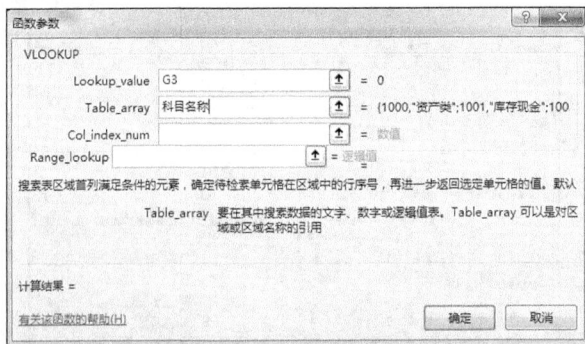

图 4-36　完成 VLOOKUP 函数的 Table_array 自变量的设定

（12）在 VLOOKUP 函数的 Col_index_num 文本框中输入 2。

（13）在 VLOOKUP 函数的 Range_lookup 文本框中输入 1，如图 4-37 所示。

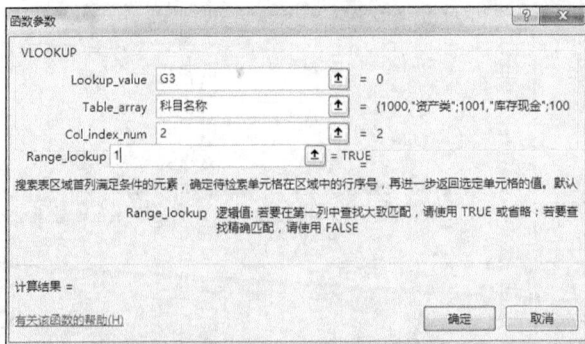

图 4-37　输入 VLOOKUP 函数参数

（14）单击"确定"按钮，完成函数的设置。

（15）选中 H3 单元格并单击鼠标右键，在弹出的快捷菜单中选择"复制"命令。

（16）选中 H4 单元格，下拉至最后一行并单击鼠标右键，在弹出的快捷菜单中选择"粘贴"命令。整个"科目名称"下的单元格均自动套用公式。

（17）在"科目编号"的任意单元格中输入一个会计科目编号，其后的"科目名称"中自动出现相应的科目名称，如图 4-38 所示。

图 4-38　自动显示会计科目设置后的会计凭证表

4.3.4　数据筛选

数据筛选是从数据中找出符合给定条件的数据，将符合条件的数据显示在工作表上，将不符合条件的数据隐藏起来。在会计核算过程中，经常会遇到数据筛选的情况。

进行数据筛选的具体操作步骤如下。

（1）打开"第 4 章.xlsx"工作簿中的"记账凭证表"工作表。

（2）单击"记账凭证表"工作表中的任意一个单元格。

（3）单击"数据"选项卡中的"筛选"按钮，如图 4-39 所示。

（4）"宏达有限责任公司会计凭证表"的每个字段都增加一个"筛选"下拉按钮，如图 4-40 所示。

（5）单击"科目名称"的"筛选"下拉按钮，选择"库存现金"选项，如图 4-41 所示。

（6）工作表仅列出"库存现金"的业务，而其他的业务被隐藏起来，如图 4-42 所示。

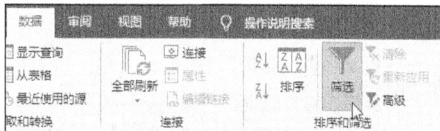

图 4-39　单击"筛选"按钮

图 4-40　完成筛选设置

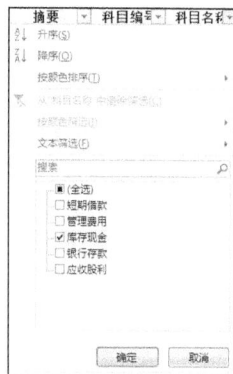

图 4-41　选择"库存现金"选项

图 4-42　显示自动筛选的结果

本章小结

本章介绍了利用 Excel 编制会计凭证的方法。首先介绍会计凭证的有关概念，使读者对会计凭证有全面认识；接着介绍利用 Excel 记录单功能建立会计科目表的方法，并加以引申，让读者掌握修改、删除记录单及美化会计科目表的方法；最后，利用 Excel 的 CONCATENATE 函数、VLOOKUP 函数建立具有自动生成序号、自动生成会计科目等多项功能的会计凭证表。这些工作完成之后，为进一步会计核算提供资料。

思考练习

1. 填空题

（1）定义名称应执行_____命令。

（2）在记录单方式下，若需修改某项信息，则单击需要修改的工作表中的任意一个单元格，选择_____命令，打开"会计科目表"对话框。单击_____按钮找到需要修改的记录，在记录中修改信息。

（3）自动筛选数据，应执行_____命令。

（4）自动生成会计凭证编号时，可以利用_____函数，以"年+月+日+当日顺序号"的格式生成。

2. 上机操作题

（1）按照下列步骤，创建公司员工工资数据表。

① 新建 Excel 工作簿，并将 Sheet1 工作表命名为"员工工资数据"。

② 输入"姓名""基本工资""奖金""加班费""养老保险"和"医疗保险"。

③ 调整列宽：标题字段为 110 像素，输入字段为 340 像素。

④ 将文本颜色设置为蓝色并加粗。

⑤ 为文本加边框。

（2）利用 Excel 设计一个会计凭证表，并完成以下操作，效果如图 4-43 所示。

① 设置会计凭证表格式：要求包含"月""日""科目代码""会计科目""借方金额"和"贷方金额"字段。

② 输入 10 笔与银行存款有关的经济业务。

③ 自动筛选"银行存款"会计科目。

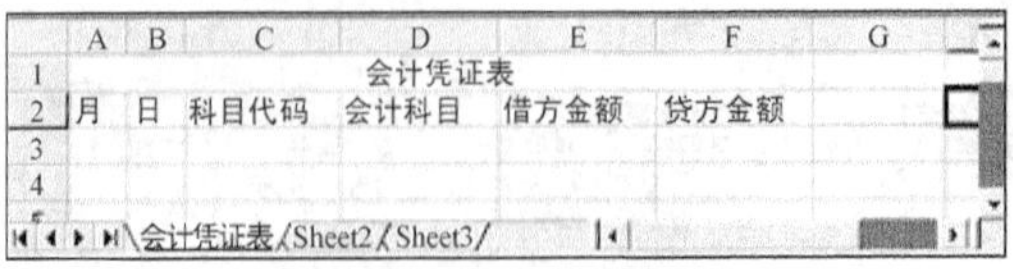

图 4-43　会计凭证表

第5章

Excel 在会计账簿中的应用

以记账凭证为依据，设置和登记会计账簿是会计账务处理工作的中心环节。本章主要介绍如何根据已有的会计科目表中的有关数据，利用 Excel 的数据表透视表、函数等功能，建立起总分类账、明细分类账、科目汇总表和科目余额表等会计工作的账表。

学习目标
- 了解与会计账簿相关的基本概念
- 掌握利用 Excel 设置"借贷不平衡"的自动提示
- 掌握利用 Excel 建立总分类账、明细分类账、科目汇总表
- 掌握利用 Excel 建立与填制科目余额表

5.1 会计账簿概述

5.1.1 会计账簿的意义与作用

会计账簿是指以会计凭证为依据，在具有一定格式的账页中全面、连续、系统、综合地记录经济业务的簿籍。

会计账簿在会计核算中具有十分重要的意义，主要表现在以下几个方面。

（1）可以为经营管理者提供连续、全面、系统的会计信息。

（2）可以保护财产物资的安全完整。

（3）便于企业考核成本、费用和利润计划的完成情况。

（4）可以为编制会计报表提供资料。

（5）可以为会计检查、会计分析提供资料。

5.1.2 会计账簿的类型

按照用途的不同，会计账簿可以分为序时账簿、分类账簿和备查账簿3种。

1. 序时账簿

序时账簿又称日记账，是按照经济业务发生时间的先后顺序逐日、逐笔登记的账簿。按记录内容的不同，日记账可分为普通日记账和特种日记账两种。

（1）普通日记账是用来登记全部经济业务情况的日记账。将每天发生的全部业务，按照经济业务发生时间的先后顺序，编制成记账凭证，根据记账凭证逐笔登记到普通日记账中。例如，企业设置的日记总账就是普通日记账。

（2）特种日记账是用来记录某一类经济业务发生情况的日记账。将某一类经济业务，按照经济业务发生时间的先后顺序记入账簿中，反映某一特定项目的详细情况。例如，各经济单位为了对库存现金和银行存款加强管理，设置库存现金日记账和银行存款日记账来记录库存现金和银行存款的收、付和结存业务。

2. 分类账簿

分类账簿是区别不同账户登记经济业务的账簿。按照提供指标的详略程度不同，可分为总分类账簿和明细分类账簿两种。

（1）总分类账簿是根据总分类账户开设的，连续记录和反映资金增减、成本和利润情况的账簿。它能总括并全面反映企事业单位的经济活动情况，是编制会计报表的依据。所有企业都要设置总分类账。

（2）明细分类账簿是根据明细分类账户开设的账簿。它能详细反映企业某项经济活动的具体情况。

3. 备查账簿

备查账簿是对某些在序时账簿和分类账簿中不能记录登记或记录登记不全的经济业务进行补充登记的账簿。企业根据自身的情况，可以选择设置或不设置此账簿。

5.2 日记账

5.2.1 设置日记账格式

日记账是序时记录企业经济业务的账簿，其按照时间顺序全面反映企业发生的所有经济业务。表5-1所示为日记账格式。

表 5-1 日记账格式

日记账

年	月	日	凭证编号	摘要	账户名称	借方金额	贷方金额

大家会发现，日记账的格式与前面设置的会计凭证表的格式极为相似，其中"账户名称"就是"会计科目"。这样，在利用 Excel 核算时，不用再设置专门的日记账。可以采用审核无误的会计凭证表进行以后的会计核算工作。

5.2.2 借贷不平衡自动提示

作为一名会计人员，必须将"有借必有贷，借贷必相等"这个记账规则牢记于心。在会计凭证编制、账簿登记、会计报表编制的整个会计核算过程中，始终以这个规则来进行账务处理。为避免出现借贷不平衡的日记账，可设置借贷不平衡自动提示。

借贷不平衡
自动提示

具体操作步骤如下。

（1）选中 K2 单元格。

（2）单击 f_x 按钮，打开"插入函数"对话框。

（3）在"或选择类别"下拉列表框中选择"逻辑"选项。在"选择函数"列表框中选择 IF 函数，如图 5-1 所示。

（4）单击"确定"按钮。

（5）在 IF 函数的 Logical_test 自变量位置输入 "SUM(I:I)=SUM(J:J)"，如图 5-2 所示。

（6）在 IF 函数的 Value_if_true 自变量位置输入 """"，如图 5-2 所示。

（7）在 IF 函数的 Value_if_false 自变量位置输入 ""借贷不平衡""，如图 5-2 所示。

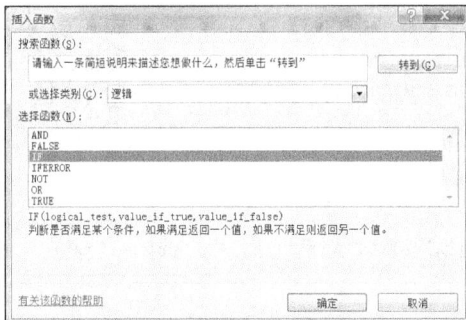

图 5-1 选择 IF 函数

图 5-2 输入 IF 函数参数

（8）单击"确定"按钮。

（9）若借方金额不等于贷方金额，则在 K2 单元格中会自动出现"借贷不平衡"的提示，如图 5-3 所示。

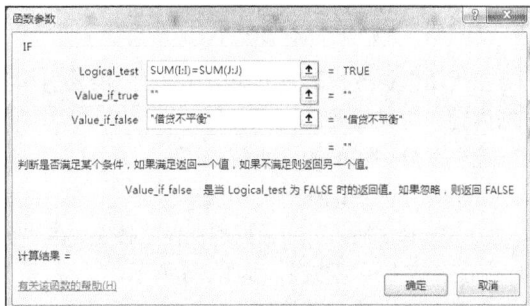

图 5-3 借贷不平衡时出现提示

（10）若输入相等的金额，则提示自动消失，如图 5-4 所示。

99

宏达有限责任公司会计凭证表								
年	月	日	序号	凭证编号	摘要	科目编号 科目名称	借方金额	贷方金额
20*1	01	01	01	20*1010101	银行借款	1002 银行存款	10,000.00	
20*1	01	01	01	20*1010101	银行借款	2001 短期借款		10,000.00
20*1	01	01	02	20*1010102	付水电费	6602 管理费用	2,000.00	
20*1	01	01	02	20*1010102	付水电费	1001 库存现金		2,000.00

图 5-4　借贷平衡时提示消失

5.3　分类账

5.3.1　设置总分类账格式

任何企业的一切经济活动都应分类整理计入分类账的相关账户中。这样，企业的经济活动和财务状况可以通过分类账分门别类地反映出来。表 5-2 所示为总分类账格式。

表 5-2　总分类账格式

总分类账

年	月	日	凭证编号	摘要	借方金额	贷方金额	借／贷	余额

将日记账与分类账进行比较后发现，日记账的会计记录是依照交易发生时间的日期为顺序登记的，而分类账是以会计科目（即分类账户的名称）为前提，再按照交易发生时间的日期为顺序登记的。两者在会计处理程序中是两种不同的账簿，但在利用 Excel 进行账务处理时，数据内容并无差别。因此，可以利用 Excel 中的数据透视表功能将已形成的日记账建立为总分类账。至于分类账中的余额，可将其移至科目余额汇总表中予以反映。

5.3.2　建立总分类账

在运用数据透视表建立总分类账时，需要引用其他工作表的内容。请参看 4.3 节的内容，定义需要的范围名称。

建立总分类账 1

建立总分类账的操作步骤如下。

（1）打开"日记账"工作表。

（2）选择"插入"|"数据透视表"命令，在"创建数据透视表"对话框中选中"选择一个表或区域"和"新工作表"单选按钮，如图 5-5 所示。

（3）单击"确定"按钮。

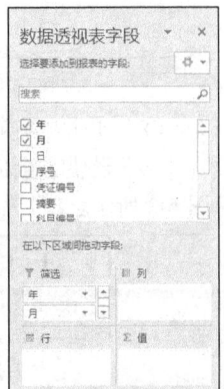

（4）在图 5-6 所示的"数据透视表字段"对话框中，设置透视表。

（5）在"数据透视表字段"对话框中将"年""月"按钮拖动到"筛选"区域，如图 5-7 所示。

（6）在"数据透视表字段"对话框中将"科目编号""会计科目""日"拖动到"行"区域，如图 5-7 所示。

（7）在"数据透视表字段"对话框中将

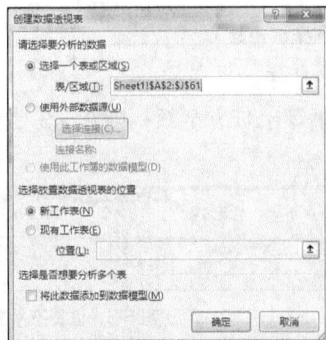

图 5-5　建立数据透视表　　图 5-6　设置数据透视表

"借方金额""贷方金额"按钮拖动到"值"区域，如图 5-7 所示。

（8）得到的数据透视表如图 5-8 所示。

图 5-7　设置数据透视表的版式

图 5-8　数据透视表的数据版式

建立总分类账 2

（9）如果需要改变数值的计算类型，则在"求和项：借方金额"下拉列表框中选择"值字段设置"命令，如图 5-9 所示。

（10）在"值字段设置"对话框的"计算类型"列表框中选择需要的计算类型，如图 5-10 所示。

图 5-9　选择"值字段设置"命令

图 5-10　设置"求和项：借方金额"

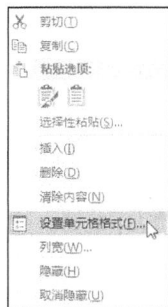

图 5-11　选择"设置单元格格式"命令

（11）选中 B 单元格，单击鼠标右键，选择"设置单元格格式"命令，如图 5-11 所示。

（12）在"设置单元格格式"对话框的"分类"列表框中选择"会计专用"选项，将"小数位数"设置为 2，将"货币符号"设置为"无"，如图 5-12 所示。

（13）单击"确定"按钮。

（14）单击选中 C 单元格，重复"设置单元格格式"的步骤，工作表变成图 5-13 所示的样式。

（15）选择"数据透视表工具"|"设计"|"报表布局"命令，如图 5-14 所示。

图 5-12　"设置单元格格式"对话框

图 5-13　完成单元格格式设置

（16）在"报表布局"下拉列表框中，选择"以表格形式显示"命令，如图 5-15 所示。

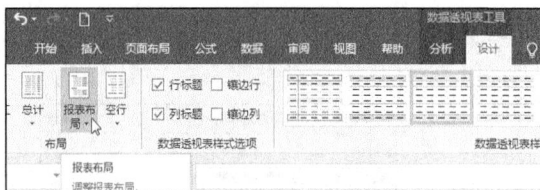

图 5-14　选择"报表布局"命令

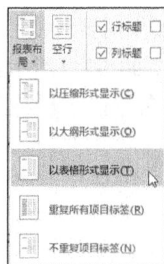

图 5-15　选择"以表格形式显示"命令

（17）执行完上述步骤后，工作表的样式如图 5-16 所示。

（18）选中第 1、第 2 行并单击鼠标右键，在弹出的快捷菜单中选择"插入"命令。

（19）选中 A1:E1 单元格区域，单击"合并及居中"按钮 🖃。

（20）选中 A2:E2 单元格区域，单击"合并及居中"按钮 🖃。

（21）选中 A1 单元格，输入"宏达有限责任公司"，并单击"加粗"按钮 🄱 。

（22）选中 A2 单元格，输入"总分类账"，并单击"加粗"按钮 🄱 。

（23）将新建的数据透视表 Sheet1 重命名为"总分类账"，图 5-17 所示为完成的总分类账。

图 5-16　以表格形式显示的数据透视表

图 5-17　建立的总分类账

明细分类账的建立与总分类账的建立相似，只是它是根据带有明细科目的日记账利用数据透视表功能自动生成的，在此不再赘述，将在第 7 章有所体现。

5.3.3 修改总分类账版面

观察已经建立的总分类账，可以发现与前面介绍的总分类账的格式有较大的差别。该怎么修改呢？完成接下来的操作，总分类账的格式就比较接近前面介绍的分类账了。

1. 添加余额

在前面完成的总分类账有借、贷方总额，没有各科目的余额。因此要进一步修改工作表。

修改总分类账版面的具体操作步骤如下。

（1）打开"总分类账"工作表。

（2）选择"数据透视表工具"|"分析"|"字段、项目和集"|"计算字段"命令，如图 5-18 所示。

（3）打开"插入计算字段"对话框，在"名称"文本框中输入"借方余额"，在"公式"文本框中输入"=IF((借方金额 – 贷方金额)>0,借方金额 – 贷方金额,0)"，如图 5-19 所示。

图 5-18　选择"计算字段"命令

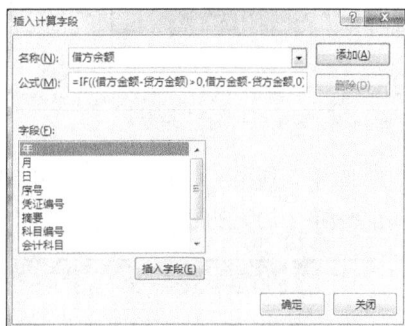

图 5-19　添加"借方余额"字段

（4）单击"确定"按钮。

（5）选择"数据透视表工具"|"选项"|"域、项目和集"|"计算字段"命令，打开"插入计算字段"对话框，在"名称"文本框中输入"贷方余额"，在"公式"文本框中输入"=IF((贷方金额 – 借方金额)>0, 贷方金额 – 借方金额,0)"，如图 5-20 所示。

（6）单击"确定"按钮。"总分类账"工作表变成图 5-21 所示的样式。

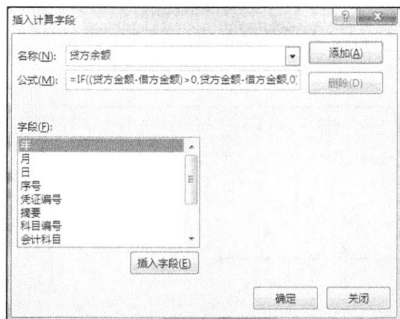

图 5-20　添加"贷方余额"字段

图 5-21　产生余额的总分类账

2. 隐藏字段

"总分类账"工作表含有较多字段，整张工作表看起来比较复杂。用户可以根据需要隐藏部分字段，使整张工作表更简洁。隐藏字段的具体操作步骤如下。

（1）打开"总分类账"工作表。

（2）选取第 12 行，选择"开始"|"格式"|"隐藏和取消隐藏"|"隐藏行"命令，如图 5-22 所示。

（3）对需要隐藏的行或列执行类似的步骤，可得到图 5-23 所示的工作表。

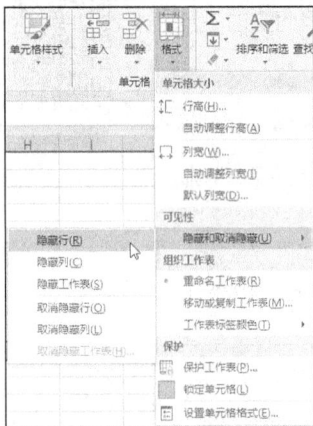

图 5-22　选择"隐藏行"命令

图 5-23　隐藏行后的工作表

（4）单击"插入"|"数据透视表工具"|"分析"|"显示"命令的 按钮，如图 5-24 所示，添加与消除表格中的 按钮。

图 5-24　选择"数据透视表工具"|"分析"|"显示"命令

（5）得到如图 5-25 所示的工作表。单击 按钮，可隐藏不需要的内容。

图 5-25　添加 按钮

（6）单击 库存现金 中的 按钮，总分类账变为图 5-26 所示的界面。此时， 按钮变为 按钮。单

击 ⊞ 按钮，工作表会恢复到原来的界面。

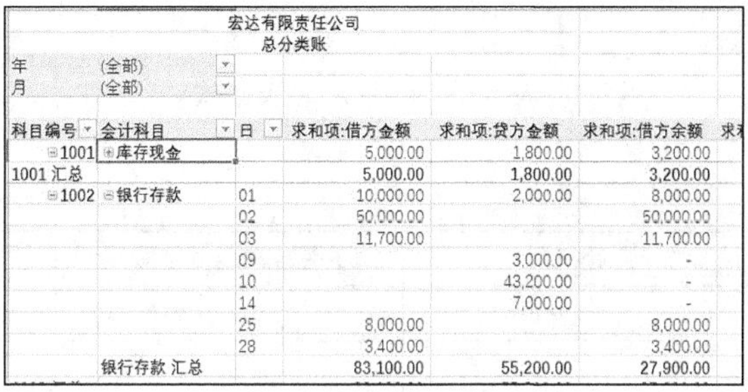

宏达有限责任公司 总分类账						
年	(全部)					
月	(全部)					
科目编号	会计科目	日	求和项:借方金额	求和项:贷方金额	求和项:借方余额	求
⊟1001	⊞库存现金		5,000.00	1,800.00	3,200.00	
1001 汇总			5,000.00	1,800.00	3,200.00	
⊟1002	⊟银行存款	01	10,000.00	2,000.00	8,000.00	
		02	50,000.00		50,000.00	
		03	11,700.00		11,700.00	
		09		3,000.00	-	
		10		43,200.00	-	
		14		7,000.00	-	
		25	8,000.00		8,000.00	
		28	3,400.00		3,400.00	
	银行存款 汇总		83,100.00	55,200.00	27,900.00	

图 5-26　简洁的界面

如果需要取消隐藏的行或列，则选定行或列后，选择“开始”|“格式”|“隐藏和取消隐藏”|“取消隐藏行”命令即可。

5.3.4　显示单一科目分类账

在财务工作过程中，会计人员有时会关注某一会计科目的分类账，此时可使用数据筛选功能，显示单一科目分类账，具体操作步骤如下。

（1）打开“总分类账”工作表。

（2）单击会计科目字段旁的下拉按钮，选中“银行存款”会计科目，如图 5-27 所示。

（3）单击“确定”按钮，工作表变为图 5-28 所示的样式，仅显示“银行存款”单一科目的分类账。

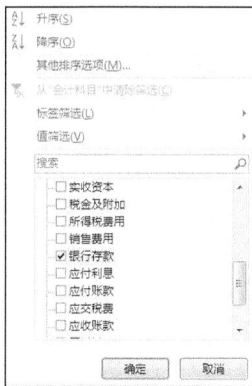

图 5-27　选择“银行存款”会计科目

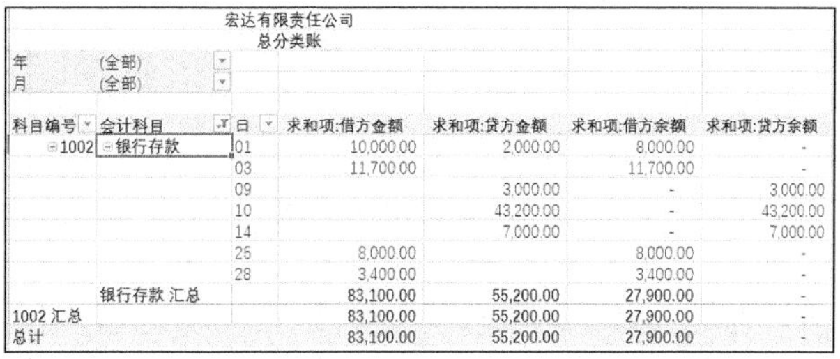

宏达有限责任公司 总分类账						
年	(全部)					
月	(全部)					
科目编号	会计科目	日	求和项:借方金额	求和项:贷方金额	求和项:借方余额	求和项:贷方余额
⊟1002	⊟银行存款	01	10,000.00	2,000.00	8,000.00	-
		03	11,700.00		11,700.00	-
		09		3,000.00	-	3,000.00
		10		43,200.00	-	43,200.00
		14		7,000.00	-	7,000.00
		25	8,000.00		8,000.00	-
		28	3,400.00		3,400.00	-
	银行存款 汇总		83,100.00	55,200.00	27,900.00	-
1002 汇总			83,100.00	55,200.00	27,900.00	-
总计			83,100.00	55,200.00	27,900.00	-

图 5-28　只“银行存款”分类账

5.4　科目汇总表

5.4.1　科目汇总表概述

科目汇总表是将一定期间内的所有经济业务，按会计科目进行归类，定期汇总出每个会计科目的借方本期发生额合计数和贷方本期发生额合计数的一种表格。

科目汇总表在会计账务核算过程中起着承上启下的作用。一方面，它将一定期间发生的经济业务分门别类地汇总；另一方面，它为编制会计报表提供了数据。表 5-3 所示为科目汇总表格式。

表 5-3　科目汇总表格式

科目汇总表

编制单位：		年　月　日	单位：元
科目代码	会计科目	借方本期发生额	贷方本期发生额
合计			

5.4.2　建立科目汇总表

科目汇总表建立在凭证（日记账）记录基础之上，其数据也来源于凭证。由于已经在凭证（日记账）的基础上生成了分类汇总的总账，所以建立科目汇总表只需要修改分类账即可。下面的讲解假设已定义好需要的范围名称。

具体操作步骤如下。

（1）打开"总分类账"工作表。

（2）选择"数据透视表工具"|"分析"|"显示报表筛选页"命令，如图 5-29 所示。

（3）打开"显示报表筛选页"对话框，选中"月"选项，如图 5-30 所示。

（4）单击"确定"按钮。

建立科目汇总表

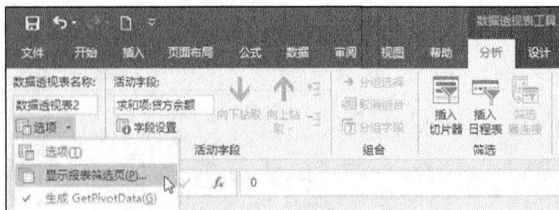

图 5-29　选择"显示报表筛选页"命令

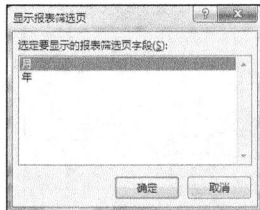

图 5-30　选中"月"选项

（5）操作完上述步骤后，形成一个与"总分类账"相同的工作表，即为科目汇总表的底稿。

（6）选择"数据透视表工具"|"分析"|"字段列表"命令，如图 5-31 所示。

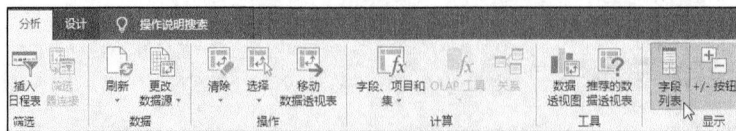

图 5-31　选择"字段列表"命令

（7）在"数据透视表字段"对话框中删除"日、求和项：借方余额""求和项：贷方余额"字段，如图 5-32 所示。

（8）选择"数据透视表工具"|"设计"|"分类汇总"|"不显示分类汇总"命令，如图 5-33 所示。

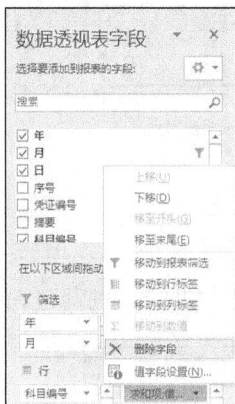

图 5-32　删除字段

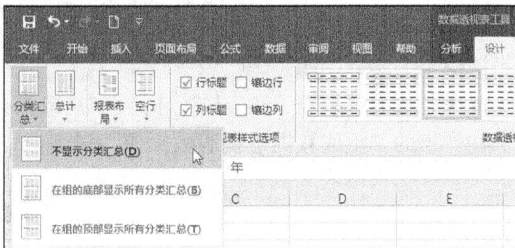

图 5-33　选择"不显示分类汇总"命令

（9）工作表变为图 5-34 所示的格式，即为科目汇总表。

（10）将工作表"01"重命名为"科目汇总表"，如图 5-35 所示。

（11）单击月字段旁的下拉按钮，选择科目汇总表编制的月份（假定存在多个月份的数据），如图 5-36 所示。

图 5-34　生成科目汇总表

图 5-35　重命名为"科目汇总表"

图 5-36　选择所需月份的科目汇总表

（12）单击"确定"按钮，即可生成该月的科目汇总表。

5.5　自动更新数据透视表

在 Excel 中，通常采用以下两种方法来确保根据日记账建立的总分类账、科目汇总表等数据透视表中的数据正确：一是在选择建立数据透视表的数据源区域时，尽可能地扩大数据来源范围；二是使数据透视表中的数据能够随着数据源数据的更新而更新。本节将介绍如何使数据透视表内容随着数据源数据的更新而更新。

更新数据透视表

具体操作步骤如下。

（1）在"日记账"工作表中添加一笔业务，如图 5-37 所示。

107

20×1	01	31	24	20×1013124	所得税	6801	所得税费用	1,000.00	
20×1	01	31	24	20×1013124	所得税	2221	应交税费		1,000.00
20×1	01	31	25	20×1013125	结转	4103	本年利润	1,000.00	
20×1	01	31	25	20×1013125	结转	6801	所得税费用		1,000.00
20×1	02	01	01	20×1020101	取现	1001	库存现金	100	
20×1	02	01	01	20×1020101		1002	银行存款		100

图 5-37　添加数据的日记账记录

（2）切换至"总分类账"工作表。

（3）选择"数据透视表工具"|"分析"|"更改数据源"命令，如图 5-38 所示。

（4）在弹出的"更改数据透视表数据源"对话框中选择数据源区域，如图 5-39 所示。

图 5-38　选择"更改数据源"命令

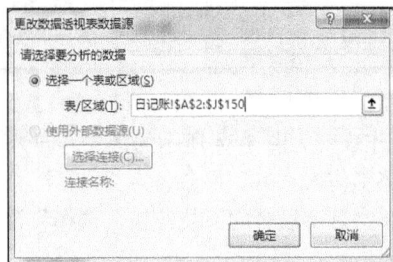

图 5-39　"更改数据透视表数据源"对话框

（5）单击"确定"按钮。

（6）单击"月"字段旁的下拉按钮，如图 5-40 所示，"总分类账"的数据已更新（2 月业务已经添加）。

（7）选择"02 月"会计科目，单击"确定"按钮，在此基础上建立的数据透视表均自动更新，如图 5-41 所示。

如果数据源的范围没有扩大，或者最初设定的数据源范围足够大，仅是日记账业务增减及变动，则只需选择"数据透视表工具"|"分析"|"刷新"命令，数据透视表中的数据即可更新，如图 5-42 所示。

图 5-40　更新后的总分类账

图 5-41　更新后的数据透视表

图 5-42　选择"刷新"命令

5.6　科目余额表

5.6.1　设计科目余额表

科目余额表是用来记录本期所有会计科目的发生额和余额的表格。它是科目汇总表的进一步延伸，能够反映某一会计期间的相关会计科目（账户）的期初余额、本期发生额、期末余额，为编制会计报表提供更完善的数据。表 5-4 所示为科目余额表格式。

表 5-4　科目余额表格式

科目余额表

编制单位：　　　　　　　　　　　　　　　　　年　　月　　　　　　　　　　　　　　　单位：元

科目代码	会计科目	期初余额		本期发生额		期末余额	
合计							

利用 Excel 建立科目余额表的操作步骤如下。

（1）将"第 5 章.xlsx"工作簿中的工作表 Sheet2 重命名为"科目余额表"。

（2）选中 A1:H1 单元格区域，单击"合并及居中"按钮团。在 A1 单元格中输入"宏达有限责任公司科目余额表"，并单击"加粗"按钮 B 。

（3）选中 A2:A3 单元格区域，单击"合并及居中"按钮团。在 A2 单元格中输入"科目编号"，并单击"加粗"按钮 B 。

（4）选中 B2:B3 单元格区域，单击"合并及居中"按钮团。在 B2 单元格中输入"会计科目"，并单击"加粗"按钮 B ，如图 5-43 所示。

图 5-43　设置单元格

（5）选中 C2:D2 单元格区域，单击"合并及居中"按钮团。在 C2 单元格中输入"期初余额"，并单击"加粗"按钮 B 。

（6）选中 E2:F2 单元格区域，单击"合并及居中"按钮团。在 E2 单元格中输入"本期发生额"，并单击"加粗"按钮 B 。

（7）选中 G2:H2 单元格区域，单击"合并及居中"按钮团。在 G2 单元格中输入"期末余额"，并单击"加粗"按钮 B 。

（8）分别在 C3、E3、G3 单元格中输入"借方"，单击"居中"〓及"加粗"按钮 B 。

（9）分别在 D3、F3、H3 单元格中输入"贷方"，单击"居中"〓及"加粗"按钮 B ，调整 A 至 H 列到合适的宽度。设置完成后的效果如图 5-44 所示。

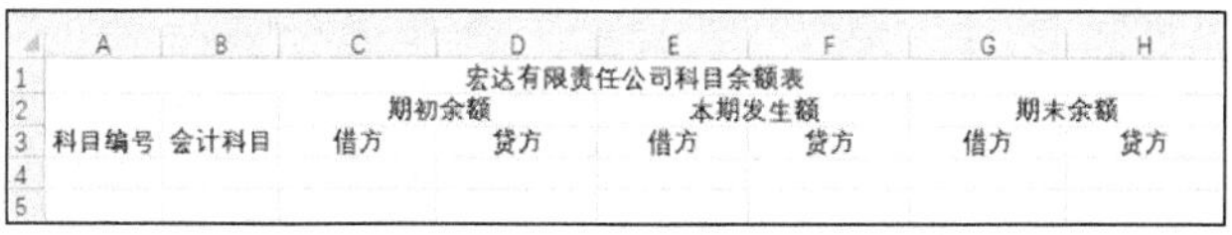

图 5-44　设置单元格后的效果

（10）根据 4.2 节介绍的记录单的有关知识，在 A4:B53 单元格区域中输入科目编号及相应的会计科目。

（11）选中 A54:B54 单元格区域，单击"合并及居中"按钮团。在 A54 单元格中输入"合计"，并单击"加粗"按钮 B 。

（12）选择列 C:H，选择"格式"|"单元格"命令，在打开的"单元格格式"对话框中，将"数字"设置为"会计专用"，将"小数位数"设置为 2，将"货币符号"设置为"无"。

（13）单击"确定"按钮。

（14）选中 C54 单元格，单击 f_x 按钮，打开"插入函数"对话框。

（15）在"函数分类"列表中选择"常用函数"中的 SUM 函数，打开"函数参数"对话框，在 Number1 文本框中输入"C4:C53"，如图 5-45 所示。

（16）单击"确定"按钮。

（17）选中 C54 单元格并单击鼠标右键，在弹出的快捷菜单中选择"复制"命令。

（18）选中 D54:H54 单元格区域并单击鼠标右键，在弹出的快捷菜单中选择"粘贴"命令。这样，D54:H54 单元格区域均自动套用公式。科目余额表的格式建立完成。

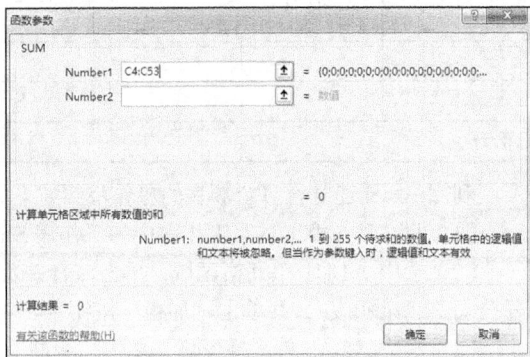

图 5-45　输入 SUM 函数参数

5.6.2　编制科目余额表

编制科目余额表就是填写科目余额表中的期初余额、本期发生额以及期末余额。这个过程实质上是链接调用工作表之间数据的过程。科目余额表的期初余额、本期发生额分别是从上期期末科目余额表中的期末余额及本期科目汇总表中链接过来的。而科目余额表的期末余额是利用公式"期末余额=期初余额+/－本期发生额"计算得到的。因此，解决工作表之间数据链接的问题就需要编制科目余额表。

1.　期初余额的链接调用

由于科目余额表中的会计科目固定，所以期初余额的链接可以直接引用公式"=[被引用工作簿名称]被引用工作表名称!被引用单元格"，从上期科目余额表的期末余额调用。若数据在同一个工作簿中，则"被引用工作簿名称"可以省略。

具体操作步骤如下。

（1）打开"第 5 章.xlsx"工作簿。

（2）单击选中"科目余额表"工作表的 C4 单元格，输入"="。

（3）切换到"期初余额表"工作表，单击 G4 单元格。

（4）按 Enter 键，如图 5-46 所示，在"科目余额表"工作表的 C4 单元格显示期初现金余额的数值。

（5）选中"科目余额表"工作表的 D4 单元格，输入"＝"。切换至"期初余额表"工作表，单击 H4 单元格，按 Enter 键。

（6）将鼠标指针移至 C4 单元格的右下角，使鼠标指针变为十字光标，如图 5-47 所示，向下拖动光标填充至 C53 单元格。将鼠标指针放在 D4 单元格的右下角，使鼠标指针变为十字光标，向下拖动光标填充至 D53 单元格。至此，1 月份科目余额表的期初余额编制完成。

图 5-46　建立直接链接

图 5-47　鼠标指针变为十字光标

2. 本期发生额的链接调用

科目余额表中的本期发生额需从本期科目汇总表中调用。由于每个会计期间发生的经济业务不完全相同，所以根据记录经济业务的日记账自动生成的科目汇总表的会计科目不固定。在从本期科目汇总表中调用数据时，不能直接调用，需要借助函数间接调用。以下的内容假设已定义好需要的范围名称。

科目余额表本期发生额的链接调用

具体操作步骤如下。

（1）打开"科目余额表"工作表。

（2）选中 E4 单元格，单击 *fx* 按钮，打开"插入函数"对话框。在"或选择类别"下拉列表框中选择"逻辑"选项。在"选择函数"列表框中选择 IF 函数，单击"确定"按钮。

（3）将光标移至 IF 函数的 Logical_test 自变量位置空白处，单击图 5-48 所示的下拉按钮，从打开的下拉列表框中选择 ISNA 函数。

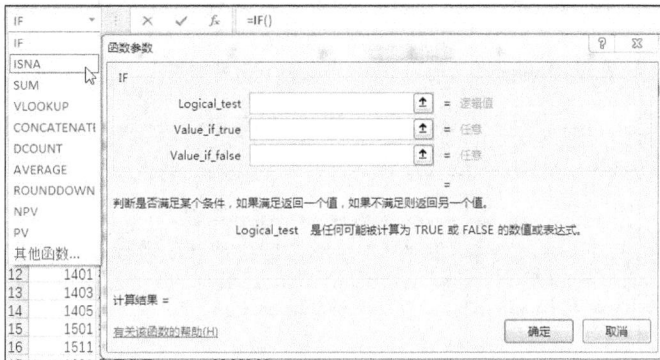

图 5-48　选择 ISNA() 函数

（4）将光标移至 ISNA 函数的 Value 自变量位置空白处，单击图 5-49 所示的下拉按钮，从打开的下拉列表框中选择 VLOOKUP 函数。

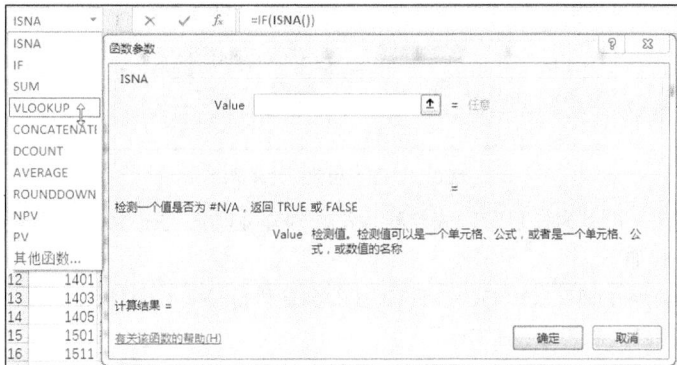

图 5-49　选择 VLOOKUP 函数

（5）在 VLOOKUP 函数的 Lookup_value 文本框中输入""库存现金""。在 Table_array 自变量位置空白处，选择"公式"｜"用于公式"｜"科目汇总表"命令（已经对科目汇总表定义了名称，定义范围为科目汇总表的 B5:D28 单元格区域），如图 5-50 所示。在 Col_index_num 文本框中输入 2。在 Range_lookup 文本框中输入 FALSE，如图 5-51 所示。

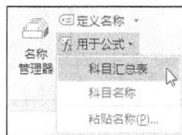

图 5-50　选择"科目汇总表"命令

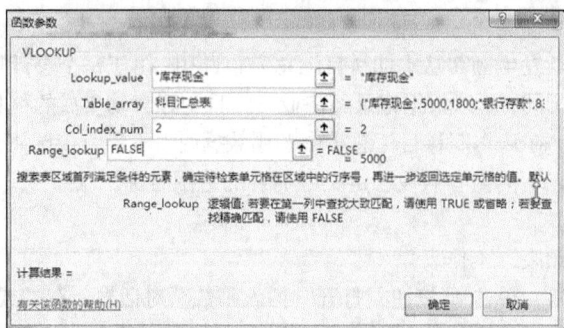

图 5-51 设置 VLOOKUP 函数的参数

（6）将光标移回 IF 函数，在 Value_if_true 文本框中输入 0，将鼠标移至 Value_if_false 自变量位置空白处，单击后再单击下拉按钮，从打开的下拉列表框中选择 VLOOKUP 函数，如图 5-52 所示。

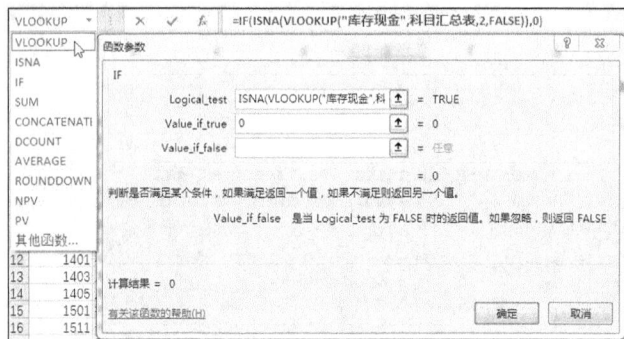

图 5-52 设置 IF 函数的参数

（7）重复步骤（5）。

（8）单击“确定”按钮，完成函数的设置。

（9）系统在 E4 单元格中显示本月现金的借方发生额，如图 5-53 所示。

宏达有限责任公司科目余额表					
		期初余额		本期发生额	
科目编号	会计科目	借方	贷方	借方	贷方
1001	库存现金	500.00	-	5,000.00	
1002	银行存款	20,000.00	-		

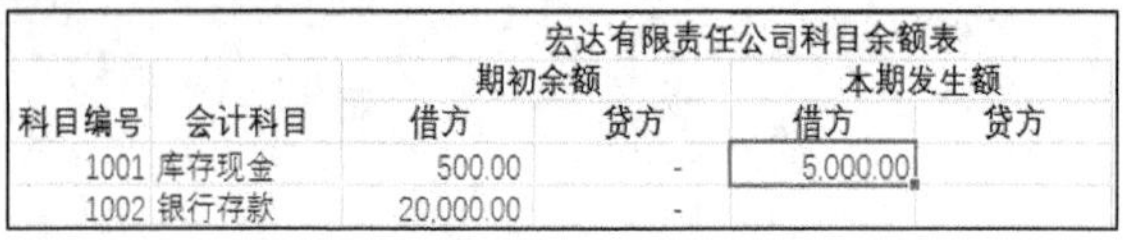

图 5-53 显示函数的计算结果

使用相同的方法，可以为科目余额表与科目汇总表建立动态的链接。科目余额表中的借方金额、贷方金额字段的公式如下。

本期借方发生额“=IF(ISNA(VLOOKUP("查找的会计科目",科目汇总表,2,FALSE)),0,VLOOKUP ("查找的会计科目",科目汇总表,2,FALSE))”

本期贷方发生额“=IF(ISNA(VLOOKUP("查找的会计科目",科目汇总表,3,FALSE)),0,VLOOKUP ("查找的会计科目",科目汇总表,3,FALSE))”

3. 期末余额的计算

科目余额表中的会计科目分为 5 类：资产类、负债类、所有者权益类、成本类和损益类。因为根据会计核算的规则，资产/成本类科目的期末余额=期初余额+本期借方发生额−本期贷方发生额，负债/所有者权益类科目的期末余额=期初余额+本期贷方发生额−本期借方发生额，损益类科目无余额。所以，期末余额的计算需要根据上述公式来进行。

具体操作步骤如下。

（1）打开“科目余额表”工作表。

（2）选中 G4 单元格，输入“=C4+E4-F4”，如图 5-54 所示。

宏达有限责任公司科目余额表							
		期初余额		本期发生额		期末余额	
科目编号	会计科目	借方	贷方	借方	贷方	借方	贷方
1001	库存现金	500.00	-	5,000.00	1,800.00	=C4+E4-F4	
1002	银行存款	20,000.00	-	83,100.00	55,200.00		

图 5-54 输入公式

（3）按 Enter 键，计算出来的库存现金期末余额为 3 700，如图 5-55 所示。

G4 =C4+E4-F4

	A	B	C	D	E	F	G	H
1			宏达有限责任公司科目余额表					
2			期初余额		本期发生额		期末余额	
3	科目编号	会计科目	借方	贷方	借方	贷方	借方	贷方
4	1001	库存现金	500.00	-	5,000.00	1,800.00	3,700.00	
5	1002	银行存款	20,000.00	-	83,100.00	55,200.00		

图 5-55 显示公式计算结果

（4）选中 G4 单元格并单击鼠标右键，在弹出的快捷菜单中选择“复制”命令。

（5）选择 G5:G10 单元格区域，按住 Ctrl 键，继续选择 G12:G17 单元格区域及 G19:G22 单元格区域。释放 Ctrl 键，此时共有 15 个单元格被选中。

（6）在选中的任意单元格上单击鼠标右键，在弹出的快捷菜单中选择“粘贴”命令。

（7）计算出来的资产/成本类会计科目的期末余额如图 5-56 所示。

宏达有限责任公司科目余额表							
		期初余额		本期发生额		期末余额	
科目编号	会计科目	借方	贷方	借方	贷方	借方	贷方
1001	库存现金	500.00	-	5,000.00	1,800.00	3,700.00	
1002	银行存款	20,000.00	-	83,100.00	55,200.00	47,900.00	
1121	应收票据	-	-	0.00	0.00	-	
1122	应收账款	40,000.00	-	23,400.00	53,400.00	10,000.00	
1123	预付账款	-	-	0.00	0.00	-	
1131	应收股利	-	-	0.00	0.00	-	
1231	其他应收款	-	-	1,200.00	0.00	1,200.00	
1241	坏账准备	-	200.00	0.00	0.00		
1401	材料采购	-	-	10,000.00	10,000.00	-	
1403	原材料	8,000.00	-	10,000.00	5,500.00	12,500.00	
1405	库存商品	50,000.00	-	0.00	16,000.00	34,000.00	
1521	持有至到期投资	600.00	-	0.00	0.00	600.00	
1524	长期股权投资	7,000.00	-	0.00	0.00	7,000.00	
1601	固定资产	90,000.00	-	500,000.00	0.00	590,000.00	
1602	累计折旧	-	10,000.00	0.00	2,200.00		
1603	在建工程	-	-	0.00	0.00	-	
1701	无形资产	4,000.00	-	0.00	0.00	4,000.00	

图 5-56 显示填制结果

（8）选中 H11 单元格，输入“=D11+F11-E11”，按 Enter 键。

（9）选中 H18 单元、H23:H39 单元格区域，复制 H11 单元格。

（10）计算出的负债/所有者权益类会计科目的期末余额如图 5-57 所示。至此，科目余额表的编制工作完成。

A	B	C	D	E	F	G	H
		宏达有限责任公司科目余额表					
		期初余额		本期发生额		期末余额	
科目编号	会计科目	借方	贷方	借方	贷方	借方	贷方
1001	库存现金	500.00	-	5,000.00	1,800.00	3,700.00	
1002	银行存款	20,000.00	-	83,100.00	55,200.00	47,900.00	
1121	应收票据	-	-	0.00	0.00	-	
1122	应收账款	40,000.00	-	23,400.00	53,400.00	10,000.00	
1123	预付账款	-	-	0.00	0.00	-	
1131	应收股利	-	-	0.00	0.00	-	
1231	其他应收款	-	-	1,200.00	0.00	1,200.00	
1241	坏账准备	-	200.00	0.00	0.00		200.00
1401	材料采购	-	-	10,000.00	10,000.00	-	
1403	原材料	8,000.00	-	10,000.00	5,500.00	12,500.00	
1405	库存商品	50,000.00	-	0.00	16,000.00	34,000.00	
1521	持有至到期投资	600.00	-	0.00	0.00	600.00	
1524	长期股权投资	7,000.00	-	0.00	0.00	7,000.00	
1601	固定资产	90,000.00	-	500,000.00	0.00	590,000.00	
1602	累计折旧	-	10,000.00	0.00	2,200.00		12,200.00
1603	在建工程	-	-	0.00	0.00	-	
1701	无形资产	4,000.00	-	0.00	0.00	4,000.00	

图 5-57 编制完成的科目余额表

本章小结

本章介绍了利用 Excel 编制会计账簿的方法。首先介绍了会计账簿的有关概念，然后介绍了利用 Excel 的 IF 函数自动提示会计核算中的"借贷不平衡"。在会计凭证表的基础上，介绍了利用数据透视表功能建立总分类账、明细分类账、科目汇总表的方法。最后利用 Excel 建立科目余额表，并通过函数的组合完成科目余额表的填制。完成这些表单的建立后，便可以执行会计账务处理的最后步骤——编制会计报表。

思考练习

1．填空题

（1）利用 IF 函数设置"借贷不平衡"自动显示，最主要是呼应_____这个会计观念。

（2）数据透视表中应分别有_____、_____、_____、_____ 4 个字段。

（3）当建立数据透视表的数据源区域内的数据改动时，应执行_____命令更新相应的数据透视表数据。

（4）在数据透视表中添加及删除字段，需选中数据透视表的任意一个数据单元格，在出现的_____窗口中操作。

（5）在不同工作簿间建立数据直接链接引用的公式是_____。

2．上机操作题

对第 4 章上机操作题（2）建立的会计凭证表执行以下操作。

（1）建立总分类账，要求总分类账（数据透视表）的格式为："页"区域为"月"；"行"区域为"科目代码""会计科目""日"；"数据"区域为"求和项：借方金额""求和项：贷方金额"。

（2）美化总分类账：将"数据"拖动至"汇总"字段处。

（3）隐藏"科目代码求和项：借方金额"与"科目代码求和项：借方金额"。

第6章

Excel 在会计报表中的应用

会计报表是会计账务处理的最终环节，是会计工作的定期总结，是在会计凭证、会计账簿、会计科目汇总表和会计科目余额表等会计资料的基础上编制的。本章主要介绍利用 Excel 建立和编制会计报表的方法。

学习目标

- 了解会计报表的概念
- 掌握利用 Excel 建立并编制资产负债表、利润表、现金流量表、所有者权益变动表

6.1 会计报表概述

6.1.1 会计报表的含义及作用

会计报表是综合反映企业经营成果、财务状况和现金流量信息的书面文件。它是会计核算的最终结果，也是会计核算工作的总结。

会计报表向投资者、债权人、政府及其有关部门、社会公众等会计报表的使用者提供有用的经济决策信息。会计报表的作用在于以下几个方面。

（1）会计报表提供的经济信息是企业加强和改善经营管理的重要依据。

（2）会计报表提供的经济信息是国家经济管理部门进行宏观调控和管理的依据。

（3）会计报表提供的经济信息是投资者和债权人决策的依据。

6.1.2 会计报表的分类

按照不同的标准，会计报表可分为以下几类。

（1）按照反映内容的不同，会计报表可以分为动态会计报表和静态会计报表。动态会计报表是反映一定时期内资金耗费和资金收回的报表。例如，利润表反映企业一定时期内经营成果；静态会计报表综合反映一定时点资产、负债和所有者权益。例如，资产负债表反映一定时点企业资产总额和负债总额，从企业资产总量方面反映企业的财务状况，从而反映企业资产的变现能力和偿债能力。

（2）按照编制时间的不同，会计报表可以分为月报、季报、半年报和年报。

（3）按照编制单位的不同，会计报表可以分为单位会计报表和汇总会计报表。单位会计报表是企业在自身会计核算的基础上，对账簿记录进行加工而编制的会计报表，用于反映企业本身的财务状况和经营成果；汇总会计报表是由企业主管部门或上级机关，根据所属单位报送的会计报表，连同本单位会计报表汇总编制的综合性会计报表。

本章仅介绍利用 Excel 编制基于企业在自身会计核算资料上的资产负债表、利润表和现金流量表、所有者权益变动表。

6.2 Excel在资产负债表中的应用

企业需要反映出其在一定经营期间内的资产、负债及所有者权益的情况。这就需要编制资产负债表。资产负债表是企业会计报表中的主要报表。

6.2.1 设置资产负债表格式

资产负债表是反映企业某一特定日期的财务状况的会计报表。它是根据资产、负债和所有者权益三者之间的平衡关系，把日常经营活动的信息按照一定的分类标准和一定的顺序加工而成的。它表明企业某一特定日期拥有或控制的经济资源，所承担的现时义务和所有者对净资产的要求权。

国际上流行的资产负债表通常有账户式和报告式两种。

账户式资产负债表是根据"资产=负债+所有者权益"将表分成左右两方，左方反映资产，右方反映负债和所有者权益，按其构成项目依据流动性（变现能力由强到弱）分类，并使左右双方总额相等，如表 6-1 所示。

表 6-1　账户式资产负债表

资产负债表（账户式）

编制单位：　　　　　　　　　　　　　　　　年　　月　　日　　　　　　　　　　　　　　单位：元

资产	行次	金额	负债及所有者权益	行次	金额
流动资产			流动负债		
非流动资产			非流动负债		
			所有者权益		
资产合计			负债及所有者权益合计		

报告式资产负债表是按照资产、负债、所有者权益的顺序自上而下排列的报表，如表 6-2 所示。

表 6-2　报告式资产负债表

资产负债表（报告式）

编制单位：　　　　　　　　　　　　　　　　年　　月　　日　　　　　　　　　　　　　　单位：元

资　　产	
流动资产	××××
非流动资产	××××
资产合计	××××
负　　债	
流动负债	××××
非流动负债	××××
负债合计	××××
所有者权益	
实收资本	××××
资本公积	××××
盈余公积	××××
未分配利润	××××
所有者权益合计	××××

我国的会计实务多采用账户式资产负债表，因此下面主要介绍账户式资产负债表的编制方法。具体操作步骤如下。

（1）将"第 6 章.xlsx"工作簿中的 Sheet1 工作表重命名为"资产负债表"。

（2）选中 A1:H1 单元格区域，单击"合并及居中"按钮▦。在 A1 单元格中输入"资产负债表"，并单击"加粗"按钮ʙ。

（3）使用相同的方法，并参照资产负债表基本格式，在每个单元格中输入指定的数据，如图 6-1 所示。

（4）选中 A3:H34 单元格区域并单击鼠标右键，在弹出的快捷菜单中选择"设置单元格格式"命令。

（5）打开"设置单元格格式"对话框，切换到"边框"选项卡，选择图 6-2 所示的边框样式，单击"确定"按钮。

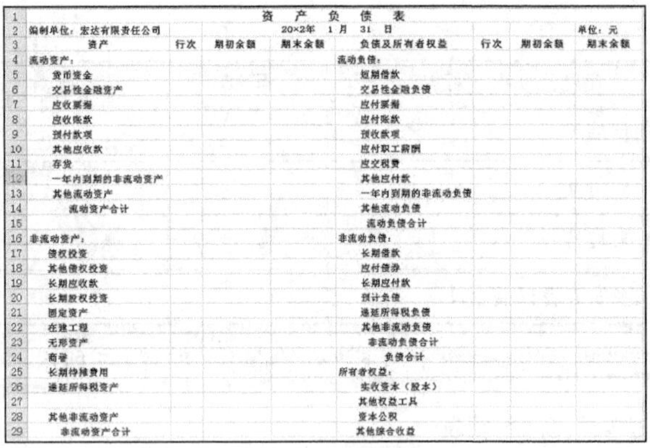

1				资 产 负 债 表				
2	编制单位：宏达有限责任公司			20×2年 1 月 31 日				单位：元
3	资产	行次	期初余额	期末余额	负债及所有者权益	行次	期初余额	期末余额
4	流动资产：				流动负债：			
5	货币资金				短期借款			
6	交易性金融资产				交易性金融负债			
7	应收票据				应付票据			
8	应收账款				应付账款			
9	预付款项				预收款项			
10	其他应收款				应付职工薪酬			
11	存货				应交税费			
12	一年内到期的非流动资产				其他应付款			
13	其他流动资产				一年内到期的非流动负债			
14	流动资产合计				其他流动负债			
15					流动负债合计			
16	非流动资产：				非流动负债：			
17	债权投资				长期借款			
18	其他债权投资				应付债券			
19	长期应收款				长期应付款			
20	长期股权投资				预计负债			
21	固定资产				递延所得税负债			
22	在建工程				其他非流动负债			
23	无形资产				非流动负债合计			
24	商誉				负债合计			
25	长期待摊费用				所有者权益：			
26	递延所得税资产				实收资本（股本）			
27					其他权益工具			
28	其他非流动资产				资本公积			
29	非流动资产合计				其他综合收益			

图 6-1 资产负债表

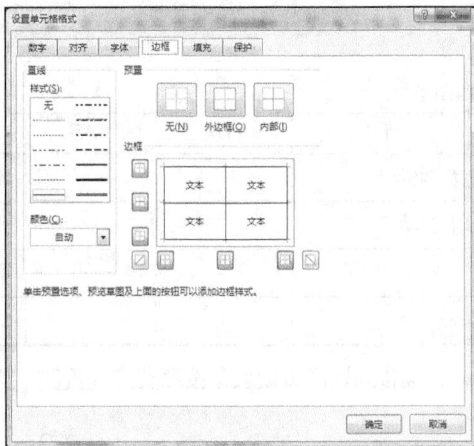

图 6-2 “设置单元格格式”对话框

（6）美化后的资产负债表如图 6-3 所示。

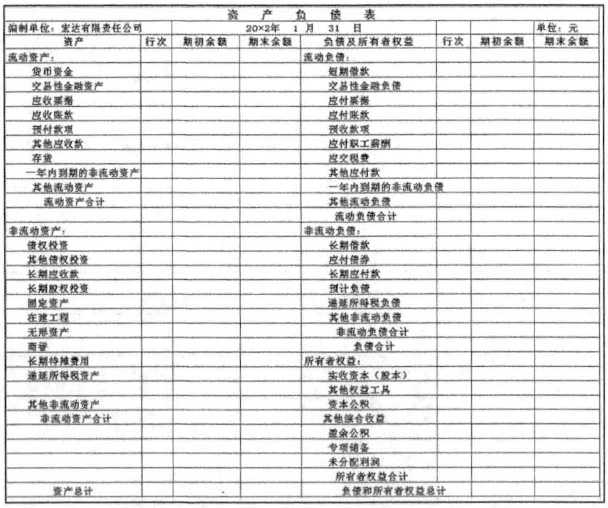

			资 产 负 债 表				
编制单位：宏达有限责任公司			20×2年 1 月 31 日				单位：元
资产	行次	期初余额	期末余额	负债及所有者权益	行次	期初余额	期末余额
流动资产：				流动负债：			
货币资金				短期借款			
交易性金融资产				交易性金融负债			
应收票据				应付票据			
应收账款				应付账款			
预付款项				预收款项			
其他应收款				应付职工薪酬			
存货				应交税费			
一年内到期的非流动资产				其他应付款			
其他流动资产				一年内到期的非流动负债			
流动资产合计				其他流动负债			
				流动负债合计			
非流动资产：				非流动负债：			
债权投资				长期借款			
其他债权投资				应付债券			
长期应收款				长期应付款			
长期股权投资				预计负债			
固定资产				递延所得税负债			
在建工程				其他非流动负债			
无形资产				非流动负债合计			
商誉				负债合计			
长期待摊费用				所有者权益：			
递延所得税资产				实收资本（股本）			
				其他权益工具			
其他非流动资产				资本公积			
非流动资产合计				其他综合收益			
				盈余公积			
				专项储备			
				未分配利润			
				所有者权益合计			
资产总计		-		负债和所有者权益总计			

图 6-3 美化后的资产负债表

6.2.2 资产负债表的编制

在建立好的科目余额表的基础上，可以很容易地编制出资产负债表，因为资产负债表是根据各账户的余额加减之后填列的。资产负债表本期期初余额即为上期期末余额，可以直接从上期资产负债表中获得，参照科目余额表期初余额的填制，在此不再赘述。本节主要介绍期末余额的编制。

资产负债表的编制

资产负债表中各项目的数据主要通过以下几种方式获得。

（1）根据总账科目余额直接填列，如短期借款。

（2）根据总账科目余额计算填列，如货币资金库存=现金+银行存款+其他货币资金。

（3）根据明细账科目余额计算填列，如应付账款、预付账款、预收账款。

（4）根据总账科目和明细账科目的期末余额计算填列，如长期借款、长期应收款。

（5）根据科目余额减去其备抵项目后的净额填列，如应收账款、存货、无形资产。

依照各项目的数据来源方式，可以采用数据链接直接引用科目余额表、明细分类账等工作表的相关数据来编制资产负债表，也可采用 SUMIF 函数和 VLOOKUP 函数间接调用科目余额表等其他工作表的相关数据来编制资产负债表。下面以直接引用为例，介绍资产负债表的编制，具体操作步骤如下。

（1）打开"第 5 章.xlsx"工作簿中的"科目余额表"工作表。

（2）打开"第 6 章.xlsx"工作簿中的"资产负债表"工作表。

（3）单击选中"资产负债表"工作表的 D5 单元格，输入"="。

（4）单击选中"第 5 章.xlsx"标签，切换至"科目余额表"。

（5）单击选中"第 5 章.xlsx——科目余额表"中的单元格 G4，输入"+"，然后单击选中"第 5 章.xlsx——科目余额表"中的单元格 G5。

（6）按 Enter 键，界面自动切换到"第 6 章.xlsx——资产负债表"，并在 D5 单元格中显示计算结果 51 600.00。此时，在公式编辑栏中显示单元格 D5 采用的计算公式"=[第五章.xlsx]科目余额表!$G$4+[第五章.xlsx]科目余额表!$G$5"，如图 6-4 所示。

图 6-4　显示公式的计算结果

（7）利用资产负债表的编制原理，参照步骤（3）～步骤（6）将除合计数之外的项目填制完成。

（8）单击选中 D14 单元格，单击 *fx* 按钮，打开"插入函数"对话框。

（9）在"选择类别"列表框中选择"常用函数"中的 SUM 函数，在 SUM 函数的 Number1 文本框中输入"D5:D13"，如图 6-5 所示。

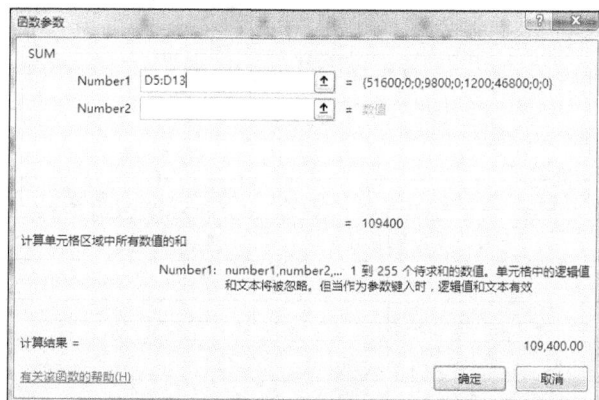

图 6-5　设置 SUM 函数的参数

（10）参照步骤（9），填制其余的合计数，资产负债表编制完成，如图 6-6 所示。

资　产　负　债　表							
编制单位：宏达有限责任公司		20×2年　1 月　31　日					单位：元
资产	行次	期初余额	期末余额	负债及所有者权益	行次	期初余额	期末余额
流动资产：				流动负债：			
货币资金			51,600.00	短期借款			14,000.00
交易性金融资产				交易性金融负债			
应收票据				应付票据			
应收账款			9,800.00	应付账款			
预付款项				预收款项			
其他应收款			1,200.00	应付职工薪酬			
存货			46,800.00	应交税费			5,700.00
一年内到期的非流动资产				其他应付款			1,100.00
其他流动资产				一年内到期的非流动负债			
流动资产合计			109,400.00	其他流动负债			
				流动负债合计			20,800.00
非流动资产：				非流动负债：			
债权投资			600.00	长期借款			70,000.00
其他债权投资				应付债券			
长期应收款				长期应付款			
长期股权投资			7,000.00	预计负债			
固定资产			577,800.00	递延所得税负债			
在建工程				其他非流动负债			
无形资产			4,000.00	非流动负债合计			70,000.00
商誉				负债合计			90,800.00
长期待摊费用				所有者权益：			
递延所得税资产				实收资本（股本）			600,000.00
				其他权益工具			
其他非流动资产				资本公积			400.00
非流动资产合计			589,400.00	其他综合收益			
				盈余公积			3,700.00
				专项储备			
				未分配利润			3,900.00
				所有者权益合计			608,000.00
资产总计		-	698,800.00	负债和所有者权益总计			698,800.00

图 6-6　编制完成的资产负债表

6.3　Excel在利润表中的应用

企业除了需要编制资产负债表外，还需要编制利润表。利润表也是企业会计报表中的重要报表。

6.3.1　设置利润表格式

利润表是反映企业在一定会计期间经营成果的会计报表。利润表把一定会计时期内的营业收入与同一会计期间相关的营业费用进行配比，计算企业在一定会计时期的净利润。通过利润表，可以知晓企业生产经营的收入情况及费用耗费情况，进而了解企业一定时期内的生产经营成果。利润既是企业经营业绩的综合体现，又是企业进行利润分配的主要依据。

目前比较普遍的利润表有多步式和单步式两种。

多步式利润表是经过计算营业利润、利润总额多个步骤，最后计算净利润编制成的利润表，如表 6-3 所示。

表 6-3　多步式利润表

利润表

编制单位：　　　　年　　月　　　　单位：元

项目	行次	本月数	本年累计数
一、营业收入			
减：营业成本			
税金及附加			
销售费用			
管理费用			
研发费用			
财务费用			

续表

项目	行次	本月数	本年累计数
其中：利息费用			
利息收入			
加：其他收益			
投资收益			
资产减值损失			
信用减值损失			
公允价值变动损益			
资产处置收益			
二、营业利润			
加：营业外收入			
减：营业外支出			
三、利润总额			
减：所得税费用			
四、净利润			

单步式利润表是将所有收入扣除所有费用后，一次计算净利润编制成的利润表，如表 6-4 所示。

表 6-4　单步式利润表

利润表

编制单位：　　　　　　　　　　　　年　　月　　　　　　　　　　　　单位：元

项目	行次	本月数	本年累计数
一、收入			
营业收入			
公允价值变动损益			
投资收益			
其他收益			
资产处置收益			
营业外收入			
收入合计			
二、费用			
营业成本			
税金及附加			
销售费用			
管理费用			
研发费用			
财务费用			
资产减值损失			
信用减值损失			
营业外支出			
所得税费用			
费用合计			
三、净利润			

在我国的会计实务中，利润表一般采用多步式，因此下面主要介绍多步式利润表的编制方法。利润表的建立与资产负债表的建立过程和方法类似，具体操作步骤如下。

（1）将"第 6 章.xlsx"工作簿中的 Sheet2 工作表重命名为"利润表"。

（2）选中 A1:D1 单元格区域，单击"合并及居中"按钮 。在 A1 单元格中输入"利润表"，并单击"加粗"按钮 **B** 。

（3）使用同样的方法参照利润表的基本格式，在单元格中输入特定的项目。

（4）选中 A4:D24 单元格区域，设置边框样式，完成利润表的建立，如图 6-7 所示。

图 6-7 利润表

6.3.2 利润表的编制

利润表的编制也是建立在科目余额表的基础上，只不过收入、费用类账户是虚账户，每期没有期初、期末余额。利润表需要根据科目余额表中本期发生额的有关会计科目进行编制。

1. 本月数的填制

利润表中本月数的填制，同样要建立利润表与科目余额表的链接，以便调用数据。前面曾提及数据链接调用有直接调用与间接调用两种，资产负债表的编制使用了直接调用。下面使用间接调用，假设已定义所需范围名称。具体操作步骤如下。

利润表的编制

（1）打开"第 6 章.xlsx"工作簿中的"利润表"。

（2）单击选中"利润表"中的 C4 单元格。

（3）单击 fx 按钮，打开"插入函数"对话框，选择 VLOOKUP 函数，单击"确定"按钮。

（4）在 VLOOKUP 函数的 Lookup_value 文本框中输入""主营业务收入""；在 Table_array 自变量位置空白处，选择"公式" | "用于公式" | "科目余额表"命令（已定义科目余额表的名称）；在 Col_index_num 文本框中输入 5；在 Range_lookup 文本框中输入 FALSE，如图 6-8 所示。

（5）单击"确定"按钮完成函数参数的设置。

（6）按照步骤（4），在编辑栏中输入"+VLOOKUP("其他业务收入",科目余额表,5,FALSE)"，如图 6-9 所示，C4 单元格中显示"营业收入"为 38 000。

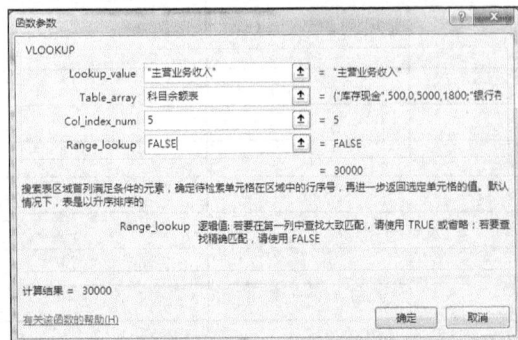

图 6-8 设置 VLOOKUP 函数参数

图 6-9 显示单元格 C4 的计算结果

（7）单击选中 C5 单元格，输入"=VLOOKUP("主营业务成本",科目余额表,4,FALSE)+VLOOKUP

("其他业务成本",科目余额表,4,FALSE)"，按 Enter 键。

（8）分别选中 C6、C7、C8、C9、C10、C11、C12、C13、C14、C15、C16、C17、C18、C20、C21 单元格，参照步骤（4）~（5）完成数据的链接引用。

（9）单击选中 C19 单元格，输入 "=C4-C5-C6-C7-C8-C9-C10+C13+C14+C15+C16+C17+C18"，按 Enter 键，结果如图 6-10 所示。

（10）单击选中 C22 单元格，输入 "=C19+C20-C21"，按 Enter 键，结果如图 6-11 所示。

	利润表			
1				
2	编制单位：宏达有限责任公司	20×2年1月		单位：元
3	项目	行次	本月数	本年累计数
4	一、营业收入		38000	
5	减：营业成本		21500	
6	税金及附加		800	
7	销售费用		7000	
8	管理费用		4300	
9	研发费用			
10	财务费用		400	
11	其中：利息费用			
12	利息收入			
13	加：其他收益			
14	投资收益		0	
15	资产减值损失			
16	信用减值损失			
17	公允价值变动损益			
18	资产处置收益			
19	二、营业利润		4000	

图 6-10　显示单元格 C19 的计算结果

	利润表			
1				
2	编制单位：宏达有限责任公司	20×2年1月		单位：元
3	项目	行次	本月数	本年累计数
4	一、营业收入		38000	
5	减：营业成本		21500	
6	税金及附加		800	
7	销售费用		7000	
8	管理费用		4300	
9	研发费用			
10	财务费用		400	
11	其中：利息费用			
12	利息收入			
13	加：其他收益			
14	投资收益		0	
15	资产减值损失			
16	信用减值损失			
17	公允价值变动损益			
18	资产处置收益			
19	二、营业利润		4000	
20	加：营业外收入		0	
21	减：营业外支出			
22	三、利润总额		4000	

图 6-11　显示单元格 C22 的计算结果

（11）单击选中 C23 单元格，输入 "=C22×25%"，按 Enter 键。

（12）单击选中 C24 单元格，输入 "=C22-C23"，按 Enter 键，结果如图 6-12 所示，完成利润表本月数的填制。

2. 本年累计数的填制

利润表中的本年累计数是指从本年一月份起至本月份止的若干个月累计实现的利润数，即本年累计数应该等于上月利润表本年累计数加上本月利润表本月数。这样，需要建立上月利润表与本月利润表的链接，以便调用数据。调用不同工作簿中的工作表数据在第 5 章已经详细介绍，这里不再赘述。

	利润表			
1				
2	编制单位：宏达有限责任公司	20×2年1月		单位：元
3	项目	行次	本月数	本年累计数
4	一、营业收入		38000	
5	减：营业成本		21500	
6	税金及附加		800	
7	销售费用		7000	
8	管理费用		4300	
9	研发费用			
10	财务费用		400	
11	其中：利息费用			
12	利息收入			
13	加：其他收益			
14	投资收益		0	
15	资产减值损失			
16	信用减值损失			
17	公允价值变动损益			
18	资产处置收益			
19	二、营业利润		4000	
20	加：营业外收入		0	
21	减：营业外支出			
22	三、利润总额		4000	
23	减：所得税费用		1000	
24	四、净利润		3000	

图 6-12　编制完成的利润表

6.4　Excel在现金流量表中的应用

为了规范企业现金的管理，提高会计信息质量，财政部制定了《企业会计准则第 31 号——现金流量表》，并于 2006 年发布。因此，现金流量表也是企业会计报表中的主要报表。

6.4.1　设置现金流量表格式

现金流量表是反映企业一定会计期间现金和现金等价物（以下简称现金）流入和流出的报表。现金流量表能够说明企业一定期间内的现金流入和流出的原因、企业的偿债能力和支付股利的能力，分析企业未来获取现金的能力。

现金流量表应当按照经营活动产生的、投资活动产生的和筹资活动产生的现金流量分类分项列出，如表 6-5 所示。

表 6-5　现金流量表

现金流量表

编制单位：　　　　　　　　　　年度　　　　　　　　　　　　　　单位：元

项目	行次	本期金额	上期金额
一、经营活动产生的现金流量：			
销售商品或提供劳务收到现金	1		
收到税费返还	3		
收到的其他与经营业务有关的现金	8		
经营活动现金流入小计	9		
购买商品、接受劳务支付的现金	10		
支付给职工以及为职工支付的现金	12		
支付的各项税费	13		
支付的其他与经营活动有关的现金	18		
经营活动现金流出小计	20		
经营活动产生的现金流量净额	21		
二、投资活动产生的现金流量：			
收回投资所收到的现金	20		
取得投资收益所收到的现金	22		
处置固定资产、无形资产和其他长期资产收回的现金净额	25		
收到的其他与投资活动有关的现金	28		
投资活动现金流入小计	29		
购建固定资产、无形资产和其他长期资产支付的现金	30		
投资所支付的现金	31		
支付的其他与投资活动有关的现金	35		
投资活动现金流出小计	36		
投资活动产生的现金流量净额	37		
三、筹资活动产生的现金流量：			
吸收投资所收到的现金	38		
借款所收到的现金	40		
收到的其他与筹资活动有关的现金	43		
筹资活动现金流入小计	44		
偿还债务所支付的现金	45		
分配股利、利润或偿付利息所支付的现金	46		
支付的其他与筹资活动有关的现金	52		
筹资活动现金流出小计	53		
筹资活动产生的现金流量净额	54		
四、汇率变动对现金及现金等价物的影响	55		
五、现金及现金等价物净增加额	56		
加：期初现金及现金等价物余额	57		
六、期末现金及现金等价物余额	58		

现金流量表的建立仍然采用与资产负债表、利润表类似的方法。同样将"第 6 章.xlsx"工作簿中的 Sheet3 工作表重命名为"现金流量表",并单击"合并及居中""加粗""边框"按钮等,完成现金流量表的设置,如图 6-13 所示。

现 金 流 量 表			
编制单位:	年度		单位:元
项目	行次	本期金额	上期金额
一、经营活动产生的现金流量:			
销售商品或提供劳务收到现金	1		
收到税费返还	3		
收到的其他与经营业务有关的现金	8		
经营活动现金流入小计	9		
购买商品、接受劳务支付的现金	10		
支付给职工以及为职工支付的现金	12		
支付的各项税费	13		
支付的其他与经营活动有关的现金	18		
经营活动现金流出小计	20		
经营活动产生的现金流量净额	21		
二、投资活动产生的现金流量:			
收回投资所收到的现金	20		
取得投资收益所收到的现金	22		
处置固定资产、无形资产和其他长期资产收回的现金净额	25		
收到的其他与投资活动有关的现金	28		
投资活动现金流入小计	29		
购建固定资产、无形资产和其他长期资产支付的现金	30		
投资所支付的现金	31		
支付的其他与投资活动有关的现金	35		
投资活动现金流出小计	36		
投资活动产生的现金流量净额	37		
三、筹资活动产生的现金流量:			
吸收投资所收到的现金	38		
借款所收到的现金	40		
收到的其他与筹资活动有关的现金	43		
筹资活动现金流入小计	44		
偿还债务所支付的现金	45		
分配股利、利润或偿付利息所支付的现金	46		
支付的其他与筹资活动有关的现金	52		
筹资活动现金流出小计	53		
筹资活动产生的现金流量净额	54		
四、汇率变动对现金及现金等价物的影响	55		
五、现金及现金等价物净增加额	56		
加:期初现金及现金等价物余额	57		
六、期末现金及现金等价物余额	58		

图 6-13 现金流量表

6.4.2 现金流量表的编制

现金流量表的编制建立在总分类账等工作表的基础上,类似于资产负债表和利润表的编制,需通过直接链接或间接链接从相关的工作表中提取数据,再根据会计准则的有关规定,设置单元格的计算公式,并填在对应的单元格中。

由于直接链接和间接链接在前面章节都已介绍,本节不再赘述,将在第 7 章对 3 种会计报表的编制综合举例。

6.5 Excel在所有者权益变动表中的应用

2007 年以前,公司所有者权益变动情况是以资产负债表附表形式体现的。新会计准则颁布后,要求企业于 2007 年正式对外呈报所有者权益变动表,因此,所有者权益变动表成为与资产负债表、利润表和现金流量表并列披露的第四张财务报表。

6.5.1　设置所有者权益变动表格式

所有者权益变动表是反映企业所有者权益变动情况的报表。所有者权益变动表主要反映以下 4 个方面的内容。

（1）综合收益导致的所有者权益变动。

（2）资本业务导致的所有者权益总额发生的变动。

（3）利润分配导致的所有者权益变动。

（4）所有者权益内部的变动。

具体格式如表 6-6 所示。

表 6-6　所有者权益变动表

所有者权益变动表

编制单位：　　　　　　　　　　　　　　　　年度　　　　　　　　　　　　　　　单位：元

项目	本年金额								
	实收资本（或股本）	其他权益工具	资本公积	减：库存股	其他综合收益	专项储备	盈余公积	未分配利润	所有者权益合计
一、上年年末余额									
加：会计政策变更									
前期差错更正									
二、本年年初余额									
三、本年增减变动金额（减少以"－"号填列）									
（一）综合收益总额									
（二）所有者投入和减少资本									
1. 所有者投入的普通股									
2. 其他权益工具持有者投入的金额									
3. 股份支付计入所有者权益的金额									
4. 其他									
（三）利润分配									
1. 提取盈余公积									

所有者权益变动表的建立仍然采用与资产负债表、利润表类似的方法。同样将"第 6 章.xlsx"工作簿中的 Sheet4 工作表重命名为"所有者权益变动表"，并单击"合并及居中""加粗""边框"按钮等，完成所有者权益变动表的设置，如图 6-14 所示。

所有者权益变动表																		
编制单位：宏达有限责任公司				20×1年度												单位：元		
项　目	本年金额									上年金额								
	实收资本(或股本)	其他权益工具	资本公积	减：库存股	其他综合收益	专项储备	盈余公积	未分配利润	所有者权益合计	实收资本(或股本)	其他权益工具	资本公积	减：库存股	其他综合收益	专项储备	盈余公积	未分配利润	所有者权益合计
一、上年年末余额																		
加：会计政策变更																		
前期差错更正																		
二、本年年初余额																		
三、本年增减变动金额（减少以"－"号填列）																		
（一）综合收益总额																		
（二）所有者投入和减少资本																		
1.所有者投入的普通股																		
2.其他权益工具持有者投入的金额																		
3.股份支付计入所有者权益的金额																		
4.其他																		
（三）利润分配																		
1.提取盈余公积																		
2.对所有者（或股东）的分配																		
3.其他																		
（四）所有者权益内部结转																		
1.资本公积转增资本（或股本）																		
2.盈余公积转增资本（或股本）																		
3.盈余公积弥补亏损																		
4.设定受益计划变动额结转留存收益																		
5.其他综合受益结转留存收益																		
6.其他																		
四、本年年末余额																		

图 6-14　所有者权益变动表

6.5.2　所有者权益变动表的编制

所有者权益变动表的编制是建立在相关会计资料基础上的，类似于资产负债表和利润表的编制，需通过直接链接或间接链接从相关的工作表中提取数据；再根据会计准则的有关规定，设置单元格的计算公式，并填写在对应的单元格中。

由于直接链接和间接链接在前面章节都已介绍，所以本节不再赘述，将在第 7 章对所有者权益变动表的编制综合举例。

本章小结

本章介绍了利用 Excel 编制会计报表的方法。首先介绍了会计报表的有关概念，使读者对会计报表有所了解；接着介绍了利用 Excel 的各种基础功能建立资产负债表、利润表、现金流量表；建立好报表格式后，介绍了利用 Excel 的公式、函数等功能直接或间接链接引用账表间数据，完成报表的编制。

思考练习

上机操作题

（1）新建 Excel 工作簿，并将 Sheet1 工作表命名为"损益类科目发生额表"，按表 6-7 输入相关内容并自行修饰工作表。

表 6-7　损益类科目发生额表　　　　　　　　　　　　　　　　单位：元

项目	借方发生额	贷方发生额
主营业务收入		8 000.00
其他业务收入		2 000.00
投资收益		500.00
营业外收入		400.00
主营业务成本	4 000.00	
税金及附加	200.00	
其他业务支出	500.00	
销售费用	100.00	
管理费用	300.00	
财务费用	400.00	
营业外支出	500.00	
所得税	600.00	

（2）将 Sheet1 工作表命名为"利润表"，格式如表 6-8 所示。

表 6-8　利润表

编制单位：四方有限责任公司　　　　　　　　　2021 年 1 月　　　　　　　　　　单位：元

项目	行次	本月数

（3）根据表 6-8 的资料，利用 VLOOKUP 函数间接调用，完成利润表中本月数的填制。

第7章

Excel 在会计核算流程中的应用

通过本章的学习并结合前面章节的内容，读者了解了利用 Excel 进行会计核算的整体流程，掌握从编制会计凭证表开始到资产负债表、利润表、现金流量表和所有者权益变动表的生成为止的整个会计核算的操作流程，对财务报表编制的具体环节和处理步骤形成更加直观、清晰的认识。

学习目标

- 掌握利用 Excel 建立并填制会计科目表
- 掌握利用 Excel 建立并填制会计凭证表
- 掌握利用 Excel 生成总分类账、明细分类账、现金日记账、银行存款日记账
- 掌握利用 Excel 建立并生成科目余额表
- 掌握利用 Excel 建立并生成资产负债表、利润表、现金流量表和所有者权益变动表

7.1 会计核算流程概述

7.1.1 手工记账的会计循环流程

财务会计必须对企业的交易和事项进行会计处理，以便最终为会计信息使用者提供财务报告。会计处理包括许多具体的会计程序，并要依次完成一系列的基本步骤。在财务会计中，这些依次继起、周而复始、以记录为主的会计处理步骤称为会计循环。最基本和常见的手工记账的会计循环流程如图 7-1 所示。

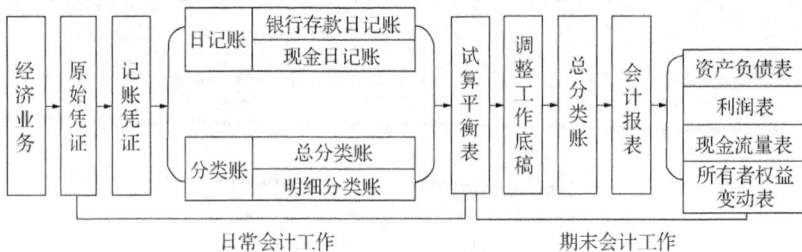

图 7-1　手工记账的会计循环流程图

由图 7-1 可知，手工记账的会计循环一般包括以下几个过程。

（1）编审凭证。经济业务发生后，会计人员首先要取得或编制原始凭证，并审核其合法性、合规性等。其次，列出每笔经济业务的应借记和贷记的账户及金额，并填制记账凭证。

（2）登记账簿。根据记账凭证确定的会计分录，在各日记账和分类账中按账户登记。

（3）进行试算。将各分类账中各账户的借方总额、贷方总额和期末余额汇总列表，以验证分录及记账工作是否有错。

（4）定期调整。根据经济业务的最新发展，定期修正各账户的记录，使各账户能正确反映实际情况。

（5）期末结账。在会计期末，分别结算收入、费用类账户，以确定损益，并列出资产、负债、所有者权益类账户余额，以便结转到下期连续记录。

（6）编制报表。会计期间结束，汇总经营期间内的所有经济业务及其结果，编制完成资产负债表、利润表、现金流量表和所有者权益变动表，以反映企业的财务状况、经营成果、现金流量和所有者权益变动情况等。

手工核算程序包括记账凭证核算程序、科目汇总表核算程序、汇总记账核算程序和日记总账核算程序等。在手工核算方式下，对数据进行的分类整理是通过将记账凭证的内容按会计科目转抄到日记账、明细分类账以及总分类账的形式来实现的。各种核算形式的根本出发点都一样，就是减少转抄的工作量，于是为了适应不同企业的特点产生了各种各样的核算程序。但这些核算程序只能在一定程度上减少或简化转抄工作，而不能完全避免转抄。同一数据的多次转抄不仅浪费时间、精力和财物（存储纸张等），而且容易造成错误。为了减少这类错误，必须增加一些核对工作，如编制试算平衡表及核对明细账与总账、会计凭证与相关账簿、账簿记录与财产物资的实际拥有数等。

7.1.2 Excel 记账的会计循环流程

使用 Excel 进行会计核算时，登记账簿的环节完全可以取消，即平时不记现金日记账、银行存款日记账、明细分类账及总账，只将经济业务以会计分录（记账凭证）的形式保存在会计分录表（记账凭证表）中，在需要时，对记账凭证按会计科目、日期等条件进行检索、编辑和直接输出日记账、明细账、总账直至会计报表。由于计算机处理速度相当快，所以检索和编辑的时间很短，能快速得到各种账簿和报表资料；另外，由于计算机极少发生遗漏、重复及计算错误，所以，可免去手工方式下的某些核对环节，节约了人力和时间，提高了工作效率。

Excel 提供了强大的表格处理和函数功能，借助这些工具，可以编制各种类型的报表。使用 Excel 记账的会计循环流程如图 7-2 所示。

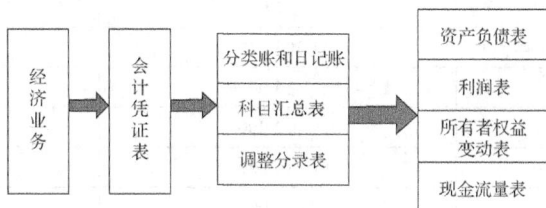

图 7-2　使用 Excel 记账的会计循环流程图

由图 7-2 可知，利用 Excel 记账的会计循环包括以下几个过程。

（1）编制会计凭证表。根据实际发生的经济业务编制生成会计分录表（即记账凭证表），并对其进行审核。

（2）生成分类账和日记账。将会计凭证表中的经济业务进行透视，生成分类账（总分类账和明细分类账）和日记账（现金日记账和银行存款日记账）。

（3）生成科目汇总表。将会计凭证表中具有相同一级科目名称的所有科目汇总，生成一张科目汇总表。

（4）编制调整分录表。在编制现金流量表时，需要按现金产生的原因调整会计分录表中的有关科目，即将现金区分为经营活动现金、投资活动现金和筹资活动现金，调整后生成一张调整分录表。

（5）生成会计报表。根据科目汇总表和调整分录表生成资产负债表、利润表、现金流量表和所有者权益变动表。

可以看到，利用 Excel 进行会计核算并不用遵循传统会计核算程序（即依次为经济业务、原始凭证、记账凭证、日记账、分类账和会计报表）。这样做的理由主要有以下几个方面。

（1）编制会计报表所需的信息均可以从会计分录表和调整分录表中直接或间接获得。

（2）使用表格化的会计分录表能更直观地反映经济业务的具体内容。

（3）即便需要查询科目明细内容、现金日记账和银行存款日记账，通过 Excel 的数据库功能也很容易实现。

7.2　使用Excel进行会计核算流程案例

7.2.1　企业资料概况

企业名称：宏达有限责任公司。

法人名称：×××。

单位地址：郑州市长江路 218 号。

开户行：郑州市工商银行长江路分理处。

银行账号：955803157501869677**。

统一社会信用代码：9141012253744059**。

主要产品：A 型设备、B 型设备。

核算要求：材料发出采用先进先出法。

固定资产月折旧率为 0.4%，增值税税率为 13%，所得税税率为 25%。

（1）20×1 年 12 月初的科目余额如表 7-1 所示。

表 7-1　科目余额　　　　　　　　　　　　　　单位：元

科目名称	借方余额	贷方余额
库存现金	21 960	
银行存款	1 308 640	
应收票据	15 000	
应收账款	42 000	
预付账款	11 000	
原材料	976 000	
库存商品	260 000	
长期股权投资	600 000	
固定资产	4 500 000	
累计折旧		1 020 000
无形资产	500 000	
短期借款		400 000
应付账款		17 000
应付票据		65 000
预收账款		8 000
应付利息		2 000
应付职工薪酬		12 800
应交税费		9 800
实收资本		5 000 000
资本公积		200 000
盈余公积		1 460 000
利润分配		40 000
余额合计	8 234 600	8 234 600

（2）各科目明细账的期初余额如下。

应收账款——应收长治公司	借：30 000
——应收齐天公司	借：12 000
应收票据——大通公司	借：15 000
预付账款——云阳公司	借：11 000
原材料——甲 380 吨，每吨 1 600 元	借：608 000
——乙 150 吨，每吨 2 000 元	借：300 000
——丙 40 吨，每吨 1 700 元	借：68 000
库存商品——A 20 台，每台 6 400 元	借：128 000
库存商品——B 22 台，每台 6 000 元	借：132 000
固定资产——车间用	借：2 500 000
——厂部用	借：2 000 000
应付账款——宁泰公司	贷：17 000

应付票据——鼎立公司	贷：65 000
预收账款——成功公司	贷：8 000
应交税费——应交增值税	贷：8 909.09
——应交城建税	贷：623.64
——应交教育费附加	贷：267.27
盈余公积——法定盈余公积	贷：1 000 000
——任意盈余公积	贷：460 000

（3）12 月发生的经济业务如下。

① 12 月 1 日，用现金购买办公用品 400 元。

② 12 月 2 日，用支票偿还前欠宁泰公司货款 17 000 元。

③ 12 月 2 日，以银行存款购买转账支票共计 60 元。

④ 12 月 3 日，车间领用甲材料 10 吨，每吨 1 600 元用于 A 产品的生产。

⑤ 12 月 3 日，从银行提取现金以作备用金使用 2 000 元。

⑥ 12 月 4 日，由万峰公司购入甲材料 10 吨，每吨 1 600 元，货款共计 16 000 元，增值税税额为 2 080 元，用支票支付，材料已入库。

⑦ 12 月 5 日，缴纳上月增值税、城市维护建设税和教育费附加。

⑧ 12 月 6 日，采购员张平出差借差旅费 2 000 元，出纳支付现金。

⑨ 12 月 7 日，销售给盛大公司 B 产品一批，货款 91 000 元（10 台×9 100 元/台）增值税税率为 13%，收到的支票已存入银行。

⑩ 12 月 7 日，用支票支付第三季度养路费 3 000 元。

> 💡 **提示：** 这笔业务涉及的原始凭证有支票存根和缴款收据等。

⑪ 12 月 8 日，车间领用乙材料 1 吨，每吨 2 000 元，用于车间一般耗用。

⑫ 12 月 9 日，用现金支付车间修理费 500 元。

⑬ 12 月 10 日，用现金预付明年上半年的报刊费 600 元。

⑭ 12 月 11 日，签发现金支票，提取现金准备支付本月工资 46 900 元。

⑮ 12 月 11 日，发放本月工资 46 900 元。

⑯ 12 月 12 日，厂部招待客户餐费支付现金 460 元。

⑰ 12 月 13 日，职工王艳报销医药费 240 元。

⑱ 12 月 14 日，由宁泰公司购入乙材料 3 吨，每吨 2 000 元，款项尚未支付，材料已入库。

⑲ 12 月 14 日，用银行存款支付本月生产车间水费 600 元。

⑳ 12 月 15 日，车间领用乙材料 15 吨，每吨 2 000 元，用于 B 产品的生产。

㉑ 12 月 16 日，销售给齐天公司 A 产品一批，货款 117 600 元（12 台×9 800 元/台），已经开具增值税专用发票，增值税税率为 13%，货款尚未收到。

㉒ 12 月 17 日，用支票支付广告费 2 000 元。

㉓ 12 月 18 日，采购员张平出差回来报销差旅费 2 700 元，不足部分用现金支付。

㉔ 12 月 19 日，用银行存款支付本月电费 2 700 元，其中，厂部用电 800 元，车间用电 1 900 元。

㉕ 12 月 20 日，发生本月借款利息费用 1 000 元。

㉖ 12 月 21 日，销售给成功公司丙材料 10 吨，每吨 1 900 元，共计 19 000 元，冲销预收账款 8 000 元，其余收转账支票，丙材料成本为每吨 1 700 元。

㉗ 12 月 21 日，以银行存款支付本月电话费 1 000 元。

㉘ 12 月 22 日，分配本月工资，其中，生产 A 产品的生产工人工资 18 000 元，生产 B 产品的生产工人工资 12 000 元，车间管理人员工资 6 600 元，厂部人员工资 10 300 元。

㉙ 12 月 22 日，按工资总额的 14% 计提福利费。

㉚ 12 月 23 日，本月以银行存款支付车间大修理费用 1 000 元。

㉛ 12 月 25 日，年终盘点，盘盈生产用设备一台（全新），同类固定资产市场价格为 8 000 元（全新）。

㉜ 12 月 25 日，年终盘点，盘亏甲材料 1 吨，金额为 1 600 元（应负担的增值税为 208 元）。

㉝ 12 月 26 日，用银行存款支付第四季度借款利息 3 000 元。

㉞ 12 月 26 日，计提本月的折旧费用 18 000 元，其中车间应负担折旧费 10 000 元，厂部应负担折旧费 8 000 元。

㉟ 12 月 27 日，接受协作单位无偿捐赠计算机一台，市场价格为 12 000 元，用于管理（捐赠方并未开具增值税专用发票）。

㊱ 12 月 27 日，盘点结束，经领导审批后，盘盈的设备 8 000 元计入营业外收入，盘亏的甲材料 1 808 元列入营业外支出。

㊲ 12 月 28 日，结转本月制造费用，按工人工资比例分配。

㊳ 12 月 28 日，结转本月已完工的 A 产品成本（包括上期尚未生产完工的 A 产品），A 产品共 8 台。

㊴ 12 月 29 日，计提本月城建税、教育费附加。

㊵ 12 月 29 日，企业已有的丙材料现市场价为每吨 1 600 元，按已给资料计提存货跌价准备。

㊶ 12 月 30 日，用现金购印花税票 500 元。

㊷ 12 月 30 日，厂部报销汽车加油费 300 元，经审核后以现金支付。

㊸ 12 月 31 日，按年末应收账款余额的 5‰ 计提坏账准备。

㊹ 12 月 31 日，结转本月销售成本，其中，A 产品 12 台，每台 6 400 元，B 产品 10 台，每台 6 000 元。

㊺ 12 月 31 日，结转本月各项收入与收益。

㊻ 12 月 31 日，结转本月各项成本、费用与支出。

㊼ 12 月 31 日，计算并结转所得税费用。本年纳税调整项目有：实际发放工资超过计税工资 1 000 元，盘亏的甲材料 1 808 元税务部门不允许税前扣除。所得税费用采用应付税款法计算。

㊽ 12 月 31 日，按净利润的 10% 计提法定盈余公积金。

㊾ 12 月 31 日，将本年净利润转入利润分配科目。

7.2.2 使用 Excel 进行会计核算的准备工作

1. 建立会计科目表

具体操作步骤如下。

（1）打开 Excel 工作簿，建立名为"第 7 章.xlsx"的工作簿，在 A1 单元格中输入该公司的会计科目表名称"宏达有限责任公司会计科目表"，如图 7-3 所示。

（2）分别在 A2 和 B2 单元格中输入"科目代码"和"科目名称"，将列单元格调整为合适的宽度。分别在 A3 和 B3 单元格中输入"1000"和"资产类"。按照宏达有限责任公司所需的会计科目，完成所有会计科目编号及名称的输入，形成会计科目表。将 Sheet1 工作表重命名为"会计科目表"，如图 7-4 所示。

建立会计科目表

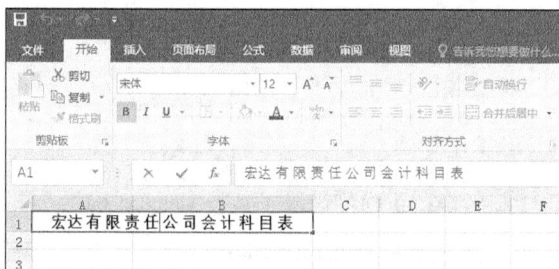

图 7-3　输入会计科目表名称

图 7-4　输入数据后的会计科目表

（3）如果会计科目表中的具体科目名称不适合本企业的经济业务类型，则可以按照第 4 章介绍的添加、修改、删除会计科目的方法调整。

2. 建立会计凭证表

具体操作步骤如下。

（1）将"第 7 章.xlsx"工作簿中的工作表 Sheet2 重命名为"会计凭证表"。在 A1 单元格中输入"宏达有限责任公司会计凭证表"；分别在 A2:K2 单元格区域中输入"年""月""日""序号""凭证编号""摘要""科目代码""科目名称""明细科目""借方金额""贷方金额"，建立会计凭证表的基本格式。根据第 4 章的介绍，完成会计凭证表单元格的设置，如图 7-5 所示。

建立会计凭证表

图 7-5　建立会计凭证表

（2）根据已知企业资料填制会计凭证表（即普通日记账），如图 7-6 所示。

（3）进行发生额试算平衡。

注意登记完毕后，可以对会计凭证表登记的借方金额和贷方金额进行核对，根据借贷记账法"有借必有贷，借贷必相等"的记账原则，本期登记分录的借方以及贷方发生额分别合计，并使用 IF 函数判断。如果借方、贷方发生额的合计数相同，则证明记账过程基本无误。此方法实际上属于试算平衡中的发生额试算平衡法。

图 7-6　填制会计凭证表

单击选中 K143 单元格，输入公式"=IF(J142=K142,"正确","错误")"，按 Enter 键确认。注意，公式中的符号为英文模式下的符号。具体函数参数如图 7-7 所示。

该公式表示对"会计凭证表"工作表中借方、贷方本期发生额是否平衡进行判断，如果该表中 J142 单元格（即借方发生额合计数）等于 K142 单元格（即贷方发生额合计数），即借贷平衡，就显示为"正确"；如果不满足借贷平衡条件，则显示"错误"。试算平衡测试结果如图 7-8 所示。

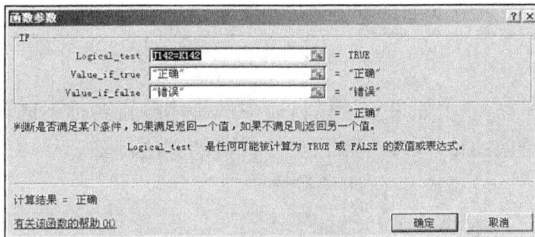

图 7-7　设置 IF 函数参数

图 7-8　使用 IF 函数进行发生额试算平衡

使用 IF()函数进行发生额试算平衡分析

但需要强调的是，借方、贷方合计数相同并不意味着会计记录的登记完全正确，因为有些账户记录的错误很难通过试算平衡发现。这些错误包括：借贷双方发生同等金额的记录错误；全部漏记或重复记录同一项经济业务；账户记录发生借贷方向错误；用错有关账户名称。这些错误需要使用其他方法查找。

根据以上具体经济业务填制的会计分录如下。

① 借：管理费用   400.00
  贷：库存现金   400.00

② 借：应付账款——宁泰公司   17 000.00
  贷：银行存款   17 000.00

③ 借：财务费用   60.00
  贷：银行存款   60.00

④ 借：生产成本——A   16 000.00
  贷：原材料——甲   16 000.00

⑤ 借：其他应收款——备用金   2 000.00
  贷：银行存款   2 000.00

⑥ 借：原材料——甲   16 000.00
    应交税费——应交增值税（进项税额）   2 080.00
  贷：银行存款   18 080.00

⑦ 借：应交税费——未交增值税   8 909.09
      ——应交城市维护建设税   623.64
      ——应交教育费附加   267.27
  贷：银行存款   9 800.00

⑧ 借：其他应收款——张平   2 000.00
  贷：银行存款   2 000.00

⑨ 借：银行存款   102 830.00
  贷：主营业务收入——B   91 000.00
    应交税费——应交增值税（销项税额）   11 830.00

⑩ 借：管理费用   3 000.00
  贷：银行存款   3 000.00

⑪ 借：制造费用   2 000.00
  贷：原材料——乙   2 000.00

⑫ 借：管理费用   500.00
  贷：库存现金   500.00

⑬ 借：管理费用   600.00
  贷：库存现金   600.00

⑭ 借：库存现金   46 900.00
  贷：银行存款   46 900.00

⑮ 借：应付职工薪酬   46 900.00
  贷：库存现金   46 900.00

⑯ 借：管理费用   460.00
  贷：库存现金   460.00

⑰ 借：应付职工薪酬   240.00
  贷：库存现金   240.00

⑱ 借：原材料——乙   6 000.00

	应交税费——应交增值税（进项税额）	780.00	
	贷：应付账款——宁泰公司		6 780.00
⑲ 借：制造费用		600.00	
贷：银行存款			600.00
⑳ 借：生产成本——B		30 000.00	
贷：原材料——乙			30 000.00
㉑ 借：应收账款——齐天公司		132 888.00	
贷：主营业务收入——A			117 600.00
应交税费——应交增值税（销项税额）			15 288.00
㉒ 借：销售费用		2 000.00	
贷：银行存款			2 000.00
㉓ 借：管理费用		2 700.00	
贷：其他应收款——张平			2 000.00
库存现金			700.00
㉔ 借：管理费用		800.00	
制造费用		1 900.00	
贷：银行存款			2 700.00
㉕ 借：财务费用		1 000.00	
贷：应付利息			1 000.00
㉖ 借：预收账款——成功公司		8 000.00	
银行存款		13 470.00	
贷：其他业务收入——丙			19 000.00
应交税费——应交增值税（销项税额）			2 470.00
借：其他业务成本——丙		17 000.00	
贷：原材料——丙			17 000.00
㉗ 借：管理费用		1 000.00	
贷：银行存款			1 000.00
㉘ 借：生产成本——A		18 000.00	
——B		12 000.00	
制造费用		6 600.00	
管理费用		10 300.00	
贷：应付职工薪酬			46 900.00
㉙ 借：生产成本——A		2 520.00	
——B		1 680.00	
制造费用		924.00	
管理费用		1 442.00	
贷：应付职工薪酬			6 566.00
㉚ 借：管理费用		1 000.00	
贷：银行存款			1 000.00
㉛ 借：固定资产		8 000.00	
贷：以前年度损益调整			8 000.00

借：以前年度损益调整　　　　　　　　　　　　　　　　　2 000.00

　　贷：应交税费——应交所得税　　　　　　　　　　　　　2 000.00

㉜ 借：待处理财产损溢——待处理流动资产损溢　　　　　　1 808.00

　　贷：原材料——甲　　　　　　　　　　　　　　　　　1 600 .00

　　　　应交税费——应交增值税（进项税额转出）　　　　　208.00

㉝ 借：应付利息　　　　　　　　　　　　　　　　　　　　3 000.00

　　贷：银行存款　　　　　　　　　　　　　　　　　　　　3 000.00

㉞ 借：制造费用　　　　　　　　　　　　　　　　　　　10 000.00

　　　　管理费用　　　　　　　　　　　　　　　　　　　8 000.00

　　贷：累计折旧　　　　　　　　　　　　　　　　　　　18 000.00

㉟ 借：固定资产　　　　　　　　　　　　　　　　　　　12 000.00

　　贷：营业外收入　　　　　　　　　　　　　　　　　　12 000.00

㊱ 借：以前年度损益调整　　　　　　　　　　　　　　　　6 000.00

　　贷：利润分配——未分配利润　　　　　　　　　　　　　6 000.00

　　借：营业外支出　　　　　　　　　　　　　　　　　　　1 808.00

　　贷：待处理财产损溢——待处理流动资产损溢　　　　　　1 808.00

㊲ 借：生产成本——A　　　　　　　　　　　　　　　　13 214.40

　　　　　　　　——B　　　　　　　　　　　　　　　　8 809.60

　　贷：制造费用　　　　　　　　　　　　　　　　　　　22 024.00

㊳ 借：库存商品——A　　　　　　　　　　　　　　　　49 734.40

　　贷：生产成本——A　　　　　　　　　　　　　　　　　49 734.40

㊴ 借：税金及附加　　　　　　　　　　　　　　　　　　　3 522.40

　　贷：应交税费——应交城市维护建设税　　　　　　　　　2 465.68

　　　　　　　　——应交教育费附加　　　　　　　　　　　1 056.72

⑩ 借：资产减值损失　　　　　　　　　　　　　　　　　　3 000.00

　　贷：存货跌价准备　　　　　　　　　　　　　　　　　　3 000.00

⑪ 借：税金及附加　　　　　　　　　　　　　　　　　　　500.00

　　贷：库存现金　　　　　　　　　　　　　　　　　　　　500.00

⑫ 借：管理费用　　　　　　　　　　　　　　　　　　　　300.00

　　贷：库存现金　　　　　　　　　　　　　　　　　　　　300.00

⑬ 借：信用减值损失　　　　　　　　　　　　　　　　　　897.96

　　贷：坏账准备　　　　　　　　　　　　　　　　　　　　897.96

⑭ 借：主营业务成本 ——A　　　　　　　　　　　　　　76 800.00

　　　　　　　　　——B　　　　　　　　　　　　　　60 000.00

　　贷：库存商品——A　　　　　　　　　　　　　　　　　76 800.00

　　　　　　　　——B　　　　　　　　　　　　　　　　60 000.00

⑮ 借：主营业务收入 ——A　　　　　　　　　　　　　117 600.00

　　　　　　　　　——B　　　　　　　　　　　　　　91 000.00

　　　　其他业务收入　　　　　　　　　　　　　　　　19 000.00

　　　　营业外收入　　　　　　　　　　　　　　　　　12 000.00

　　贷：本年利润　　　　　　　　　　　　　　　　　　239 600.00

⑯ 借：本年利润   197 090.36

     贷：管理费用   30 502.00

          财务费用   1 060.00

          销售费用   2 000.00

          资产减值损失   3 000.00

          信用减值损失   897.96

          税金及附加   4 022.40

          主营业务成本   136 800.00

          其他业务成本   17 000.00

          营业外支出   1 808.00

⑰ 借：所得税费用   11 329.41

     贷：应交税费——应交所得税   11 329.41

    （239 600.00−197 090.36+1 000.00+1 808.00）×25%=11 329.41

     借：本年利润   11 329.41

     贷：所得税费用   11 329.41

⑱ 借：利润分配——计提法定盈余公积金   31 180.23

     贷：盈余公积——计提法定盈余公积金   31 180.23

⑲ 借：本年利润   3 118.02

     贷：利润分配——未分配利润   3 118.02

7.2.3 使用 Excel 进行会计核算

1．生成总分类账

打开"第 7 章.xlsx"工作簿的"会计凭证表"工作表，使用第 5 章介绍的生成总分类账的方法，执行"插入"|"数据透视表"命令，建立数据透视表 Sheet3，并将其重新命名为"总分类账"，如图 7-9 所示。

生成总分类账

图 7-9　生成的总分类账

2．生成明细分类账

打开"第 7 章.xlsx"工作簿的"会计凭证表"工作表，使用第 5 章介绍的生成明细分类账的方法，建立数据透视表 Sheet4，并将其重新命名为"明细分类账"，如图 7-10 所示。

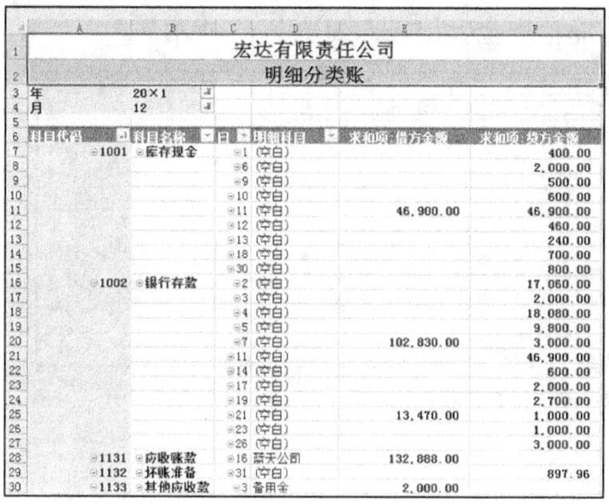

图 7-10　生成的明细分类账

生成明细分类账

注意　也可以不必建立明细分类账，直接在想要了解具体数据的总分类账的数据单元格上双击，生成 Sheet1 等新工作表，显示相关账户的明细分类账数据。

3. 筛选出现金日记账、银行存款日记账

（1）打开"第 7 章.xlsx"工作簿的"会计凭证表"工作表，选中"科目名称"后，选择"开始"|"排序和筛选"|"筛选"|命令，如图 7-11 所示。

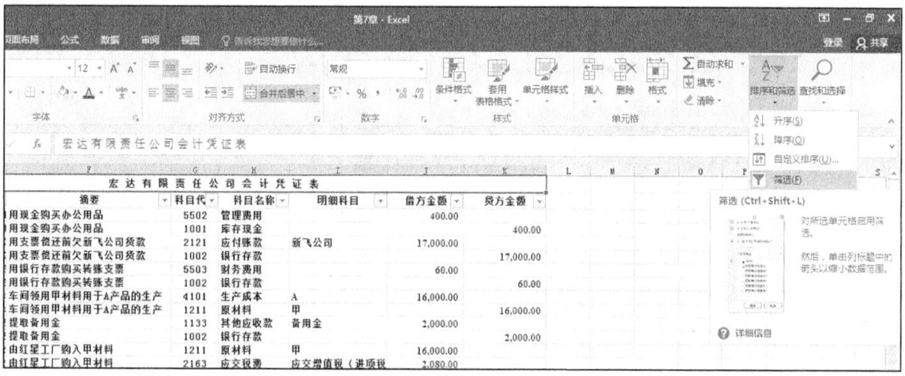

图 7-11　进行筛选操作

（2）单击"科目名称"右侧的 ▼ 按钮，在弹出的下拉列表框中选中"银行存款"选项作为筛选条件，然后单击"确定"按钮，生成如图 7-12 所示的银行存款日记账。

生成银行存款
日记账

图 7-12　银行存款日记账

（3）使用同样的方法，自动生成库存现金日记账，如图 7-13 所示。

生成库存现金
日记账

图 7-13　库存现金日记账

4．建立科目汇总表

打开"第 7 章.xlsx"工作簿的"会计凭证表"工作表，使用第 5 章介绍的生成科目汇总表的方法，执行"数据透视表工具"|"选项"|"显示报表筛选页"命令，建立数据透视表 Sheet5，并将其重命名为"科目汇总表"，如图 7-14 所示。

建立科目汇总表

图 7-14　建立的科目汇总表

5．建立科目余额表

（1）建立科目余额表的基本格式。将"第 7 章.xlsx"工作簿的工作表 Sheet6 重命名为"科目余额表"，按照第 5 章介绍的科目余额表的编制步骤，建立科目余额表的基本格式，如图 7-15 所示。

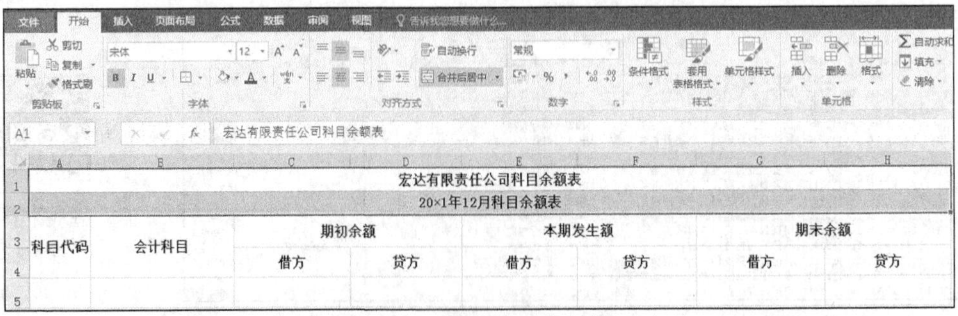

图 7-15　科目余额表的基本格式

（2）期初余额的链接调用。在A5:B56单元格区域中输入科目代码及相应的会计科目，使用第5章介绍的期初余额的链接调用的直接引用公式，建立会计科目期初余额的链接，完成12月科目余额表的期初余额编制。本例直接根据已知的宏达有限责任公司的科目余额填制20×1年12月的期初余额，如图7-16所示。

宏达有限责任公司科目余额表

20×1年12月科目余额表

科目代码	会计科目	期初余额		本期发生额		期末余额	
		借方	贷方	借方	贷方	借方	贷方
1001	库存现金	21,960.00					
1002	银行存款	1,308,640.00					
1003	其他货币资金	-					
1101	交易性金融资产	-					
1111	应收票据	15,000.00					
1131	应收账款	42,000.00					
1132	坏账准备		-				
1133	其他应收款	-					
1151	预付账款	11,000.00					
1161	应收股利	-					
1201	在途物资	-					
1211	原材料	976,000.00					
1243	库存商品	260,000.00					
1245	存货跌价准备		-				
1401	长期股权投资	600,000.00					
1501	固定资产	4,500,000.00					
1502	累计折旧		1,020,000.00				
1603	在建工程	-					
1801	无形资产	500,000.00					
1901	长期待摊费用	-					
1911	待处理财产损溢	-					
1921	以前年度损益调整	-					
2101	短期借款		400,000.00				
2111	应付票据		65,000.00				

以库存现金为例
填制科目余额表

图7-16 直接填制或调用20×1年12月的期初余额

（3）本期发生额的链接调用。使用第5章介绍的使用函数间接调用本期发生额的方法，从本期科目汇总表中调用本期发生额，如图7-17所示。

宏达有限责任公司科目余额表

20×1年12月科目余额表

科目代码	会计科目	期初余额		本期发生额		期末余额	
		借方	贷方	借方	贷方	借方	贷方
1001	库存现金	21,960.00		46,900.00	52,600.00		
1002	银行存款	1,308,640.00		116,300.00	107,140.00		
1003	其他货币资金	-		-	-		
1101	交易性金融资产	-		-	-		
1111	应收票据	15,000.00		-	-		
1131	应收账款	42,000.00		132,888.00	-		
1132	坏账准备		-	-	897.96		
1133	其他应收款	-		4,000.00	2,000.00		
1151	预付账款	11,000.00		-	-		
1161	应收股利	-		-	-		
1201	在途物资	-		-	-		
1211	原材料	976,000.00		22,000.00	66,600.00		
1243	库存商品	260,000.00		49,734.40	136,800.00		
1245	存货跌价准备		-	-	3,000.00		
1401	长期股权投资	600,000.00		-	-		
1501	固定资产	4,500,000.00		20,000.00	-		
1502	累计折旧		1,020,000.00	-	18,000.00		
1603	在建工程	-		-	-		
1801	无形资产	500,000.00		-	-		
1901	长期待摊费用	-		-	-		
1911	待处理财产损溢	-		1,808.00	1,808.00		
1921	以前年度损益调整	-		8,000.00	8,000.00		
2101	短期借款		400,000.00	-	-		
2111	应付票据		65,000.00	-	-		

图7-17 调用20×1年12月的本期发生额

（4）计算期末余额。使用第5章介绍的计算期末余额的基本公式：资产/成本类账户期末余额=期初余额+本期借方发生额−本期贷方发生额；负债/所有者权益类账户期末余额=期初余额+本期贷方发生额−本期借方发生额；损益类账户期末无余额。在资产类、负债类、所有者权益类、成本类、损益类账户对应的单元格中分别输入各自的期末余额计算公式（注意分清借贷方向），完成期末余额的计算，如图7-18所示。

宏达有限责任公司科目余额表							
20×1年12月科目余额表							
科目代码	会计科目	期初余额		本期发生额		期末余额	
		借方	贷方	借方	贷方	借方	贷方
1001	库存现金	21,960.00		46,900.00	52,600.00	16,260.00	
1002	银行存款	1,308,640.00		116,300.00	107,140.00	1,317,800.00	
1003	其他货币资金	-		-	-	-	
1101	交易性金融资产	-		-	-	-	
1111	应收票据	15,000.00		-	-	15,000.00	
1131	应收账款	42,000.00		132,888.00	-	174,888.00	
1132	坏账准备		-	-	897.96		897.96
1133	其他应收款	-		4,000.00	2,000.00	2,000.00	
1151	预付账款	11,000.00		-	-	11,000.00	
1161	应收股利	-		-	-	-	
1201	在途物资	-		-	-	-	
1211	原材料	976,000.00		22,000.00	66,600.00	931,400.00	
1243	库存商品	260,000.00		49,734.40	136,800.00	172,934.40	
1245	存货跌价准备		-	-	3,000.00		3,000.00
1401	长期股权投资	600,000.00		-	-	600,000.00	
1501	固定资产	4,500,000.00		20,000.00	-	4,520,000.00	
1502	累计折旧		1,020,000.00	-	18,000.00		1,038,000.00
1603	在建工程	-		-	-	-	
1801	无形资产	500,000.00		-	-	500,000.00	
1901	长期待摊费用	-		-	-	-	
1911	待处理财产损溢	-		1,808.00	1,808.00	-	
1921	以前年度损益调整	-		8,000.00	8,000.00	-	
2101	短期借款		400,000.00	-	-		400,000.00
2111	应付票据		65,000.00	-	-		65,000.00

图 7-18　计算生成 20×1 年 12 月的期末余额

7.2.4　使用 Excel 编制会计报表

1. 编制资产负债表

（1）建立资产负债表格式。

将在“第 7 章.xlsx”工作簿中新建的工作表 Sheet7 重命名为“资产负债表”，按照第 6 章介绍的账户式资产负债表的编制步骤，建立资产负债表的基本格式，并将表头的各个项目填制完整，如图 7-19 所示。会计报表的内容与形式已按财政部发布的《关于修订印发 2019 年度一般企业财务报表格式的通知》财会〔2019〕6 号文进行更新。

资　产　负　债　表							
编制单位：宏达有限责任公司		20×1年	12月	31日			单位：元
资产	行次	期初余额	期末余额	负债及所有者权益	行次	期初余额	期末余额
流动资产：				流动负债：			
货币资金				短期借款			
交易性金融资产				交易性金融负债			
应收票据				应付票据			
应收账款				应付账款			
预付款项				预收款项			
其他应收款				应付职工薪酬			
存货				应交税费			
一年内到期的非流动资产				其他应付款			
其他流动资产				一年内到期的非流动负债			
流动资产合计				其他流动负债			
				流动负债合计			
非流动资产：				非流动负债：			
债权投资				长期借款			
其他债权投资				应付债券			
长期应收款				长期应付款			
长期股权投资				预计负债			
固定资产				递延所得税负债			
在建工程				其他非流动负债			
无形资产				非流动负债合计			
商誉				负债合计			
长期待摊费用				所有者权益：			
递延所得税资产				实收资本（股本）			
				其他权益工具			
其他非流动资产				资本公积			
非流动资产合计				其他综合收益			
				盈余公积			
				专项储备			
				未分配利润			
				所有者权益合计			
资产总计				负债和所有者权益总计			

图 7-19　建立的资产负债表格式

（2）编制资产负债表。在建立好的科目余额表基础上，使用第 6 章介绍的资产负债表的编制方法，采用数据链接直接引用公式的方法，编制资产负债表。一般的资产负债表项目可以引用科目余额表对应的会计科目而不需要调整，如“递延所得税资产”“短期借款”“应交税费”“递延所得税负债”“实收资本”“资本公积”“其他综合收益”“盈余公积”等，可以直接引用。但是，有些资产负债表项目的填制，需要对科目余额表的数据进行分析调整。下面介绍需要分析调整的资产负债表项目的填制。

货币资金=库存现金+银行存款+其他货币资金

货币资金期初数=科目余额表!C5+科目余额表!C6+科目余额表!C7

货币资金期末数=科目余额表!G5+科目余额表!G6+科目余额表!G7

应收账款=应收账款−坏账准备

应收账款期初数=科目余额表!C9 科目余额表!C10−科目余额表!D11

应收账款期末数=科目余额表!G9 科目余额表!G10−科目余额表!H11

存货=原材料+在途物资（即物资采购）+低值易耗品+库存商品+分期收款发出商品
+委托加工物资+包装物+委托代销商品+受托代销商品+生产成本
−受托代销商品款−存货跌价准备

存货期初余额=科目余额表!C15+科目余额表!C16+科目余额表!C17−科目余额表!D18+科目余额表!C43

存货期末余额=科目余额表!G15+科目余额表!G16+科目余额表!G17−科目余额表!H18+科目余额表!G43

以下省略编制公式。

其他应收款=应收利息+应收股利+其他应收款−坏账准备

长期股权投资=长期股权投资−长期股权投资减值准备

固定资产=固定资产−累计折旧−固定资产减值准备+固定资产清理

在建工程=在建工程−在建工程减值准备+工程物资

相对于资产类项目，负债类项目与所有者权益类项目较简单，只要直接调用科目余额表对应的会计科目对应的金额即可。但要注意 2019 年修订后的会计报表的新变化：

其他应付款=应付利息+应付股利+其他应付款−坏账准备

以上填制的内容需要结合报表编制者对资产负债表编制的知识，故这里只显示部分内容的编制。

使用第 6 章介绍的资产负债表的编制方法，完成资产负债表的编制（注意检查资产负债表编制是否正确，即资产总额是否等于负债总额+所有者权益总额），如图 7-20 所示。

	A	B	C	D	E	F	G	H
1				资　产　负　债　表				
2	编制单位：宏达有限责任公司		20×1年	12月	31日			单位：元
3	资产	行次	期初余额	期末余额	负债及所有者权益	行次	期初余额	期末余额
4	流动资产：				流动负债：			
5	货币资金		1,330,600.00	1,334,060.00	短期借款		400,000.00	400,000.00
6	交易性金融资产		-	-	交易性金融负债		-	-
7	应收票据		15,000.00	15,000.00	应付票据		65,000.00	65,000.00
8	应收账款		42,000.00	173,990.04	应付账款		17,000.00	6,780.00
9	预付款项		11,000.00	11,000.00	预收款项		8,000.00	-
10	其他应收款		-	2,000.00	应付职工薪酬		12,800.00	19,126.00
11	存货		1,236,000.00	1,153,824.00	应交税费		9,800.00	43,787.81
12	一年内到期的非流动资产		-	-	其他应付款		2,000.00	-
13	其他流动资产		-	-	一年内到期的非流动负债		-	-
14	流动资产合计		2,634,600.00	2,689,874.04	其他流动负债		-	-
15					流动负债合计		514,600.00	534,693.81
16	非流动资产：				非流动负债：			
17	债权投资		-	-	长期借款		-	-
18	其他债权投资		-	-	应付债券		-	-
19	长期应收款		-	-	长期应付款		-	-
20	长期股权投资		600,000.00	600,000.00	预计负债		-	-
21	固定资产		3,480,000.00	3,482,000.00	递延所得税负债		-	-
22	在建工程		-	-	其他非流动负债		-	-
23	无形资产		500,000.00	500,000.00	非流动负债合计		-	-
24	商誉		-	-	负债合计		514,600.00	534,693.81
25	长期待摊费用		-	-	所有者权益：			
26	递延所得税资产		-	-	实收资本（股本）		5,000,000.00	5,000,000.00
27			-	-	其他权益工具		-	-
28	其他非流动资产		4,580,000.00	4,582,000.00	资本公积		200,000.00	200,000.00
29	非流动资产合计				其他综合收益		-	-
30					盈余公积		-	-
31					专项储备		1,460,000.00	1,463,118.02
32					未分配利润		40,000.00	74,062.21
33					所有者权益合计		6,700,000.00	6,737,180.23
34	资产总计		7,214,600.00	7,271,874.04	负债和所有者权益总计		7,214,600.00	7,271,874.04
35							正确	正确

图 7-20　编制完成的资产负债表

编制资产负债表

验证编制完成的资产负债表

（3）由于资产负债表编制的依据是会计恒等式“资产=负债+所有者权益”，所以同样可以通过 IF 函数判断生成的资产负债表的数据，具体方法在上文试算平衡中已经详加说明，不再赘述。

2. 编制利润表

（1）建立利润表格式。将“第 7 章.xlsx”工作簿的 Sheet8 工作表重命名为“利润表”，按照第 6 章介绍的多步式利润表的编制步骤，建立利润表的基本格式，并将表头的各个项目填制完整，如图 7-21 所示。

利 润 表

编制单位：宏达有限责任公司　　20×1年12月　　单位：元

项目	行次	本期金额	上期金额
一、营业收入			
减：营业成本			
税金及附加			
销售费用			
管理费用			
研发费用			
财务费用			
其中：利息费用			
利息收入			
加：其他收益			
投资收益（损失以“-”号填列）			
公允价值变动收益（损失以“-”号填列）			
信用减值损失（损失以“-”号填列）			
资产减值损失（损失以“-”号填列）			
资产处置收益（损失以“-”号填列）			
二、营业利润			
加：营业外收入			
减：营业外支出			
三、利润总额			
减：所得税费用			
四、净利润			
五、其他综合收益的税后净额			
（一）不能重分类进损益的其他综合收益			
（二）将重分类进损益的其他综合收益			
六、综合收益总额			

图 7-21 建立的利润表格式

（2）编制利润表。利润表的编制也是建立在科目余额表上，但是收入、费用类账户是虚账户，此类账户每期没有期初、期末余额，只有本期发生额。在编制时，需要根据科目余额表中本期发生额的有关会计科目进行编制。使用第 6 章介绍的利润表的编制方法，利用间接调用方式（选择 VOOLKUP 函数）填制本月数，完成利润表的编制，如图 7-22 所示。

利 润 表

编制单位：宏达有限责任公司　　20×1年12月　　单位：元

项目	行次	本期金额	上期金额
一、营业收入		227,600.00	
减：营业成本		153,800.00	
税金及附加		4,022.40	
销售费用		2,000.00	
管理费用		30,502.00	
研发费用		-	
财务费用		1,060.00	
其中：利息费用		1,060.00	
利息收入		-	
加：其他收益		-	
投资收益（损失以“-”号填列）		-	
公允价值变动收益（损失以“-”号填列）		-	
信用减值损失（损失以“-”号填列）		-897.96	
资产减值损失（损失以“-”号填列）		-3,000.00	
资产处置收益（损失以“-”号填列）		-	
二、营业利润		32,317.64	
加：营业外收入		12,000.00	
减：营业外支出		1,808.00	
三、利润总额		42,509.64	
减：所得税费用		11,329.41	
四、净利润		31,180.23	
五、其他综合收益的税后净额		-	
（一）不能重分类进损益的其他综合收益		-	
（二）将重分类进损益的其他综合收益		-	
六、综合收益总额		31,180.23	

编制利润表

图 7-22 编制完成的利润表

3. 编制现金流量表

（1）建立现金流量表格式。将“第 7 章.xlsx”工作簿的 Sheet9 工作表重命名为“现金流量表”，按照第 6 章介绍的现金流量表的编制步骤，建立现金流量表的基本格式，并将表头的各个项目填制完整，如图 7-23 所示。

图 7-23　建立的现金流量表格式

> 💡 **注意**　本书重点讲述现金流量表主表的编制，不涉及补充资料的填制问题。

（2）编制调整分录表。将"第 7 章.xlsx"工作簿的 Sheet10 工作表重命名为"调整分录表"，将"会计凭证表"复制到"调整分录表"，以会计凭证表为基础编制调整分录表。

调整的方式为筛选出涉及库存现金、银行存款以及其他货币资金的单元格，将它们按照业务发生的类型分别调整为经营活动现金、投资活动现金和筹资活动现金。例如，凡是涉及"原材料""在途物资""库存商品""生产成本"和"制造费用"等的会计科目均调整为"存货"资产负债表项目，但必须说明明细内容。具体调整过程见下文（如果企业考虑"现金等价物"，还需要筛选出"投资日起三个月到期或清偿之国债、商业本票、货币市场基金、可转让定期存单、商业本票及银行承兑汇票"等业务）。登记后的调整分录表如图 7-24 所示。

图 7-24　调整分录表（部分）

具体调整分录如下。

① 借：管理费用——办公用品 400.00
　　贷：经营活动现金——支付其他 400.00

② 借：应付账款——新飞公司 17 000.00
　　贷：经营活动现金——购买商品 17 000.00

③ 借：财务费用——转账支票 60.00
　　贷：经营活动现金——支付其他 60.00

④ 借：存货——A 16 000.00
　　贷：存货——甲 16 000.00

⑤ 借：其他应收款 2 000.00
　　贷：经营活动现金——支付其他 2 000.00

⑥ 借：存货——甲 16 000.00
　　　应交税费——应交增值税（进项税额） 2 080.00
　　贷：经营活动现金——购买商品 16 000.00
　　　　经营活动现金——进项税 2 080.00

⑦ 借：应交税费——未交增值税 8 909.09
　　　　　　——应交城市维护建设税 623.64
　　　　　　——教育费附加 267.27
　　贷：经营活动现金——支付税费 9 800.00

⑧ 借：其他应收款——张平 2 000.00
　　贷：经营活动现金——支付其他 2 000.00

⑨ 借：经营活动现金——销项税 11 830.00
　　　经营活动现金——销售商品 91 000.00
　　贷：主营业务收入——B 91 000.00
　　　　应交税费——应交增值税（销项税额） 11 830.00

⑩ 借：管理费用——养路费 3 000.00
　　贷：经营活动现金——支付其他 3 000.00

⑪ 借：存货 2 000.00
　　贷：存货——乙 2 000.00

⑫ 借：管理费用——支付修理费 500.00
　　贷：经营活动现金——接受劳务 500.00

⑬ 借：管理费用——支付书报费 600.00
　　贷：经营活动现金——支付其他 600.00

⑭ 不涉及现金流入流出，即现金流量总额不动，不需要编制调整分录。

⑮ 借：应付职工薪酬 46 900.00
　　贷：经营活动现金——支付职工工资 46 900.00

⑯ 借：管理费用——业务招待 460.00
　　贷：经营活动现金——支付其他 460.00

⑰ 借：应付职工薪酬 240.00
　　贷：经营活动现金——支付职工福利 240.00

⑱ 借：存货——乙   6 000.00
　　应交税费——应交增值税（进项税额）   780.00
　　　贷：应付账款——宁泰公司   6 780.00
⑲ 借：存货   600.00
　　　贷：经营活动现金——支付其他   600.00
⑳ 借：存货——B   30 000.00
　　　贷：存货——乙   30 000.00
㉑ 借：应收账款——齐天   132 888.00
　　　贷：营业收入——A   117 600.00
　　　　应交税费——应交增值税（销项税额）   15 288.00
㉒ 借：销售费用——广告费   2 000.00
　　　贷：经营活动现金——支付其他   2 000.00
㉓ 借：管理费用——差旅费   2 700.00
　　　贷：其他应收款——张平   2 000.00
　　　　经营活动现金——支付其他   700.00
㉔ 借：管理费用   800.00
　　存货   1 900.00
　　　贷：经营活动现金——支付其他   2 700.00
㉕ 借：财务费用   1 000.00
　　　贷：应付利息   1 000.00
㉖ 借：预收款项   8 000.00
　　经营活动现金——销售商品   11 000.00
　　　　　　　　——销项税   2 470.00
　　　贷：营业收入——丙   19 000.00
　　　　应交税费——应交增值税（销项税额）   2 470.00
　借：营业成本——丙   17 000.00
　　　贷：存货——丙   17 000.00
㉗ 借：管理费用——电话费   1 000.00
　　　贷：经营活动现金——支付其他   1 000.00
㉘ 借：存货——A   18 000.00
　　存货——B   12 000.00
　　存货   6 600.00
　　管理费用——工资   10 300.00
　　　贷：应付职工薪酬   46 900.00
㉙ 借：存货——A   2 520.00
　　存货——B   1 680.00
　　存货   924.00
　　管理费用——福利费   1 442.00
　　　贷：应付职工薪酬   6 566.00
㉚ 借：管理费用   1 000.00
　　　贷：经营活动现金——接受劳务   1 000.00

㉛ 借：固定资产   8 000.00

   贷：以前年度损益调整   8 000.00

  借：以前年度损益调整   2 000.00

   贷：应交税费——应交所得税   2 000.00

㉜ 借：待处理财产损溢——待处理流动资产损溢 1 808.00

   贷：存货——甲   1 600.00

     应交税费——应交增值税（进项税额转出） 208.00

㉝ 借：应付利息   3 000.00

   贷：筹资活动现金——偿付利息   3 000.00

㉞ 借：存货   10 000.00

   管理费用   8 000.00

   贷：固定资产——累计折旧   18 000.00

㉟ 借：固定资产   12 000.00

   贷：营业外收入   12 000.00

㊱ 借：以前年度损益调整   6 000.00

   贷：利润分配——未分配利润   6 000.00

  借：营业外支出   1 808.00

   贷：待处理财产损溢——待处理流动资产损溢 1 808.00

㊲ 借：存货——A   13 214.40

     ——B   8 809.60

   贷：存货   22 024.00

㊳ 借：存货——A   49 734.40

   贷：存货——A   49 734.40

㊴ 借：税金及附加   3 515.13

   贷：应交税费——应交城市维护建设税 2 460.59

     应交税费——教育费附加   1 054.54

㊵ 借：资产减值损失   3 000.00

   贷：存货——存货跌价准备   3 000.00

㊶ 借：管理费用——税票   500.00

   贷：经营活动现金——支付税费   500.00

㊷ 借：管理费用——加油费   300.00

   贷：经营活动现金——支付其他   300.00

㊸ 借：信用减值损失   897.96

   贷：应收账款——坏账准备   897.96

㊹ 借：营业成本——A   76 800.00

     ——B   60 000.00

   贷：存货——A   76 800.00

     ——B   60 000.00

（3）编制现金流量表。使用 SUMIF 函数引用并计算现金流量表的各个项目。

① 经营活动产生的现金流量各项目。

a. "销售商品或提供劳务收到现金"项目栏反映的是企业销售商品、提供劳务实际收到的现金

150

（含销售收入和应向购买者收取的增值税），包括本期销售商品、提供劳务收到的现金，以及前期销售的商品和前期提供劳务本期收到的现金和本期预收的账款，扣除本期退回本期销售的商品和前期销售本期退回的商品支付的现金。需要注意的是，企业销售材料和代购代销业务收到的现金也在本项目中反映。根据该项目反映的内容，编辑公式如下。

单击选中 C5 单元格，输入公式 "=SUMIF(调整分录表!$C$2:$C$115,"经营活动现金*销售商品*", 调整分录表!$D$2:$D$115)+SUMIF(调整分录表!$C$2:$C$115,"经营活动现金*提供劳务*",调整分录表!$D$2:$D$115)+SUMIF(调整分录表!$C$2:$C$115,"经营活动现金*销项税*",调整分录表!$D$2:$D$115)"，单击"确认"按钮，完成公式的编辑。

b. "收到税费返还"项目栏反映的是企业收到返还的各种税费，如收到的增值税、消费税返还等。根据该项目反映的内容，编辑公式如下。

单击选中 C6 单元格，输入公式 "=SUMIF（调整分录表!$C$2:$C$115,"经营活动现金*收到税费*", 调整分录表!$D$2:$D$115）"，单击"确认"按钮，完成公式的编辑。

c. "收到的其他与经营业务有关的现金"项目栏反映的是企业除了上述各项目外，收到的其他与经营活动有关的现金流入，如罚款收入等。根据该项目反映的内容，编辑公式如下。

单击选中 C7 单元格，输入公式 "=SUMIF(调整分录表!$C$2:$C$115,"经营活动现金*收到其他*", 调整分录表!$D$2:$D$115)"，单击"确认"按钮，完成公式的编辑。

d. "经营活动现金流入小计"项目栏反映的是上述各经营活动现金流入项目的合计数。根据该项目反映的内容，编辑公式如下。

单击选中 C8 单元格，输入公式 "=C5+C6+C7(或=SUM(C5:C7))"，单击"确认"按钮，完成公式的编辑。

e. "购买商品、接受劳务支付的现金"项目栏反映的是企业购买商品、接受劳务实际支付的现金，包括本期购入商品、接受劳务支付的现金（包括增值税进项税额），以及本期支付前期购入商品、接受劳务的未支付款项和本期预付款项。本期发生的购货退回收到的现金应从本项目中扣除。根据该项目反映的内容，编辑公式如下。

单击选中 C9 单元格，输入公式 "=SUMIF(调整分录表!$C$2:$C$115,"经营活动现金*购买商品*", 调整分录表!$E$2:$E$115)+SUMIF(调整分录表!$C$2:$C$115,"经营活动现金*接受劳务*",调整分录表!$E$2:$E$115)+SUMIF(调整分录表!$C$2:$C$115,"经营活动现金*进项税*",调整分录表!$E$2:$E$115)"，单击"确认"按钮，完成公式的编辑。

f. "支付给职工以及为职工支付的现金"项目栏反映的是企业实际支付给职工，以及为职工支付的现金，包括本期实际支付给职工的工资、奖金、各种津贴和补贴等，以及为职工支付的其他费用。需要注意的是，本项目不包括支付的离退休人员的各项费用和支付的在建工程人员的工资等。根据该项目反映的内容，编辑公式如下。

单击选中 C10 单元格，输入公式 "=SUMIF(调整分录表!$C$2:$C$115,"经营活动现金*支付职工*", 调整分录表!$E$2:$E$115)"，单击"确认"按钮，完成公式的编辑。

g. "支付的各项税费"项目栏反映的是企业当期实际上缴税务部门的各种税金，以及支付的教育费附加、矿产资源补偿费、印花税、房产税等。需要注意的是，本项目不包括计入固定资产价值、实际支付的耕地占用税。根据该项目反映的内容，编辑公式如下。

单击选中 C11 单元格，输入公式 "=SUMIF(调整分录表!$C$2:$C$115,"经营活动现金*支付税费*", 调整分录表!$E$2:$E$115)"，单击"确认"按钮，完成公式的编辑。

h. "支付的其他与经营活动有关的现金"项目栏反映的是企业除上述各项目外，支付的其他与经营活动有关的现金流出，如罚款支出、支付的差旅费、业务招待费现金支出等。根据该项目反映的内容，编辑公式如下。

单击选中 C12 单元格，输入公式 "=SUMIF(调整分录表!$C$2:$C$115,"经营活动现金*支付其他*"，调整分录表!$E$2:$E$115)"，单击 "确认" 按钮，完成公式的编辑。

i. "经营活动现金流出小计" 项目栏反映的是上述各经营活动现金流出项目的合计数。根据该项目反映的内容，编辑公式如下。

单击选中 C13 单元格，输入公式 "=C9+C10+C11+C12"（或者 "=SUM(C9:C12)"），单击 "确认" 按钮，完成公式的编辑。

j. "经营活动产生的现金流量净额" 项目栏反映的是上述各经营活动现金流入项目的合计数，减去上述各经营活动现金流出项目的合计数之后的差额。根据该项目反映的内容，编辑公式如下。

单击选中 C14 单元格，输入公式 "=C8-C13"，单击 "确认" 按钮，完成公式的编辑。

② 投资活动产生的现金流量各项目。

a. "收回投资所收到的现金" 项目栏反映的是企业出售、转让或者到期收回除现金等价物以外的以公允价值计量且其变动计入当期损益的金融资产、长期股权投资收到的现金，以及收回持有至到期投资本金收到的现金。需要注意的是，本项目不包括持有至到期投资收回的利息，以及收回的非现金资产。根据该项目反映的内容，编辑公式如下。

单击选中 C16 单元格，输入公式 "=SUMIF(调整分录表!$C$2:$C$115,"投资活动现金*收回投资*"，调整分录表!$D$2:$D$115)"，单击 "确认" 按钮，完成公式的编辑。

b. "取得投资收益所收到的现金" 项目栏反映的是企业因各种投资分得的现金股利、利润、利息等。根据该项目反映的内容，编辑公式如下。

单击选中 C17 单元格，输入公式= "SUMIF(调整分录表!$C$2:$C$115,"投资活动现金*取得投资收益*"，调整分录表!$D$2:$D$115)"，单击 "确认" 按钮，完成公式的编辑。

c. "处置固定资产、无形资产和其他长期资产的现金净额" 项目栏反映的是企业处置固定资产、无形资产和其他长期资产所取得的现金，扣除为处置这些资产支付的有关费用后的净额。由于自然灾害造成的固定资产等长期资产损失而收到的保险赔偿收入也在本项目中反映。根据该项目反映的内容，编辑公式如下。

单击选中 C18 单元格，输入公式 "=SUMIF(调整分录表!$C$2:$C$115,"投资活动现金*固定资产*"，调整分录表!$D$2:$D$115)+SUMIF(调整分录表!$C$2:$C$115,"投资活动现金*无形资产*"，调整分录表!$D$2:$D$115)+SUMIF(调整分录表!$C$2:$C$115,"投资活动现金*其他资产*"，调整分录表!$D$2:$D$115)"，单击 "确认" 按钮，完成公式的编辑。

d. "收到的其他与投资活动有关的现金" 项目栏反映的是企业除了上述各项以外，收到的其他与投资活动有关的现金流入。根据该项目反映的内容，编辑公式如下。

单击选中 C19 单元格，输入公式 "=SUMIF(调整分录表!$C$2:$C$115,"投资活动现金*其他现金*"，调整分录表!$D$2:$D$115)"，单击 "确认" 按钮，完成公式的编辑。

e. "投资活动现金流入小计" 项目栏反映的是上述各投资活动现金流入项目的合计数。根据该项目反映的内容，编辑公式如下。

单击选中 C20 单元格，输入公式 "=C16+C17+C18+C19"（或者 "=SUM(C16:C19)"），单击 "确认" 按钮，完成公式的编辑。

f. "购建固定资产、无形资产和其他长期资产支付的现金" 项目栏反映的是企业购买、建造固定资产、无形资产和其他长期资产所支付的现金。需要注意的是，本栏目不包括为构建固定资产发生的借款利息资本化的部分，以及融资租入固定资产支付的租赁费。根据该项目反映的内容，编辑公式如下。

单击选中 C21 单元格，输入公式 "=SUMIF(调整分录表!$C$2:$C$115,"投资活动现金*固定资产*"，调整分录表!$E$2:$E$115)+SUMIF(调整分录表!$C$2:$C$115,"投资活动现金*无形资产*"，调整分录表!$E$2:$E$115)+SUMIF(调整分录表!$C$2:$C$115,"投资活动现金*其他长期资产*",调整分录表!$E$2:$E$115)",单击"确认"按钮,完成公式的编辑。

　　g. "投资所支付的现金"项目栏反映的是企业进行各种性质的投资所支付的现金,包括企业取得的除现金等价物以外的以公允价值计量且其变动计入当期损益的金融资产、长期股权投资和持有至到期投资等支付的现金,以及为取得各项投资支付的佣金、手续费等附加费用。根据该项目反映的内容,编辑公式如下。

　　单击选中 C22 单元格,输入公式"=SUMIF(调整分录表!$C$2:$C$115,"投资活动现金*投资*",调整分录表!$E$2:$E$115)",单击"确认"按钮,完成公式的编辑。

　　h. "支付的其他与投资活动有关的现金"项目栏反映的是企业除了上述各项以外,支付的其他与投资活动有关的现金流出。根据该项目反映的内容,编辑公式如下。

　　单击选中 C23 单元格,输入公式"=SUMIF(调整分录表!$C$2:$C$115,"投资活动现金*投资*",调整分录表!$E$2:$E$115)",单击"确认"按钮,完成公式的编辑。

　　i. "投资活动现金流出小计"项目栏反映的是上述各投资活动现金流出项目的合计数。根据该项目反映的内容,编辑公式如下。

　　单击选中 C24 单元格,输入公式"=C21+C22+C23"(或者"=SUM(C21:C23)"),单击"确认"按钮,完成公式的编辑。

　　j. "投资活动产生的现金流量净额"项目栏反映的是上述各投资活动现金流入项目的合计数,减去上述各投资活动现金流出项目的合计数之后的差额。根据该项目反映的内容,编辑公式如下。

　　单击选中 C25 单元格,输入公式"=C20-C24",单击"确认"按钮,完成公式的编辑。

　　③ 筹资活动产生的现金流量各项目。

　　a. "吸收投资所收到的现金"项目栏反映的是企业收到的投资者投入的现金,包括以发行股票方式筹集的资金、发行债券实际收到的现金等。根据该项目反映的内容,编辑公式如下。

　　单击选中 C27 单元格,输入公式"=SUMIF(调整分录表!$C$2:$C$115,"筹资活动现金*吸收投资*",调整分录表!$D$2:$D$115)",单击"确认"按钮,完成公式的编辑。

　　b. "借款所收到的现金"项目栏反映的是企业举借各种短期、长期借款所收到的现金。根据该项目反映的内容,编辑公式如下。

　　单击选中 C28 单元格,输入公式"=SUMIF(调整分录表!$C$2:$C$115,"筹资活动现金*借款*",调整分录表!$D$2:$D$115)",单击"确认"按钮,完成公式的编辑。

　　c. "收到的其他与投资活动有关的现金"项目栏反映的是企业除上述各项目外,收到的其他与筹资活动有关的现金流入,如接受捐赠的现金等。根据该项目反映的内容,编辑公式如下。

　　单击选中 C29 单元格,输入公式"=SUMIF(调整分录表!$C$2:$C$115,"筹资活动现金*其他现金*",调整分录表!$D$2:$D$115)",单击"确认"按钮,完成公式的编辑。

　　d. "筹资活动现金流入小计"项目栏反映的是上述各筹资活动现金流入项目的合计数。根据该项目反映的内容,编辑公式如下。

　　单击选中 C30 单元格,输入公式"=C27+C28+C29"(或者"=SUM(C27:C29)"),单击"确认"按钮,完成公式的编辑。

　　e. "偿还债务所支付的现金"项目栏反映的是企业以现金偿还债务的本金,包括偿还金融企业的借款本金、偿还债券本金等。需要注意的是,本项目不包括企业偿还的借款利息、债券利息等。根据该项目反映的内容,编辑公式如下。

　　单击选中 C31 单元格,输入公式"=SUMIF(调整分录表!$C$2:$C$115,"筹资活动现金*借款*",调整分录表!$E$2:$E$115)",单击"确认"按钮,完成公式的编辑。

f. "分配股利、利润、偿付利息所支付的现金"项目栏反映的是企业实际支付给投资者的现金股利、利润以及支付给债权人的利息。根据该项目反映的内容，编辑公式如下。

单击选中 C32 单元格，输入公式"=SUMIF(调整分录表!$C$2:$C$115,"筹资活动现金*股利*",调整分录表!$E$2:$E$115)+SUMIF(调整分录表!$C$2:$C$115,"筹资活动现金*利润*",调整分录表!$E$2:$E$115)+SUMIF(调整分录表!$C$2:$C$115,"筹资活动现金*利息*",调整分录表!$E$2:$E$115)"，单击"确认"按钮，完成公式的编辑。

g. "支付的其他与筹资活动有关的现金"项目栏反映的是企业除了上述各项目外，支付的其他与筹资活动有关的现金流出，如捐赠现金支出等。根据该项目反映的内容，编辑公式如下。

单击选中 C33 单元格，输入公式"=SUMIF(调整分录表!$C$2:$C$115,"筹资活动现金*其他资金*",调整分录表!$E$2:$E$115)"，单击"确认"按钮，完成公式的编辑。

h. "筹资活动现金流出小计"项目栏反映的是上述各筹资活动现金流出项目的合计数。根据该项目反映的内容，编辑公式如下。

单击选中 C34 单元格，输入公式"=C31+C32+C33(或者=SUM(C31:C33))"，单击"确认"按钮，完成公式的编辑。

i. "筹资活动产生的现金流量净额"项目栏反映的是上述各筹资活动现金流入项目的合计数，减去上述各筹资活动现金流出项目的合计数之后的差额。根据该项目反映的内容，编辑公式如下。

单击选中 C35 单元格，输入公式"=C30-C34"，单击"确认"按钮，完成公式的编辑。

④ 汇率变动对现金及现金等价物的影响。

"汇率变动对现金及现金等价物的影响"项目栏反映的是企业外币现金流量以及境外子公司的现金流量折算为人民币时，所采用的现金流量发生日的汇率或者平均汇率折算的人民币金额与"现金及现金等价物净增加额"中外币现金净增加额，按照期末汇率折算的人民币金额之间的差额。一般企业不涉及该业务，故本章不对此做介绍。

⑤ 现金及现金等价物净增加额。

"现金及现金等价物净增加额"项目栏反映的是上述经营活动现金流量净额、筹资活动现金流量净额与筹资活动现金流量净额的合计数。根据该项目反映的内容，编辑公式如下。

单击选中 C37 单元格，输入公式"=C14+C25+C35"，单击"确认"按钮，完成公式的编辑。

经过一系列函数的应用，完成现金流量表的编制工作，如图 7-25 所示。

编制现金流量表

图 7-25　编制完成的现金流量表

（4）检验现金流量表编制的正确性。借助报表之间的勾稽关系，检验编制完成的现金流量表是否正确。

如果不考虑现金等价物的影响，现金流量表的现金流量净额项目与资产负债表中的货币资金项目的期末余额与期初余额的差额应该相同。

根据"现金流量表的现金净流量=资产负债表中货币资金的期末余额-货币资金的期初余额"可以建立一个简单的验证公式。

在 C38 单元格中输入公式"=资产负债表!D5-资产负债表!C5"，单击"确认"按钮，C38 单元格中显示"3 460"，该数据与现金及现金等价物净增加额完全一致，证明现金流量表编制正确，如图 7-26 所示。

验证现金流量表

编制的正确性

图 7-26　检验现金流量表编制的正确性

4．编制所有者权益变动表

（1）建立所有者权益变动表格式。

将"第 7 章.xlsx"工作簿的 Sheet11 工作表重命名为"所有者权益变动表"，按照第 6 章介绍的所有者权益变动表的编制步骤，建立所有者权益变动表的基本格式，并将表头的各个项目填制完整，如图 7-27 所示。

图 7-27　建立的所有者权益变动表格式

（2）编制所有者权益变动表。

第一项："上年年末余额"项目反映企业上年资产负债表中的实收资本（或股本）、资本溢价、库存股、盈余公积、未分配利润的年末余额以及合计数。该行数据可以引用上年所有者权益变动表的"本年年末余额"或本年资产负债表对应项目的"期初余额"。

注意：所有者权益变动表为年报，每年编制并报送一次，而本例数据以月为基础，故为简化起见，本例以月份数据为例展示年报的编制，在实际工作中，必须注意与本例的不同之处。本例引用的是第 7 章.xlsx 中资产负债表的"期初余额"的数据，在实务中应引用年初数据。

第二、第三行的"会计政策变更"和"前期差错更正"项目分别反映企业采用追溯调整法处理的会计政策变更的累积影响金额和采用追溯重述法处理的会计差错更正的累积影响金额。

为了体现会计政策变更和前期差错更正的影响，企业应当在上期末所有者权益余额的基础上调整得出本期初所有者权益，根据"盈余公积""利润分配""以前年度损益调整"等科目的发生额分析计算填列。

第㉛笔业务为盘盈固定资产，具体会计处理如下。

借：固定资产		8 000.00
贷：以前年度损益调整		8 000.00
借：以前年度损益调整		2 000.00
贷：应交税费——应交所得税		2 000.00

第㊱笔业务即为将固定资产盘盈的结果 6 000 转入利润分配——未分配利润，会计分录如下。

借：以前年度损益调整		6 000.00
贷：利润分配——未分配利润		6 000.00

因为固定资产盘盈属于前期差错，所以此项前期差错影响的是未分配利润项目，会计人员调整差错项目时，可以直接引用该项目金额，即在 G8 单元格中直接引用明细分类账中的 6 000 元的前期差错造成的未分配利润。由于引用的明细分类账属于数据透视表，所以可以用 GETPIVOTDATA 函数获取数据透视表数据，即在 G8 单元格中插入公式"=GETPIVOTDATA("求和项:贷方金额",明细分类账!$A$6,"日",27,"科目代码",3141,"科目名称","利润分配","明细科目","未分配利润")"汇总引用前期差错对未分配利润的影响，如图 7-28 所示。本函数显示的是直接引用数据透视表的结果，初级学习者可以不用深究其原理。

第二项："本年年初余额"项目是第一项中的"盈余公积"与"未分配利润"经过会计政策变更和前期差错更正调整后的结果。由于会计政策变更与前期差错更正只影响"盈余公积"和"未分配利润项目"，所以"实收资本"等其他项目的本年年初余额与上年年末余额相同。

本例存在由于"前期差错更正"而增加"未分配利润"6 000 元（第 31 笔业务和第 36 笔业务盘盈固定资产，导致未分配利润增加 6 000 元）的事项，除此以外，本行剩余项目的年初余额与上年年末余额相同。

第三项："本年增减变动金额"项目由 4 个部分组成，分别说明其填制要点，具体如下。

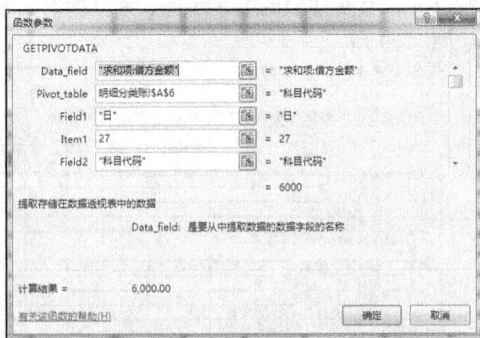

图 7-28　通过 GETPIVOTDATA 函数汇总引用前期差错对未分配利润的影响数据

① "综合收益总额"项目。

综合收益总额="其他综合收益"的本期发生额+本期实现的"净利润"

可以直接引用利润表中的"其他综合收益的税后净额"项目和"净利润"项目的数据。

引用利润表中的"利润表!C24"+"利润表!C27"，得到所有者权益变动表中的"综合收益总额"。

② "所有者投入和减少资本"项目，反映企业当年所有者投入的资本和减少的资本。

a. "所有者投入的普通股"项目反映企业接受投资者投入形成的实收资本（或股本）和资本溢价（或股本溢价），并对应列在"实收资本"和"资本（或股本）溢价"栏。

b. "其他权益工具持有者投入资本"项目，反映企业发行的除普通股以外分类为权益工具的金融工具持有者投入资本的金额。该项目应根据金融工具类科目的相关明细科目发生额分析填列。

c. "股份支付计入所有者权益的金额"项目，反映企业处于等待期中的以权益结算的股份支付当年计入资本公积的金额，并对应列在"资本公积"栏。

d. 其他。

由于本例不存在"所有者投入和减少的资本"的业务，故不再展示。

③ "利润分配"下的各项目，反映当年对所有者（或股东）分配的利润（或股利）金额和按照规定提取的盈余公积金额，并对应列在"未分配利润"和"盈余公积"栏。

a. "提取盈余公积"项目，反映企业按照规定提取的盈余公积。

因为本期提取盈余公积造成未分配利润同时等额减少，所以同一行的"未分配利润"也要填制并注意数额是提取盈余公积的负数，本行的所有者权益合计数=0。

"提取盈余公积"的数据引用"科目余额表"中"盈余公积"科目的本期贷方发生额。

b. "对所有者（或股东）的分配"项目，反映对所有者（或股东）分配的利润（或股利）金额。

由于对所有者（或股东）分配利润或股利将导致未分配利润减少，所以本行所填的数据为负数。

"对所有者（或股东）的分配"的数据引用"科目余额表"中的"应付利润"（或应付股利）的本期贷方发生额。

④ "所有者权益内部结转"下各的项目，反映不影响当年所有者权益总额的所有者权益各组成部分之间当年的增减变动，包括资本公积转增资本（或股本）、盈余公积转增资本（或股本）、盈余公积弥补亏损、设定受益计划变动额结转留存收益、其他综合收益结转留存收益等项目的金额。

由于本例不存在"所有者权益内部结转"的业务，故不再展示。

第四项："本年年末余额"项目的数据来自于该列数据由上到下加总计算（负数为减计）。至此，所有者权益变动表编制完成，如图 7-29 所示。

最后，根据所有者权益变动表与资产负债表的勾稽关系，可以利用编制好的资产负债表验证所有者权益变动表编制结果是否正确，如图 7-30 所示。

编制所有者权益变动表

验证所有者权益变动表的正确性

| 项目 | 本年金额 | | | | | | | | | 上年金额 |
	实收资本（或股本）	其他权益工具	资本公积	减：库存股	其他综合收益	专项储备	盈余公积	未分配利润	所有者权益合计	同"本年金额"的栏目
一、上年年末余额	5,000,000.00	—	200,000.00	—	—	—	1,460,000.00	40,000.00	6,700,000.00	
加：会计政策变更										
前期差错更正								6,000.00		
二、本年年初余额	5,000,000.00	—	200,000.00	—	—	—	1,460,000.00	46,000.00	6,700,000.00	
三、本年增减变动金额（减少以"-"号填列）										
（一）综合收益总额					—			31,180.23	31,180.23	
（二）所有者投入和减少资本										
1.所有者投入的普通股										
2.其他权益工具持有者投入的金额										
3.股份支付计入所有者权益的金额										
4.其他										
（三）利润分配										
1.提取盈余公积										
2.对所有者（或股东）的分配							3,118.02	-3,118.02	—	
3.其他										
（四）所有者权益内部结转										
1.资本公积转增资本（或股本）										
2.盈余公积转增资本（或股本）										
3.盈余公积弥补亏损										
4.设定受益计划变动额结转留存收益										
5.其他综合收益结转留存收益										
6.其他										
四、本年年末余额	5,000,000.00	—	200,000.00	—	—	—	1,463,118.02	74,062.21	6,737,180.23	

图 7-29　编制完成的所有者权益变动表

项目	所有者权益变动表									上年金额同"本年金额"的栏目
	编制单位：宏达有限责任公司		20×1年度						单位：元	
	本年金额									
	实收资本（或股本）	其他权益工具	资本公积	减：库存股	其他综合收益	专项储备	盈余公积	未分配利润	所有者权益合计	
一、上年年末余额	5,000,000.00	-	200,000.00		-		1,460,000.00	40,000.00	6,700,000.00	
加：会计政策变更										
前期差错更正								6,000.00		
二、本年年初余额	5,000,000.00	-	200,000.00		-		1,460,000.00	46,000.00	6,700,000.00	
三、本年增减变动金额（减少以"-"号填列）										
（一）综合收益总额								31,180.23	31,180.23	
（二）所有者投入和减少资本										
1.所有者投入的普通股										
2.其他权益工具持有者投入的金额										
3.股份支付计入所有者权益的金额										
4.其他										
（三）利润分配										
1.提取盈余公积										
2.对所有者（或股东）的分配								3,118.02	-3,118.02	-
3.其他										
（四）所有者权益内部结转										
1.资本公积转增资本（或股本）										
2.盈余公积转增资本（或股本）										
3.盈余公积弥补亏损										
4.设定受益计划变动额结转留存收益										
5.其他综合收益结转留存收益										
6.其他										
四、本年年末余额	5,000,000.00	-	200,000.00		-		1,463,118.02	74,062.21	6,737,180.23	
验证所有者权益变动表编制的正确性									6,737,180.23	正确

图 7-30　验证所有者权益变动表的正确性

本章小结

本章介绍了使用 Excel 进行会计核算的方法。首先介绍手工记账和使用 Excel 进行会计核算的区别，使读者认识到使用 Excel 进行会计核算的优势和便利；接着介绍利用 Excel 各种基础功能建立会计凭证表的方法；通过会计凭证表进一步生成总分类账、明细分类账、现金日记账、银行存款日记账；通过建立科目汇总表、科目余额表，进一步建立资产负债表、利润表、现金流量表和所有者权益变动表；通过实例介绍了通过 Excel 的公式设置、函数等功能直接或间接链接引用账表间数据的方法，使读者对使用 Excel 进行会计核算的过程形成更加直观、全面的认识。

思考练习

1. 简答题

（1）与手工账务处理程序相比，使用 Excel 进行会计核算的显著优势有哪些？

（2）企业常用账簿的类型有哪些？是否必须全部建立日记账？如何使用 Excel 利用现有资料自动生成部分日记账？

（3）编制调整分录表的目的是什么？编制调整分录表的依据是什么？如何编制调整分录表？如何验证编制的各个报表的正确性？

2. 上机操作题

资料：云阳股份有限公司为一家加工制造企业，属于增值税一般纳税人，增值税税率为 13%，所得税税率为 25%。存货采用先进先出法核算。

20×1 年 11 月 30 日，公司各总分类账户及其所属的明细分类账户的期末余额如表 7-2 所示。

表 7-2　云阳股份有限公司总分类账户及明细分类账户

资产类账户	借方余额（元）	负债及所有者权益类账户	贷方余额（元）
库存现金	2 500	短期借款	140 000
银行存款	600 000	应付账款	93 500
应收账款	172 000	其中：运丰公司	85 000
其中：鼎盛公司	32 000	大通公司	8 500
齐天公司	140 000	应付职工薪酬	9 000
管理费用-办公费	800	应付利息-短期借款利息	2 000
原材料	240 000	长期借款	100 000
——甲材料（100 吨，900 元/吨）	90 000		
——乙材料（250 吨，600 元/吨）	150 000		
生产成本——A 产品	52 500		
库存商品	270 000		
——A 产品（2 800 件，50 元/件）	140 000		
——B 产品（1 300 件，100 元/件）	130 000	股本	800 000
债权投资	10 000	盈余公积	55 000
固定资产	186 000	本年利润	200 000
累计折旧	贷余 94 300	利润分配-未分配利润	40 000
合计	1 439 500	合计	1 439 500

公司 20×1 年 12 月发生经济业务如下。

① 1 日，开出现金支票一张（支票号码 No.560），从银行提取现金 8 000 元备用。

② 1 日，职工李山预借差旅费 3 500 元，出纳以现金支付。

③ 2 日，以现金购买办公用品 700 元。

④ 2 日，从 A 公司购入甲、乙两种材料，发票账单已到达，货款用银行存款支付，材料已验收入库。其中，甲材料 15 吨，单价 900 元；乙材料 20 吨，单价 600 元。

⑤ 3 日，向鼎盛公司销售 A 产品 2 000 件，每件售价 95 元，开具增值税专用发票。产品已发出，货款已收到并存入银行。

⑥ 4 日，以银行存款支付前欠运丰公司货款 85 000 元。

⑦ 5 日，生产 A 产品领用甲材料 15 吨，领用乙材料 8 吨。

⑧ 6 日，职工李山出差归来报销差旅费 3 300 元，余额退回现金。

⑨ 15 日，开出转账支票（No.763）一张，支付车间设备修理费 1 130 元（价税合计）。

⑩ 17 日，向齐天公司销售 B 产品 1 000 件，每件售价 130 元，开具增值税专用发票。货款尚未收到。

⑪ 22 日，用银行存款支付明年全年的财产保险费 3 600 元。

⑫ 22 日，用现金支付职工报销医药费 950 元。

⑬ 23 日，本月应付职工工资 150 000 元。其中，A 产品、B 产品生产工人工资分别为 50 000 元、50 000 元，厂部管理人员工资为 50 000 元。

⑭ 23 日，按工资总额的 14% 提取职工福利费。

⑮ 24 日，通知银行转账 150 000 元，发放工资。

⑯ 26 日，以银行存款支付本月销售费用 35 000 元。

⑰ 27 日，预提本月短期借款利息 7 000 元。

⑱ 31 日，计提本月固定资产折旧费 20 000 元，其中，生产车间应负担折旧费 15 000 元，厂部应负担折旧费 5 000 元。

⑲ 31 日，本月发生书报费 400 元，以银行存款转账支付。

⑳ 31 日，分摊并结转本月发生的制造费用（按 A、B 两种产品生产工人工资的比例分摊）。

㉑ 31 日，本月 A 产品全部完工，结转其完工成本（包括上月未完工成本）。

㉒ 31 日，结转本月 A、B 产品的销售成本。其中，A 产品每件 50 元，B 产品每件 100 元。

㉓ 31 日，本月经营业务应交城市维护建设税、教育费附加。城市维护建设税税率为 7%，教育费附加税率为 3%。

㉔ 31 日，结转本月收支至"本年利润"账户。

㉕ 31 日，按当月利润总额计算所得税（所得税税率为 25%），并结转至"本年利润"账户。

㉖ 31 日，结转"本年利润"账户余额至"利润分配"账户。

根据以上企业资料，建立会计凭证表，生成总分类账、明细分类账、现金日记账、银行存款日记账；建立科目汇总表、科目余额表，建立资产负债表、利润表、现金流量表和所有者权益变动表。

第8章

Excel 在工资核算中的应用

工资是企业在一定时间内直接支付给本单位员工的劳动报酬，也是企业进行各种费用计提的基础。工资管理是企业管理的重要组成部分，是每个单位财务部门最基本的业务之一，不仅关系到每个员工的切身利益，还直接影响产品成本核算。手工进行工资核算，需要占用财务人员大量的精力和时间，并且容易出错，而采用计算机进行工资核算可以有效提高工资核算的准确性和及时性。通过本章的学习，读者可以了解并掌握 Excel 在工资核算中的应用。

学习目标
- 掌握利用 Excel 制作员工工资表
- 掌握利用 Excel 设置工资项目
- 掌握利用 Excel 查询与汇总分析工资数据
- 掌握利用 Excel 打印工资发放条

8.1　制作员工工资表

8.1.1　背景资料

宏达股份有限公司（以下简称宏达公司）是一家小型工业企业，主要有管理部、生产部、销售部 3 个部门。另外，它还有 5 种职务类别：公司管理、生产管理、生产工人、销售管理、销售人员。每个员工的工资项目包括基本工资、岗位工资、住房补贴、奖金、事假扣款、病假扣款、养老保险扣款、医疗保险扣款等。除基本工资因人而异外（要求必须一一输入），其他的工资项目将根据员工职务类别和部门决定，而且随着时间的变化而变化（为便于介绍，假设有 12 名员工）。

20×1 年 1 月宏达股份有限公司员工基本工资情况与出勤情况如表 8-1 所示。

表 8-1　20×1 年 1 月宏达股份有限公司员工基本工资情况与出勤情况

员工编号	姓　名	部　门	性　别	员工类别	基本工资（元）	事假天数（天）	病假天数（天）
1001	李飞	管理部	男	公司管理	4 500		
1002	马媛	管理部	女	公司管理	4 000	2	
1003	李政	管理部	男	公司管理	4 000		2
2001	张丽	生产部	女	生产管理	4 000		
2002	王沙	生产部	男	生产工人	3 500		
2003	孔阳	生产部	男	生产工人	3 500		
2004	赵刚	生产部	男	生产工人	3 000	16	
3001	白雪	销售部	女	销售管理	4 000		
3002	孙维	销售部	男	销售人员	3 800		
3003	齐天	销售部	男	销售人员	3 800		15
3004	叶凡	销售部	男	销售人员	3 500		
3005	王琳	销售部	女	销售人员	3 300		

其他工资项目的发放情况及有关规定如下。

（1）岗位工资：根据员工类别不同进行发放，管理人员（公司管理、生产管理、销售管理）为 4 000 元，生产工人为 3 500 元，销售人员为 4 500 元。

（2）住房补贴：根据员工类别不同进行发放，生产工人为 800 元，销售人员为 900，管理人员为 1 000 元。

（3）奖金：奖金根据部门的效益决定，本月管理部奖金为 2 000 元，生产部奖金为 2 500 元，销售部奖金与个人销售额相关，完成基本销售额 30 万元的，奖金为 500 元，超额完成的，按超出金额的 1%提成，未完成基本销售额的没有奖金。

（4）事假扣款规定：如果事假小于 14 天，则应发工资平均到每天（每月按 22 天计算），按天扣除；如果事假大于 14 天，则扣除应发工资的 80%。

（5）病假扣款规定：如果病假少于 14 天，则工人扣款 500 元，非工人扣款 800 元；如果病假多于 14 天，则工人扣款 800 元，非工人扣款 1 200 元。

（6）养老保险扣款：按基本工资+岗位工资的 8%扣除。

（7）医疗保险扣款：按基本工资+岗位工资的 2%扣除。

（8）个人所得税：依据个人所得税税率表，如表 8-2 所示。

表 8-2　个人所得税税率表

级数	全月应纳所得税额	税率	速算扣除数
1	不超过 3 000 元部分	3%	0
2	超过 3 000～12 000 元的部分	10%	210
3	超过 12 000～25 000 元的部分	20%	1 410
4	超过 25 000～35 000 元的部分	25%	2 660
5	超过 35 000～55 000 元的部分	30%	4 410
6	超过 55 000～80 000 元的部分	35%	7 160
7	超过 80 000 元的部分	45%	15 160

8.1.2　基本工资项目和数据的输入

（1）建立以下工资项目。包括员工编号、姓名、部门、性别、员工类别、基本工资、岗位工资、住房补贴、奖金、应发合计、事假天数、事假扣款、病假天数、病假扣款、其他扣款、扣款合计、养老保险、医疗保险、应扣社保合计、应发工资、代扣税、实发合计，分别如图 8-1～图 8-3 所示。

图 8-1　输入基本工资项目 1

图 8-2　输入基本工资项目 2

图 8-3　输入基本工资项目 3

（2）进行有效性控制。为了输入方便并防止出错，可对"部门"列、"性别"列、"员工类别"列设置有效性控制。以"部门"列为例，将光标移动到 C2 单元格，选择"数据"|"有效性"命令，打开"数据验证"对话框。在"允许"下拉列表框中选择"序列"选项，在"来源"文本框中输入本企业的所有部门——管理、生产和销售，如图 8-4 所示。设置完成后，向下拖动鼠标，将 C2 单元格的有效性控制复制到 C 列的其他单元格，如图 8-5 所示。

数据验证性控制

图 8-4　设置有效性控制

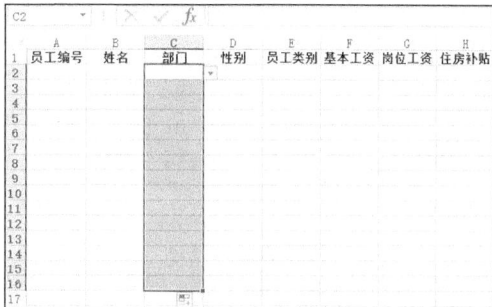

图 8-5　复制有效性控制

（3）输入员工编号。在 A2 单元中输入管理部的第一个员工编号 1001，然后向下拖动鼠标并同时按下 Ctrl 键自动生成同部门其他员工的编号，如图 8-6 所示。使用同样的方法，依次输入生产部、销售部的员工编号。

（4）依次输入"员工编号""姓名""部门""性别""员工类别""基本工资""岗位工资"各项

信息。设置了有效性控制的列也可以输入，其他项目的信息不必输入，如图 8-7 所示。

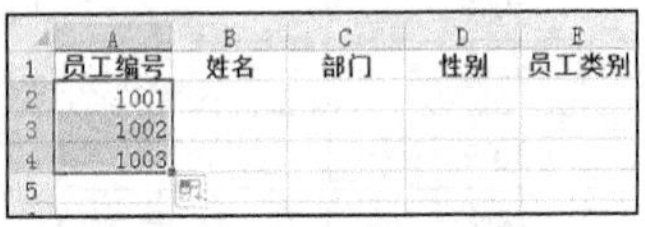

	A	B	C	D	E
1	员工编号	姓名	部门	性别	员工类别
2	1001				
3	1002				
4	1003				
5					

图 8-6　输入员工编号

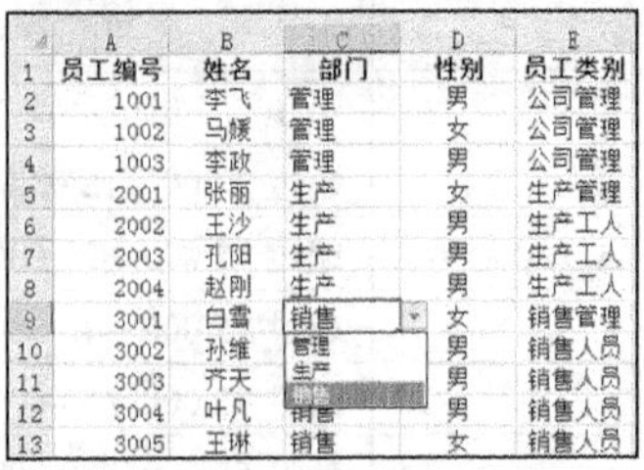

	A	B	C	D	E
1	员工编号	姓名	部门	性别	员工类别
2	1001	李飞	管理	男	公司管理
3	1002	马媛	管理	女	公司管理
4	1003	李政	管理	男	公司管理
5	2001	张丽	生产	女	生产管理
6	2002	王沙	生产	男	生产工人
7	2003	孔阳	生产	男	生产工人
8	2004	赵刚	生产	男	生产工人
9	3001	白雪	销售	女	销售管理
10	3002	孙维	管理	男	销售人员
11	3003	齐天	生产	男	销售人员
12	3004	叶凡	销售	男	销售人员
13	3005	王琳	销售	女	销售人员

图 8-7　输入有关项目的信息

（5）输入记录时，可通过记录单快速输入，方法为：单击鼠标右键，弹出“自定义快速访问工具栏”，选择“自定义”选项中的“从下列位置选择命令”下的“所有命令”选项，其中按拼音列出了所有命令，找到“记录单”，单击“添加>>”按钮，并单击“确定”按钮；“记录单”按钮将出现在“快速访问工具栏”上，如图 8-8 所示。

图 8-8　设置记录单

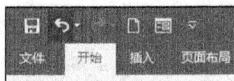

单击“记录单”按钮，可以输入一条新记录，如图 8-9 所示。单击“下一条”按钮，可查询下一条记录，单击“上一条”按钮，可查询上一条记录，如图 8-10 所示。图 8-11 所示为宏达公司 2018 年 1 月员工的基本工资与请假情况。

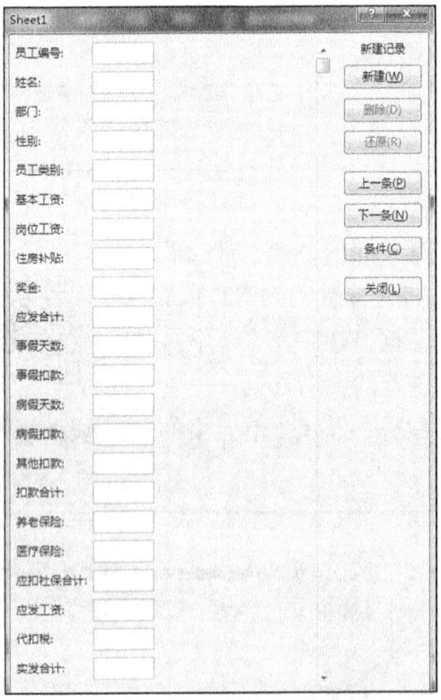

图 8-9　新建记录

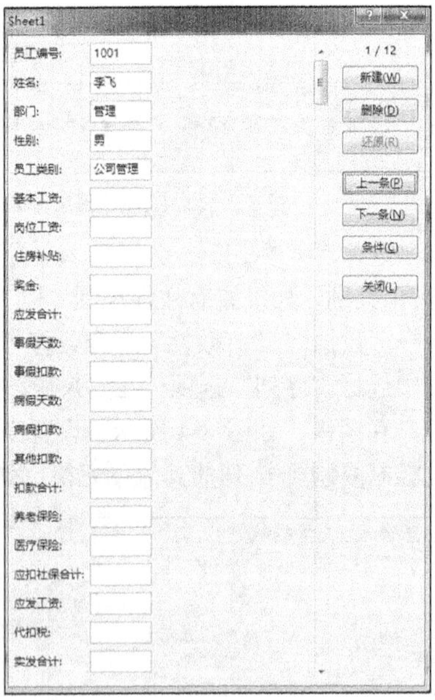

图 8-10　查询记录

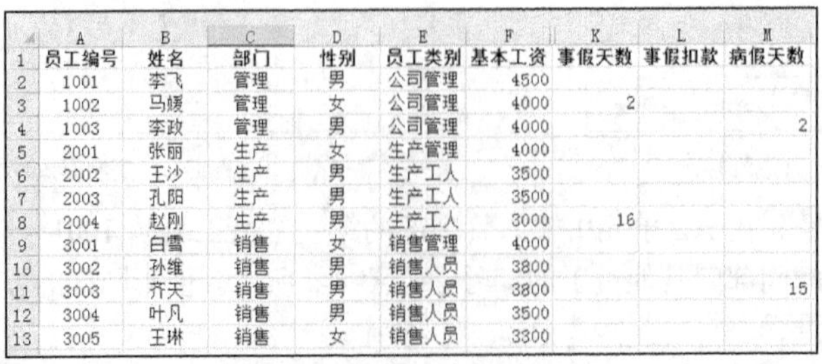

	A	B	C	D	E	F	K	L	M
1	员工编号	姓名	部门	性别	员工类别	基本工资	事假天数	事假扣款	病假天数
2	1001	李飞	管理	男	公司管理	4500			
3	1002	马媛	管理	女	公司管理	4000	2		
4	1003	李政	管理	男	公司管理	4000			2
5	2001	张丽	生产	女	生产管理	4000			
6	2002	王沙	生产	男	生产工人	3500			
7	2003	孔阳	生产	男	生产工人	3500			
8	2004	赵刚	生产	男	生产工人	3000	16		
9	3001	白雪	销售	女	销售管理	4000			
10	3002	孙维	销售	男	销售人员	3800			
11	3003	齐天	销售	男	销售人员	3800			15
12	3004	叶凡	销售	男	销售人员	3500			
13	3005	王琳	销售	女	销售人员	3300			

图 8-11　基本工资与请假情况

8.2 工资项目的设置

8.2.1 "岗位工资"项目的设置

根据宏达公司的规定，"岗位工资"因"员工类别"不同而不同，具体要求如表 8-3 所示。

岗位工资设置

表8-3 岗位工资情况

单位：元

员工类别	岗位工资
公司管理	4 000
生产管理	4 000
销售管理	4 000
生产工人	3 500
销售人员	4 500

（1）将光标移动到 G2 单元格，输入嵌套的 IF 函数，如图 8-12 所示，如果 E2 单元格为"生产工人"，则 IF 函数的值为 3 500；如果 E2 单元格不是生产工人，再进一步判断。如果 E2 单元格是"销售人员"，则 IF 函数的值应为 4 500；如果不是，则为"管理人员（公司管理、生产管理、销售管理）"，IF 函数的值为 4 000。

（2）将 G2 单元格的公式复制到 G 列的其他单元格中，结果如图 8-13 所示。

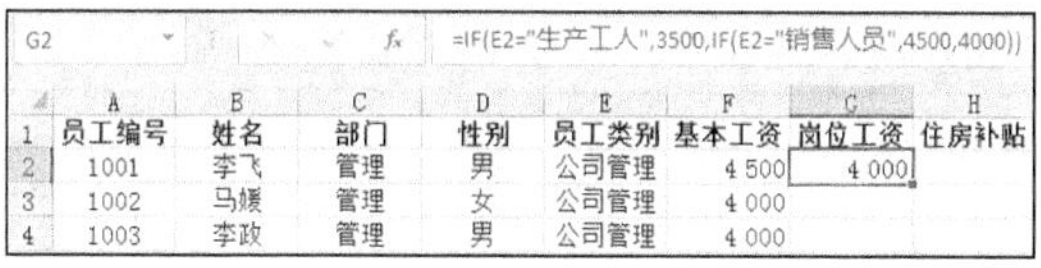

图 8-12 岗位工资的函数设置

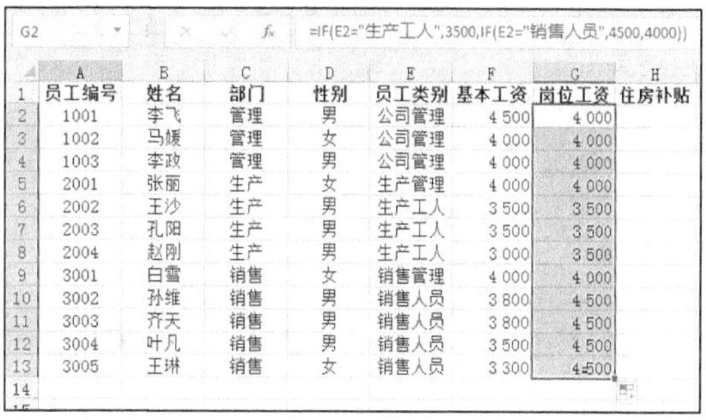

图 8-13 岗位工资设置结果

8.2.2 "住房补贴"项目的设置

在宏达公司，"住房补贴"是根据"员工类别"决定的，具体要求如表 8-4 所示。

表8-4 住房补贴情况

单位：元

员工类别	住房补贴
公司管理	1 000
生产管理	1 000
销售管理	1 000
生产工人	800
销售人员	900

（1）将光标移动到 H2 单元格，输入嵌套的 IF 函数。如图 8-14 所示，如果 E2 单元格中为"生产工人"，则 IF 函数的值为 800；如果 E2 单元格中不是生产工人，则进一步判断。如果 E2 单元格中是"销售人员"，则 IF 函数的值应为 900；如果不是，则为"管理人员（公司管理、生产管理、销售管理）"，IF 函数的值为 1 000。

（2）将 H2 单元格的公式复制到 H 列的其他单元格中，结果如图 8-15 所示。

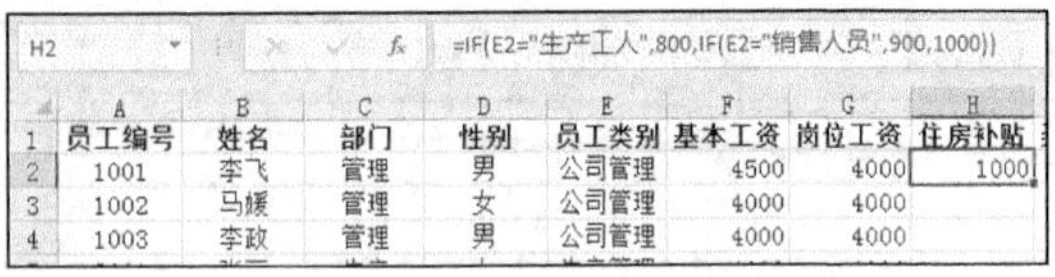

图 8-14　住房补贴的函数设置

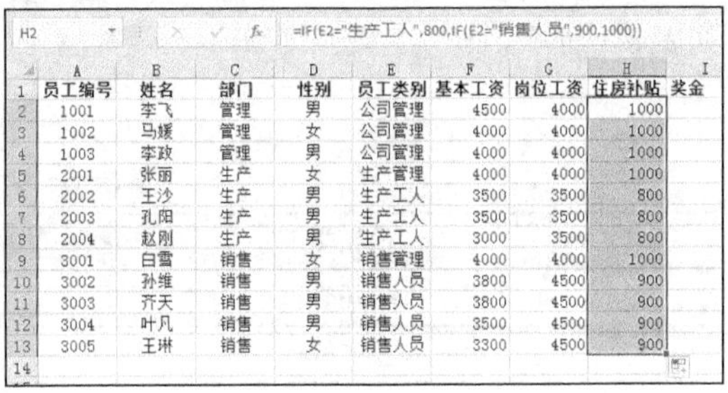

图 8-15　住房补贴设置结果

8.2.3　"奖金"项目的设置

根据宏达公司的规定，"奖金"是根据部门的效益决定的，具体要求如表 8-5 所示。

奖金的设置

表 8-5　奖金情况　　　　　　　　　　　　　　　　　　　　　　　单位：元

部门	奖金
管理部	2 000
生产部	2 500
销售部	与个人销售额相关，完成基本销售额 30 万元的，奖金为 2 000 元，超额完成基本销售额的，按超出金额的 1%提成，未完成基本销售额的，没有奖金

假设销售部的工作人员本月的销售额如表 8-6 所示。

表 8-6　销售额表　　　　　　　　　　　　　　　　　　　　　　　单位：万元

姓名	销售额
白雪	35
孙维	42
齐天	15
叶凡	36
王琳	34

（1）将 I2 单元格的公式设置为"=IF(C2="管理部",2000,IF(C2="生产部",2500,"销售部"))"，如图 8-16 所示。

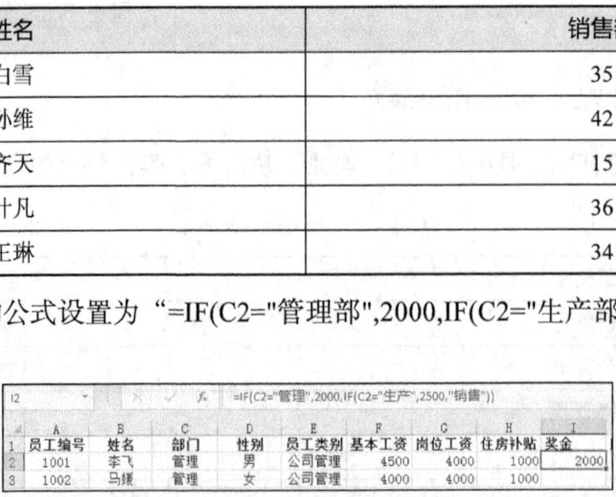

图 8-16　奖金的函数设置 1

（2）将 I2 单元格的公式复制到 I 列的其他单元格中，结果如图 8-17 所示。

图 8-17 奖金的设置结果 1

（3）选中第一个显示"销售"的 I9 单元格，将该单元格的公式设置为"=IF(AND(C9="销售",销售总额!F2>=30),2000+100*(销售总额!F2-30),0)"，如图 8-18 所示。该步骤需要用到销售部的销售额表，如图 8-19 所示。

图 8-18 奖金的函数设置 2

图 8-19 销售额表

（4）将 I9 单元格的公式复制到 I 列其他显示"销售部"的单元格中，结果如图 8-20 所示。

图 8-20 奖金的设置结果 2

8.2.4 "应发合计"项目的设置

"应发合计"项目为基本工资、岗位工资、奖金的合计数。

（1）单击选中 J2 单元格，单击"自动求和"按钮 Σ，如图 8-21 所示，或直接在 J2 单元格中设置公式"=SUM(F2:I2)"，如图 8-22 所示。

图 8-21 应发合计自动求和

167

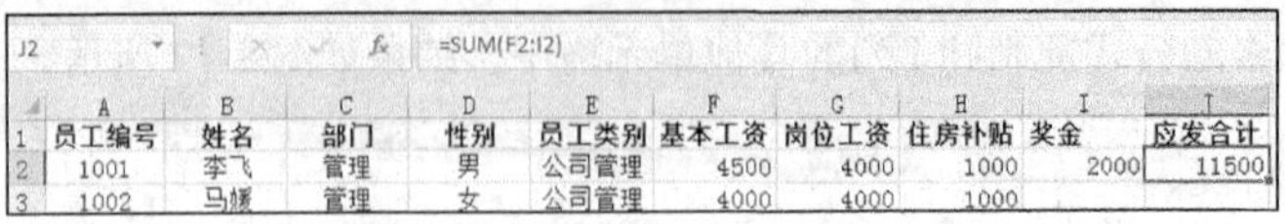

J2 =SUM(F2:I2)

	A	B	C	D	E	F	G	H	I	J
1	员工编号	姓名	部门	性别	员工类别	基本工资	岗位工资	住房补贴	奖金	应发合计
2	1001	李飞	管理	男	公司管理	4500	4000	1000	2000	11500
3	1002	马媛	管理	女	公司管理	4000	4000	1000		

图 8-22　应发合计的函数设置

（2）将 J2 单元格的公式复制到 J 列的其他单元格中，结果如图 8-23 所示。

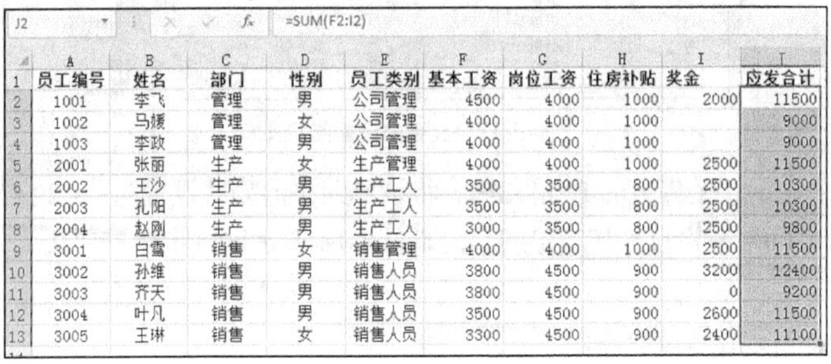

J2 =SUM(F2:I2)

	A	B	C	D	E	F	G	H	I	J
1	员工编号	姓名	部门	性别	员工类别	基本工资	岗位工资	住房补贴	奖金	应发合计
2	1001	李飞	管理	男	公司管理	4500	4000	1000	2000	11500
3	1002	马媛	管理	女	公司管理	4000	4000	1000		9000
4	1003	李政	管理	男	公司管理	4000	4000	1000		9000
5	2001	张丽	生产	女	生产管理	4000	4000	1000	2500	11500
6	2002	王沙	生产	男	生产工人	3500	3500	800	2500	10300
7	2003	孔阳	生产	男	生产工人	3500	3500	800	2500	10300
8	2004	赵刚	生产	男	生产工人	3000	3500	800	2500	9800
9	3001	白雪	销售	女	销售管理	4000	4000	1000	2500	11500
10	3002	孙维	销售	男	销售人员	3800	4500	900	3200	12400
11	3003	齐天	销售	男	销售人员	3800	4500	900	0	9200
12	3004	叶凡	销售	男	销售人员	3500	4500	900	2600	11500
13	3005	王琳	销售	女	销售人员	3300	4500	900	2400	11100

图 8-23　应发合计设置结果

8.2.5 “事假扣款”项目的设置

在宏达公司，“事假扣款”与事假天数相关，具体如表 8-7 所示。

事假扣款

表 8-7　事假扣款情况

事假天数	事假扣款
>14 天	应发工资的 80%
<=14 天	（应发工资/22）*事假天数

（1）将 L2 单元格的公式设置为“=IF(K2>14,J2*0.8,J2/22*K2)”，如图 8-24 所示。

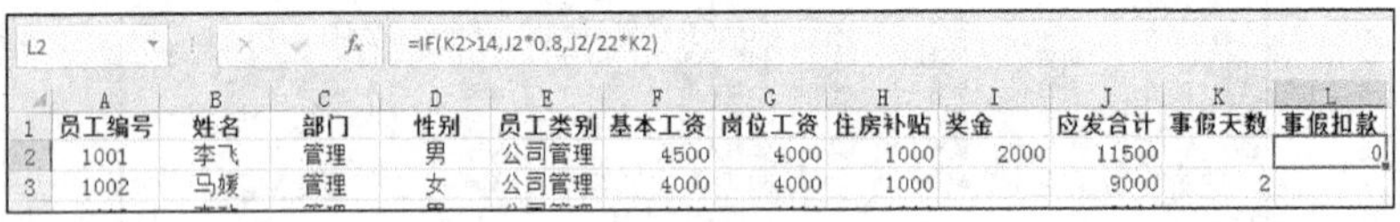

L2 =IF(K2>14,J2*0.8,J2/22*K2)

	A	B	C	D	E	F	G	H	I	J	K	L
1	员工编号	姓名	部门	性别	员工类别	基本工资	岗位工资	住房补贴	奖金	应发合计	事假天数	事假扣款
2	1001	李飞	管理	男	公司管理	4500	4000	1000	2000	11500		0
3	1002	马媛	管理	女	公司管理	4000	4000	1000		9000	2	

图 8-24　事假扣款的函数设置

（2）将 L2 单元格的公式复制到 L 列的其他单元格中，如图 8-25 所示。

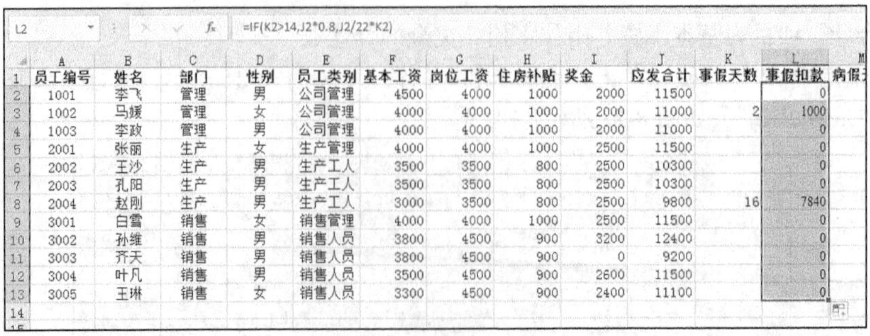

L2 =IF(K2>14,J2*0.8,J2/22*K2)

	A	B	C	D	E	F	G	H	I	J	K	L	M
1	员工编号	姓名	部门	性别	员工类别	基本工资	岗位工资	住房补贴	奖金	应发合计	事假天数	事假扣款	病假
2	1001	李飞	管理	男	公司管理	4500	4000	1000	2000	11500		0	
3	1002	马媛	管理	女	公司管理	4000	4000	1000	2000	11000	2	1000	
4	1003	李政	管理	男	公司管理	4000	4000	1000	2000	11000		0	
5	2001	张丽	生产	女	生产管理	4000	4000	1000	2500	11500		0	
6	2002	王沙	生产	男	生产工人	3500	3500	800	2500	10300		0	
7	2003	孔阳	生产	男	生产工人	3500	3500	800	2500	10300		0	
8	2004	赵刚	生产	男	生产工人	3000	3500	800	2500	9800	16	7840	
9	3001	白雪	销售	女	销售管理	4000	4000	1000	2500	11500		0	
10	3002	孙维	销售	男	销售人员	3800	4500	900	3200	12400		0	
11	3003	齐天	销售	男	销售人员	3800	4500	900	0	9200		0	
12	3004	叶凡	销售	男	销售人员	3500	4500	900	2600	11500		0	
13	3005	王琳	销售	女	销售人员	3300	4500	900	2400	11100		0	

图 8-25　事假扣款的设置结果

8.2.6 “病假扣款”项目的设置

在宏达公司，“病假扣款”由病假天数和员工类别决定，具体如表 8-8 所示。

病假扣款

表 8-8 病假扣款情况　　单位：元

病假天数	员工类别	病假扣款
>14 天	生产工人	800
>14 天	非生产工人	1200
<=14 天	生产工人	500
<=14 天	非生产工人	800

（1）将 N2 单元格的公式设置为“=IF(M2=0,0,IF(M2<=14,IF(E2="生产工人",500 800),IF(E2="生产工人",800 1200)))”，如图 8-26 所示。

N2　=IF(M2=0,0,IF(M2<=14,IF(E2="生产工人", 500,800),IF(E2="生产工人",800,1200)))

	A	B	C	D	E	F	G	H	I	J	K	L	M	N
1	员工编号	姓名	部门	性别	员工类别	基本工资	岗位工资	住房补贴	奖金	应发合计	事假天数	事假扣款	病假天数	病假扣款
2	1001	李飞	管理	男	公司管理	4500	4000	1000	2000	11500		0		0
3	1002	马媛	管理	女	公司管理	4000	4000	1000	2000	11000	2	1000		

图 8-26 病假扣款的函数设置

（2）将 N2 单元格的公式复制到 N 列的其他单元格中，结果如图 8-27 所示。

N2　=IF(M2=0,0,IF(M2<=14,IF(E2="生产工人", 500,800),IF(E2="生产工人",800,1200)))

	A	B	C	D	E	F	G	H	I	J	K	L	M	N	O
1	员工编号	姓名	部门	性别	员工类别	基本工资	岗位工资	住房补贴	奖金	应发合计	事假天数	事假扣款	病假天数	病假扣款	其他
2	1001	李飞	管理	男	公司管理	4500	4000	1000	2000	11500		0		0	
3	1002	马媛	管理	女	公司管理	4000	4000	1000	2000	11000	2	1000		0	
4	1003	李政	管理	男	公司管理	4000	4000	1000	2000	11000		0	2	800	
5	2001	张丽	生产	女	生产管理	4000	4000	1000	2500	11500		0		0	
6	2002	王沙	生产	男	生产工人	3500	3500	800	2500	10300		0		0	
7	2003	孔阳	生产	男	生产工人	3500	3500	800	2500	10300		0		0	
8	2004	赵刚	生产	男	生产工人	3000	3500	800	2500	9800	16	7840		0	
9	3001	白雪	销售	女	销售管理	4000	4000	1000	2500	11500		0		0	
10	3002	孙维	销售	男	销售人员	3800	4500	900	3200	12400		0		0	
11	3003	齐天	销售	男	销售人员	3800	4500	900	0	9200		0	15	1200	
12	3004	叶凡	销售	男	销售人员	3500	4500	900	2600	11500		0		0	
13	3005	王琳	销售	女	销售人员	3300	4500	900	2400	11100		0		0	
14															

图 8-27 病假扣款的设置结果

8.2.7 “扣款合计”项目的设置

扣款合计是“事假扣款”和“病假扣款”与“其他扣款”的合计，假设本月没有发生其他扣款。

（1）将 P2 单元格的公式设置为“=L2+N2+O2”，如图 8-28 所示。

P2　=L2+N2+O2

	F	G	H	I	J	K	L	M	N	O	P
1	基本工资	岗位工资	住房补贴	奖金	应发合计	事假天数	事假扣款	病假天数	病假扣款	其他扣款	扣款合计
2	4500	4000	1000	2000	11500		0		0		0
3	4000	4000	1000	2000	11000	2	1000		0		

图 8-28 扣款合计的公式设置

（2）将 P2 单元格的公式复制到 P 列的其他单元格中，如图 8-29 所示。

P2 =L2+N2+O2

	F	G	H	I	J	K	L	M	N	O	P	Q
1	基本工资	岗位工资	住房补贴	奖金	应发合计	事假天数	事假扣款	病假天数	病假扣款	其他扣款	扣款合计	养老保
2	4500	4000	1000	2000	11500		0		0		0	
3	4000	4000	1000	2000	11000	2	1000		0		1000	
4	4000	4000	1000	2000	11000		0	2	800		800	
5	4000	4000	1000	2500	11500		0		0		0	
6	3500	3500	800	2500	10300		0		0		0	
7	3500	3500	800	2500	10300		0		0		0	
8	3000	3500	800	2500	9800	16	7840		0		7840	
9	4000	4000	1000	2500	11500		0		0		0	
10	3800	4500	900	3200	12400		0		0		0	
11	3800	4500	900	0	9200		0	15	1200		1200	
12	3500	4500	900	2600	11500		0		0		0	
13	3300	4500	900	2400	11100		0		0		0	
14												

图 8-29　扣款合计的设置结果

8.2.8 “养老保险”“医疗保险”项目的设置

在宏达公司，“养老保险”是按基本工资+岗位工资的 8%扣除的。“医疗保险”是按基本工资+岗位工资的 2%扣除的。

（1）将 Q2 单元格的公式设置为“=(F2+G2)*0.08”，如图 8-30 所示。

（2）将 Q2 单元格的公式复制到 Q 列的其他单元格中，如图 8-31 所示。

Q2 =(F2+G2)*0.08

	K	L	M	N	O	P	Q
1	事假天数	事假扣款	病假天数	病假扣款	其他扣款	扣款合计	养老保险
2		0		0		0	680
3	2	1000		0		1000	

图 8-30　养老保险的公式设置

Q2 =(F2+G2)*0.08

	K	L	M	N	O	P	Q	R
1	事假天数	事假扣款	病假天数	病假扣款	其他扣款	扣款合计	养老保险	医疗
2		0		0		0	680	
3	2	1000		0		1000	640	
4		0	2	800		800	640	
5		0		0		0	640	
6		0		0		0	560	
7		0		0		0	560	
8	16	7840		0		7840	520	
9		0		0		0	640	
10		0		0		0	664	
11		0	15	1200		1200	664	
12		0		0		0	640	
13		0		0		0	624	
14								

图 8-31　养老保险的设置结果

（3）将 R2 单元格的公式设置为“=(F2+G2)*0.02”，如图 8-32 所示。

（4）将 R2 单元格的公式复制到 R 列的其他单元格中，如图 8-33 所示。

R2 =(F2+G2)*0.02

	K	L	M	N	O	P	Q	R
1	事假天数	事假扣款	病假天数	病假扣款	其他扣款	扣款合计	养老保险	医疗保险
2		0		0		0	680	170
3	2	1000		0		1000	640	
4		0	2	800		800	640	

图 8-32　医疗保险的公式设置

R2 =(F2+G2)*0.02

	K	L	M	N	O	P	Q	R	S
1	事假天数	事假扣款	病假天数	病假扣款	其他扣款	扣款合计	养老保险	医疗保险	应扣社
2		0		0		0	680	170	
3	2	1000		0		1000	640	160	
4		0	2	800		800	640	160	
5		0		0		0	640	160	
6		0		0		0	560	140	
7		0		0		0	560	140	
8	16	7840		0		7840	520	130	
9		0		0		0	640	160	
10		0		0		0	664	166	
11		0	15	1200		1200	664	166	
12		0		0		0	640	160	
13		0		0		0	624	156	
14									

图 8-33　医疗保险的设置结果

8.2.9 “应扣社保合计”项目的设置

“应扣社保合计”为“养老保险”和“医疗保险”的合计。

（1）将 S2 单元格的公式设置为“=Q2+R2”，如图 8-34 所示。

S2 =Q2+R2

	K	L	M	N	O	P	Q	R	S
1	事假天数	事假扣款	病假天数	病假扣款	其他扣款	扣款合计	养老保险	医疗保险	应扣社保合计
2		0		0		0	680	170	850
3	2	1000		0		1000	640	160	

图 8-34　应扣社保合计的公式设置

（2）将 S2 单元格的公式复制到 S 列的其他单元格中，如图 8-35 所示。

S2 =Q2+R2

	K	L	M	N	O	P	Q	R	S	T
1	事假天数	事假扣款	病假天数	病假扣款	其他扣款	扣款合计	养老保险	医疗保险	应扣社保合计	应发
2		0		0		0	680	170	850	
3	2	1000		0		1000	640	160	800	
4		0	2	800		800	640	160	800	
5		0		0		0	640	160	800	
6		0		0		0	560	140	700	
7		0		0		0	560	140	700	
8	16	7840		0		7840	520	130	650	
9		0		0		0	640	160	800	
10		0		0		0	664	166	830	
11		0	15	1200		1200	664	166	830	
12		0		0		0	640	160	800	
13		0		0		0	624	156	780	
14										

图 8-35　应扣社保合计的设置结果

8.2.10 “应发工资”项目的设置

“应发工资”是“应发合计”和“扣款合计”“应扣社保合计”的差额。

（1）将 T2 单元格的公式设置为“=J2-P2-S2”，如图 8-36 所示。

T2 =J2-P2-S2

	K	L	M	N	O	P	Q	R	S	T
1	事假天数	事假扣款	病假天数	病假扣款	其他扣款	扣款合计	养老保险	医疗保险	应扣社保合计	应发工资
2		0		0		0	680	170	850	10650
3	2	1000		0		1000	640	160	800	

图 8-36　应发工资的公式设置

（2）将 T2 单元格的公式复制到 T 列的其他单元格中，如图 8-37 所示。

T2 =J2-P2-S2

	K	L	M	N	O	P	Q	R	S	T	U
1	事假天数	事假扣款	病假天数	病假扣款	其他扣款	扣款合计	养老保险	医疗保险	应扣社保合计	应发工资	代扣税
2		0		0		0	680	170	850	10650	
3	2	1000		0		1000	640	160	800	9200	
4		0	2	800		800	640	160	800	9400	
5		0		0		0	640	160	800	10700	
6		0		0		0	560	140	700	9600	
7		0		0		0	560	140	700	9600	
8	16	7840		0		7840	520	130	650	1310	
9		0		0		0	640	160	800	10700	
10		0		0		0	664	166	830	11570	
11		0	15	1200		1200	664	166	830	7170	
12		0		0		0	640	160	800	10700	
13		0		0		0	624	156	780	10320	
14											

图 8-37　应发工资的设置结果

8.2.11 “代扣税”项目的设置

“代扣税”应当根据应发工资的数额而定，根据该企业的情况，假设要求如表 8-9 所示。

表 8-9　所得税情况　　　　　　　　　　　　　　　　单位：元

应发工资-5 000	代扣税
应发工资-5 000<=0	0
0<应发工资-5 000<=3 000	（应发工资-5 000）*0.03
3 000<应发工资-5 000<=12 000	（应发工资-5 000）*0.10-210
12 000<应发工资-5 000<=25 000	（应发工资-5 000）*0.20-1 410
25 000<应发工资-5 000<=35 000	（应发工资-5 000）*0.25-2 660
35 000<应发工资-5 000<=55 000	（应发工资-5 000）*0.30-4 410
55 000<应发工资-5 000<=80 000	（应发工资-5 000）*0.35-7 160
80 000<应发工资-5 000	复核应发工资

所得税设置

（1）将 U2 单元格的公式设置为 "=IF(T2-5 000<=0,0,IF(T2-5 000<=3 000，(T2-5 000)*0.03,IF(T2-5 000<=12 000,(T2-5 000)*0.10-210,IF(T2-5 000<=25 000,(T2-5 000)*0.20-1410,IF(T2-5 000<=35 000,(T2-5 000)*0.25-2 660,IF(T2-5 000<=55 000,(T2-5 000)*0.30-4410,IF(T2-5 000<=80 000,(T2-5 000)*0.35-7160,"复核应发工资")))))))"，如图 8-38 所示。

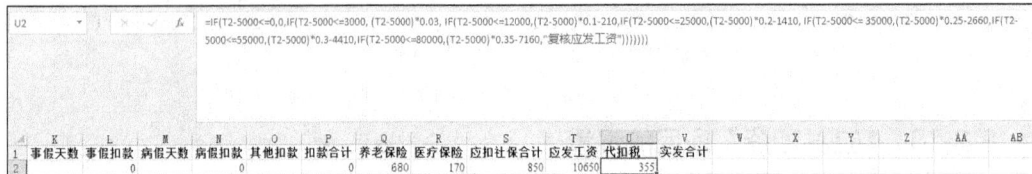

图 8-38　代扣税的函数设置

（2）将 U2 单元格的公式复制到 U 列的其他单元格中，结果如图 8-39 所示。

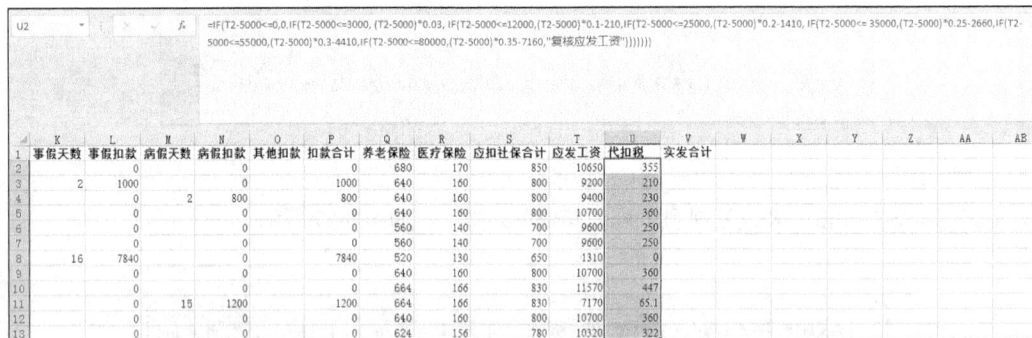

图 8-39　代扣税的函数设置结果

8.2.12　"实发合计"项目的设置

"实发合计"即实发工资，是"应发工资"与"代扣税"的差额。

（1）将 V2 单元格的公式设置为"=T2-U2"，如图 8-40 所示。

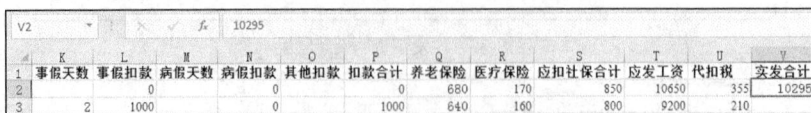

图 8-40　实发合计的公式设置

（2）将 V2 单元格的公式复制到 V 列的其他单元格中，如图 8-41 所示。

图 8-41　实发合计的设置结果

8.3　工资数据的查询与汇总分析

8.3.1　利用筛选功能查询工资数据

要利用筛选功能查询工资数据，首先选中标题行，然后选择"数据"|"筛选"命令，进入筛选状态，如图 8-42 所示。

1．以员工姓名为依据进行查询

例如，查询姓名为"白雪"的员工工资情况。

（1）单击"姓名"列的下拉按钮，在弹出的下拉列表框中选择"文本筛选"|"等于"选项，如图 8-43 所示。

（2）在打开的"自定义自动筛选方式"对话框中输入需要查询的员工姓名，如图 8-44 所示。单击"确定"按钮，查询结果如图 8-45 所示。

数据查询

图 8-42　筛选状态

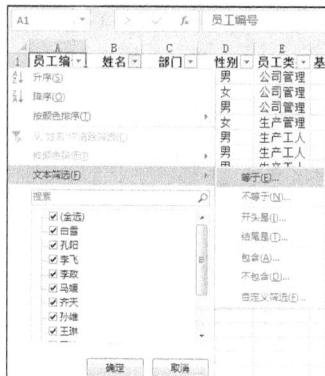

图 8-43　选择"等于"选项

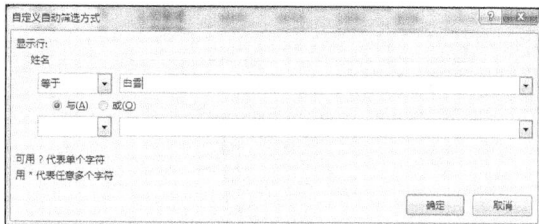

图 8-44　自定义筛选条件

2．以部门为依据进行查询

例如，查询销售部所有员工的工资情况。

（1）单击"部门"列的下拉按钮，在弹出的下拉列表框中选择"销售部"选项，如图 8-46 所示。查询结果如图 8-47 所示。

（2）如果要返回原来的状态，则单击相应列的下拉按钮，然后选择"全选"选项，如图 8-48 所示。

图 8-45　筛选结果

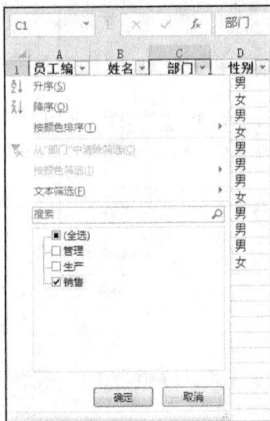

图 8-46　选择查询

图 8-47　查询结果

3. 以员工类别和基本工资为依据进行查询

例如，查询生产工人中基本工资低于或等于 3 000 元的员工的工资情况。

（1）单击"员工类别"列的下拉按钮，选择"生产工人"选项，如图 8-49 所示。

图 8-48　返回原来的状态

图 8-49　选择筛选

（2）单击"基本工资"列的下拉按钮，选择"数字筛选""小于或等于"选项，如图 8-50 所示。在打开的对话框中输入基本工资小于或等于 3 000 的筛选条件，如图 8-51 所示。单击"确定"按钮，查询结果如图 8-52 所示。

图 8-50　自定义筛选

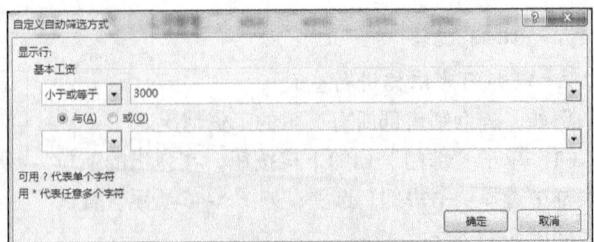

图 8-51　自定义筛选条件

174

图 8-52　筛选结果

如果要退出筛选状态，则选择"数据"|"筛选"命令。

8.3.2　利用 VLOOKUP 函数查询工资数据

利用 VLOOKUP 函数，依据员工的姓名查询个人工资情况。

（1）将当前工作表切换到 Sheet 2，并将它重命名为"工资查询"，在"工资查询表"中输入个人工资项目，如图 8-53 所示。

数据透视表

图 8-53　工资查询项目

（2）为了便于设置函数，将工资数据区 Sheet1!$B$2:$V$13 命名为 GZ，如图 8-54 所示。然后选择"公式"|"名称管理器"选项，区域选择完毕，单击"确定"按钮。

（3）将光标移动到"工资查询表"的 B2 单元格，选择"公式"|"查找与引用"|"VLOOKUP"命令，如图 8-55 所示。

图 8-54　命名选定区域

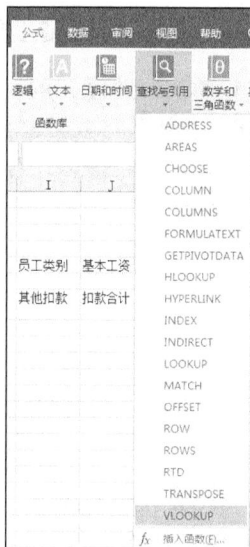

图 8-55　选择 VLOOKUP 函数

（4）设置 VLOOKUP 函数的各个参数，如图 8-56 所示。设置 B2 单元格的公式如图 8-57 所示。

（5）将 B2 单元格的公式复制到其他单元格中，并修改 Col_index_num 参数，即按照此项在 GZ 中对应的列数修改。

（6）在 A2 单元格中输入需要查询的员工姓名，即可查询到此员工的工资情况，如图 8-58 和图 8-59 所示。

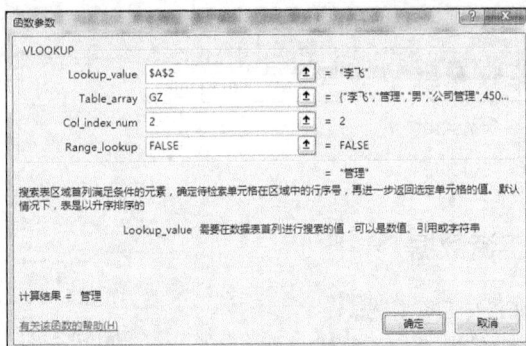

图 8-56 输入 VLOOKUP 函数的各个参数

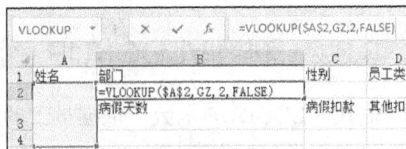

图 8-57 设置 B2 单元格的公式

图 8-58 查询结果 1

图 8-59 查询结果 2

8.3.3 依据部门和员工类别的统计分析

计算每个部门、每位员工的"应发工资"汇总数和"实发合计"汇总数。

（1）选择"插入"|"数据透视表"命令，如图 8-60 所示。

（2）在"创建数据透视表"对话框中，选择需要汇总的工资数据区域，如图 8-61 所示。进入下一步，选择"放置数据透视表的位置"为"新工作表"，单击"确定"按钮。

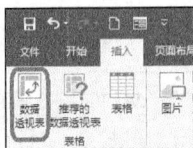

图 8-60 选择"数据透视表"命令

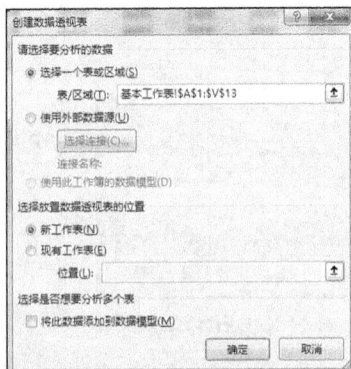

图 8-61 选择要汇总的数据区域

（3）在数据透视表字段页面对于选择要添加到报表的字段，分别选择"部门""员工类别"和"应发工资"，如图 8-62 所示，生成"应发工资"按部门与员工类别的数据透视汇总表，如图 8-63 所示。

图 8-62　数据透视表字段

图 8-63　数据透视汇总表

（4）单击数据透视汇总表，功能区出现"数据透视表工具"，如图 8-64 所示。选择"分析"|"数据透视图"选项，在数据透视表页面生成对应的数据透视图，如图 8-65 所示。

图 8-64　数据透视表工具

（5）单击该数据透视图旁的图表元素按钮 ➕ 和图表样式按钮 ✎，如图 8-66 和图 8-67 所示，按照需求进行调整，形成如图 8-68 所示的带有数据标签的数据透视图。

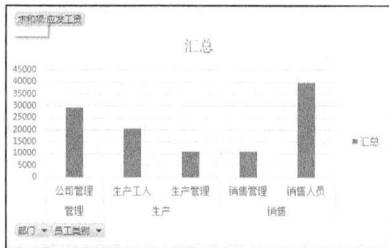

图 8-65　数据透视图

图 8-66　"图表元素"按钮

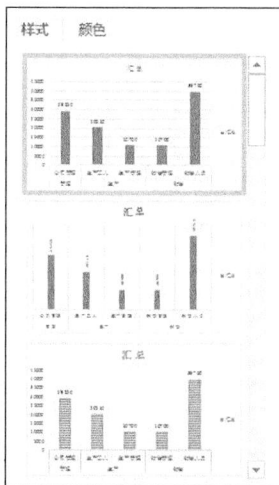

图 8-67　"图表样式"按钮

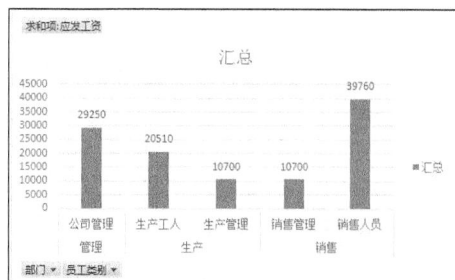

图 8-68　带有数据标签的数据透视图

（6）单击已形成的数据透视汇总表，出现数据透视表字段页面。在"选择要添加到报表的字段"中选中"实发合计"选项，并取消选中"应发工资"复选框，当前数据透视汇总表即变成"实发合计"的透视表和透视图，结果如图 8-69 和图 8-70 所示。

行标签	求和项:实发合计
□管理	28455
公司管理	28455
□生产	30350
生产工人	20010
生产管理	10340
□销售	48905.9
销售管理	10340
销售人员	38565.9
总计	107710.9

图 8-69　实发合计的数据透视表

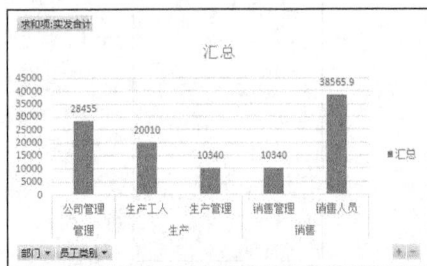

图 8-70　实发合计的带有数据标签的数据透视图

8.4　打印工资发放条

8.4.1　生成工资发放条

工资发放条需要每月生成并打印出来发放给员工。每个员工的工资发放条都需要打印标题，因此可以利用 Excel 中的复制和选择性粘贴功能由工资表数据生成工资发放条，保存在新的工作表中，并将其命名为"工资发放条一"，如图 8-71 所示。

图 8-71　工资发放条一

为了避免在生成每月的工资发放条时，都进行上述复杂的操作，可以将某个月的工资发放条的操作录制为宏，随后生成每月的工资发放条时，直接调用宏即可。

此外，会计人员还可以利用 Excel 的复制和选择性粘贴功能直接复制工资表，如图 8-72 所示，通过打印时的相应设计来编制其他格式的工资发放条。

图 8-72　工资发放条二

8.4.2 打印工资发放条

对于工资发放条，会计人员需要对每位员工工资所在的行进行分页，并且每位员工的工资发放条的所在页都需要打印出标题和工资项目，因此还需要设置跨页列、行标题，最后打印出来。

（1）插入分页符。选择第 4 行，选择"页面布局"|"页面设置"|"分隔符"|"插入分页符"命令，从第一位员工下方开始插入行分页符，强制分页，如图 8-73 所示，并依次进行直至最后一位员工。如图 8-74 所示。

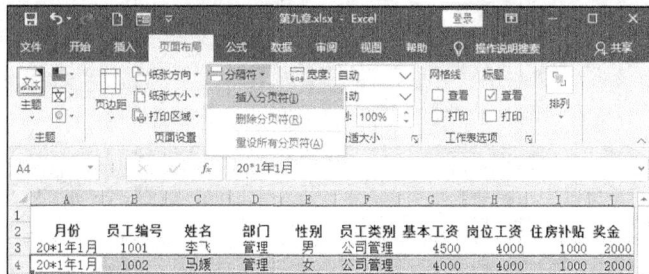

图 8-73 插入分页符

（2）单击"页面布局"|"页面设置"|"打印标题"命令，打开"页面设置"对话框，切换到"工作表"选项卡，设置"顶端标题行"，如图 8-75 所示。这样设置会保证打印出来的每位员工的工资条的第一行都为标题"宏达公司工资发放条"，第二行标题为工资项目行。

图 8-74 插入分页设置结果

图 8-75 设置顶端标题行

（3）打印预览。单击"打印预览"按钮，屏幕上出现"打印预览"效果，如图 8-76 所示。也可单击"视图"|"页面布局"查看，效果更清晰，如图 8-77 所示。

图 8-76 "打印预览"效果

（4）指定工资发放条的打印区域，进行打印。在"页面设置"对话框切换到"工作表"选项卡，在"打印区域"文本框中输入要打印的范围，如图 8-78 所示，然后单击"打印"按钮，即可打印。

员工编号	姓名	部门	性别	员工类别	基本工资	岗位工资	住房补贴	奖金	应发合计	事假天数	事假扣款	病假天数	病假扣款	其他扣款	扣款合计	宏达公司工资发放条 养老保险
1001	李飞	管理	男	公司管理	4500	4000	1000	2000	11500		0		0		0	680

图 8-77　查看页面布局效果

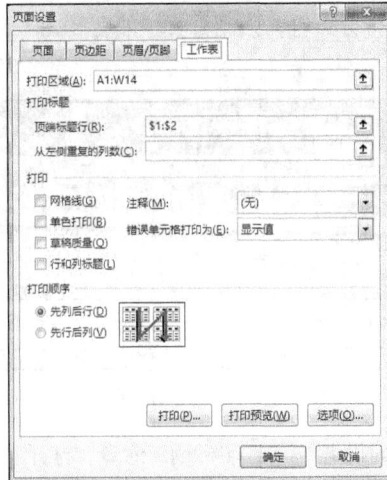

图 8-78　设置打印区域

本章小结

本章讲解了利用 Excel 核算企业员工工资的方法。首先介绍制作员工工资表及工资表项目的设置方法，使读者对 Excel 在工资核算中的应用有初步认识；接下来介绍利用 Excel 查询与汇总分析工资数据，以及打印工资发放条的方法。

思考练习

上机操作题

（1）依照下列步骤，制作公司员工工资表。

新建 Excel 工作簿，并将 Sheet1 工作表命名为"员工工资表"，按表 8-10 输入相关内容并自行修饰工作表。

表 8-10　员工工资表

序号	姓名	职称	基本工资	超课时费	工资总额	应扣税金	应发工资
1							
2							
3							
4							
5							

（2）利用 Excel 函数功能，并结合给出的数据资料（见图 8-79），完成工资表项目的设置。

图 8-79　已知数据库资料

① 把给出资料放在同一表页，作为已知数据库。

② 利用给出的资料建立并完成超课时费表，如图 8-80 所示。

③ 利用 Vlookup 等函数，并结合已知数据库完成工资表项目的设置。

（3）利用 Excel 完成图 8-81 所示的工资表的查询与汇总。

图 8-80　超课时费表

图 8-81　工资表的查询与汇总

第三部分

Excel 2016 对企业常见资产管理及财务分析

第9章

Excel 在应收账款管理中的应用

通过本章的学习，读者应了解并掌握 Excel 针对企业现有的应收账款进行管理的具体方法。

学习目标

- 掌握利用 Excel 建立并登记应收账款明细账
- 掌握利用 Excel 分析逾期应收账款
- 掌握利用 Excel 分析应收账款账龄
- 掌握利用 Excel 计算应收账款的坏账准备

9.1 应收账款管理概述

9.1.1 应收账款的概念与作用

应收账款是指企业因销售商品、产品或提供劳务等经营活动，应向购货单位或接受劳务单位收取的款项，主要包括企业销售商品或提供劳务等应向有关债务人收取的价款及代购货单位垫付的包装费、运杂费等。应收账款实质是由于赊销向客户提供的信用。

企业通过提供商业信用，采取赊销、分期收款等方式可以扩大销售，增强竞争力，获得利润。具体而言，应收账款具有增加销售和减少存货的作用。

（1）应收账款产生于赊销，而赊销会给企业带来销售收入和利润增加。

（2）企业持有一定产成品存货时，会相应占用资金，形成相关管理成本等，而赊销可避免这些成本的产生。故当企业产成品、存货较多时，一般会赊销，将存货转化为应收账款，节约存货管理成本。

9.1.2 应收账款管理的必要性

随着商品经济的发展，商业信用越来越重要，应收账款管理已经成为企业流动资产管理中的一个重要项目。根据对企业日常管理的调研分析发现，部分企业经营不善甚至倒闭，不是因为没有盈利能力，而是因为没有重视应收账款管理。

应收账款管理的目标是：在发挥应收账款扩大销售、减少存货、增加竞争力的同时，制定合理的应收账款信用政策，强化应收账款管理，减少坏账损失。

应收账款管理的基本内容包括客户（即债务人）管理和应收账款账龄分析。

（1）客户管理的具体内容是对现有债权人的还款情况进行分析。客户通常都是货款到期后才付款，有的客户只有被不断催促后才付款，甚至还有些客户蓄意欺诈，根本无意还款。这就要求企业做好客户的甄别筛选工作，做好债权凭证的制作保管工作，尽可能防范和降低交易风险。

（2）应收账款账龄分析是指根据应收账款入账时间的长短来估计坏账损失的方法。账龄分析法的设计，对提取坏账准备来说是比较科学的，虽然应收账款能否收回以及能收回多少，不一定完全取决于拖欠时间的长短，但一般来说，应收账款拖欠的时间越长，发生坏账的可能性就越大。

针对应收账款进行具体管理时，Excel 可以极大提高管理人员的工作效率。

9.2 应收账款统计

9.2.1 应收账款明细账的建立

在 Excel 中进行应收账款管理，首先要将企业现有的应收账款信息登记到工作表中，具体操作步骤如下所示。

（1）建立应收账款管理工作表。首先打开"第 9 章.xlsx"工作簿，将鼠标光标移至左下方 Sheet1 处，单击鼠标右键，如图 9-1 所示，在弹出的快捷菜单中选择"重命名"命令，输入"应收账款管理"。

（2）登记应收账款的相关明细信息。单击选中 A1 单元格，输入"宏达公司应收账款管理"。将该列单元格调整为合适的宽度。

单击选中 A2 单元格，输入"当前日期"，本例默认日期为"2021 年 12 月 31 日"，实际工作中可以使用 NOW 函数来确定当前日期，但当我们直接输入该函数时会发现显示的日期信息还包括时和分，即为"2021-12-31 10:51"。这是因为单元格默认该函数显示的当前日期为具体到时和分，故应将该列单元格的格式调整为日期格式中的年、月、日形式。具体调整方法为：单击该单元格，单击鼠标右键，在弹出的列表中选择"设置单元格格式"，在格式中单击"数字"选项卡中的"日期"项，选择常用的"数字年-数字月-数字日"，调整后单击"确定"按钮，如图9-2所示。

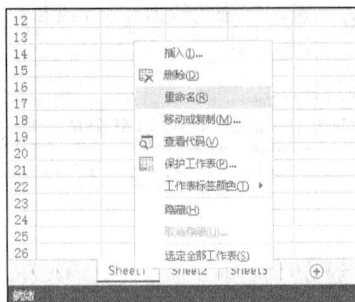

图 9-1 修改 Excel 工作表的名称

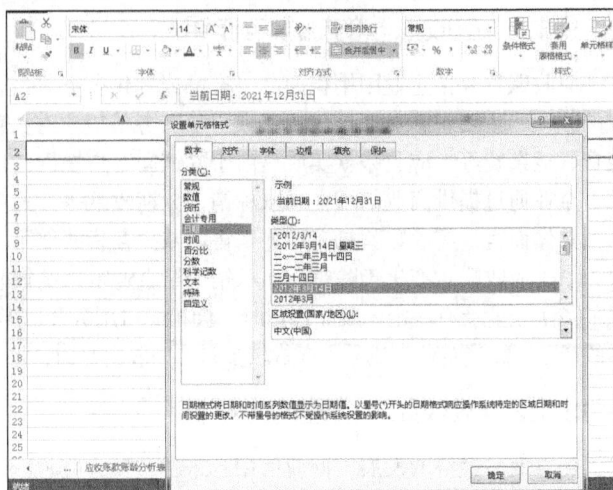

图 9-2 输入当前日期

单击选中 A3 单元格，输入"赊销日期"。登记应收账款产生的日期。单击选中 B3 单元格，输入"债务人名称"。单击选中 C3 单元格，输入"应收金额"。单击选中 D3 单元格，输入"付款期限（天）"。单击选中 E3 单元格，输入"到期日"。在具体实务处理中，为了使应收账款管理更加合理、完善，可以根据实际情况添加补充说明资料，如图9-3所示。

（3）输入企业现有应收账款详细信息。单击选中 A4 单元格，输入具体赊销（应收账款产生）日期，将单元格格式设置为"日期"，选择企业常用日期格式。单击选中 B4 单元格，输入具体债务人名称。单击选中 C4 单元格，输入"应收金额"，将单元格格式设置为"会计专用"，选择企业常用会计核算形式。单击选中 D4 单元格，输入"付款

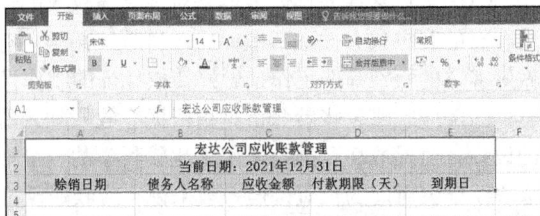

图 9-3 输入应收账款管理信息

期限（天）"。单击选中 E4 单元格，输入 SUM 函数="A4+D4"，按 Enter 键确认，即可直接计算出该项应收账款的到期日，如图9-4所示。将以上单元格的有效性控制复制到 A～E 列的其他单元格中。

图 9-4 输入宏达公司现有应收账款详细信息

输入宏达公司现有
应收账款详细信息

9.2.2　各债务人的应收账款统计

当宏达公司现有的各项应收账款登记完毕，由于债务人众多，为了方便了解某一债务人所欠本公司款项的总额，利用 Excel 的数据命令，建立汇总不同债务人所欠金额的功能。

打开"第 9 章.xlsx"工作簿，将鼠标光标移至左下方的 Sheet 2 工作表标签上，单击鼠标右键，在弹出的快捷菜单中选择"重命名"命令，输入"债务人应收账款金额统计"。将"应收账款管理"工作表中的数据复制到当前工作表。

（1）以"债务人名称"重新排序。为了方便数据筛选，可以先删除该表的表头，即删除"宏达公司应收账款管理"和"当前日期"两行。然后选择"开始"选项卡中的"排序和筛选"|"自定义排序"|命令。其中，"主要关键字"选择"债务人名称"，单击"添加条件"按钮，在出现的"次要关键字"下拉列表框中选择"赊销日期"，"排列依据"默认为"数值"，排列"次序"默认为"升序"，如图 9-5 所示，单击"确定"按钮。

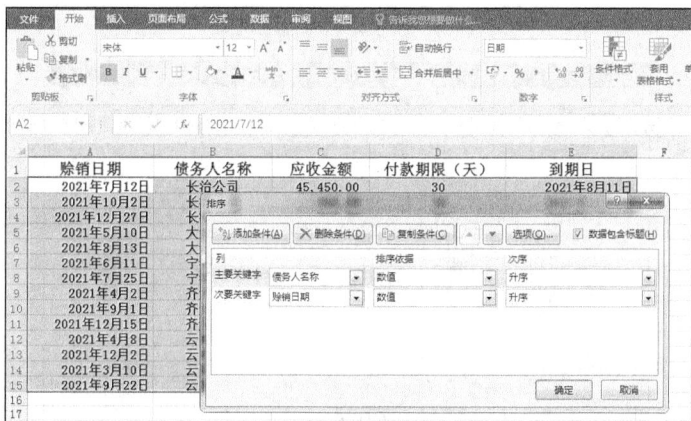

图 9-5　设置排序方式

执行排序命令后，原来按照应收账款发生时间先后顺序显示的数据，变为按照债务人名称重新排序后显示的数据，如图 9-6 所示。

图 9-6　按照债务人名称重新排序

（2）对各债务人的应收账款金额进行汇总。单击选中 B1"债权人名称"单元格，然后选择"数

据"|"分级显示"|"分类汇总"|命令，如图 9-7 所示，弹出"分类汇总"对话框。其中，"分类字段"选择"债务人名称"，"汇总方式"选择"求和"，"选定汇总项"选择"应收金额"，默认选中"替换当前分类汇总"和"汇总结果显示在数据下方"复选框，单击"确定"按钮，如图 9-8 所示。

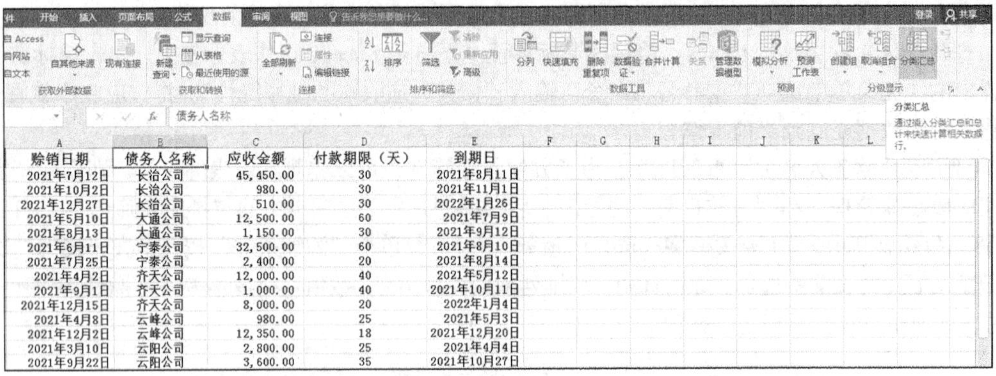

图 9-7　分类汇总命令

图 9-8　分类汇总选项

执行分类汇总命令后，即可显示按照债务人名称对应收账款金额进行汇总的数据，如图 9-9 所示。

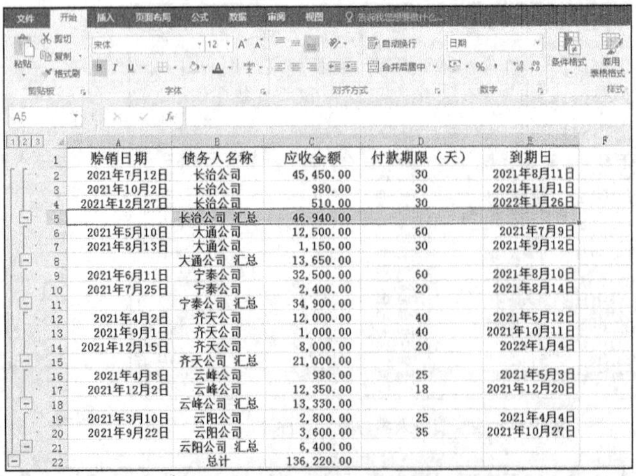

重排并汇总债务人
应收账款总额

图 9-9　按照债务人名称汇总应收账款总额

通过汇总数据可以看出，长治公司与宁泰公司所欠宏达公司的款项较高，必须对其进行重点管理。

9.2.3　利用函数、图标统计各债务人应收账款

除了利用工具栏对各债务人进行排序和汇总金额以外，还可以利用 SUMIF 函数实现该统计结果。

1.　使用 SUMIF 函数统计各债务人的应收账款

（1）建立应收账款分类明细账。打开"第 8 章.xlsx"工作簿，将 Sheet 3 工作表重命名为"应收账款分类明细账"。

选择 A1 单元格，输入"宏达公司应收账款分类明细"。将列单元格调整为合适的宽度，将 A1 和 B1 单元格"合并后居中"。选择 A2 单元格，输入"债务人名称"。在 A3:A8 单元格区域输入各个债务人名称。在 B2 单元格中输入"应收账款合计"。设置该列单元格的格式为"会计专用"，如图 9-10 所示。

（2）使用 SUMIF 函数进行汇总。选中 B3 单元格，输入公式"=SUMIF(应收账款管理! $B$4:$B$17,A3,应收账款管理! $C$4:$C$17)"，按 Enter 键确认。注意，公式中的符号为英文模式下的符号。具体函数参数如图 9-11 所示。

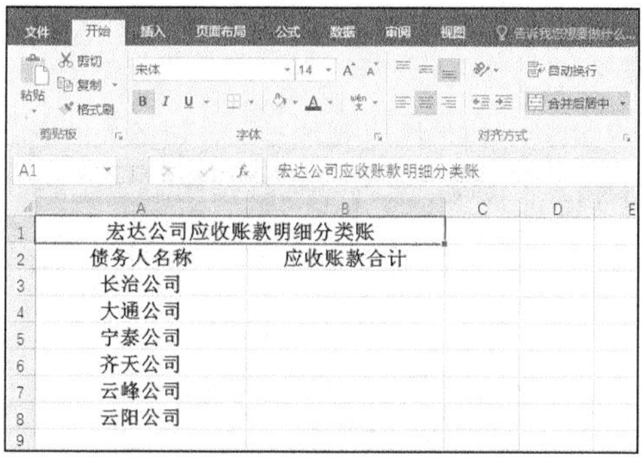

图 9-10　建立应收账款分类明细账

图 9-11　使用 SUMIF 函数进行汇总

该公式表示对"应收账款管理"工作表中的债务人名称进行汇总计算，找到"应收账款汇总明细账"中的"长治公司"单元格，对"长治公司"涉及的所有"应收金额"进行汇总。

（3）生成分类汇总数据。将 B3 单元格中的函数公式复制到该列其他单元格中，可快速计算出其他债务人的应收账款合计金额，如图 9-12 所示。

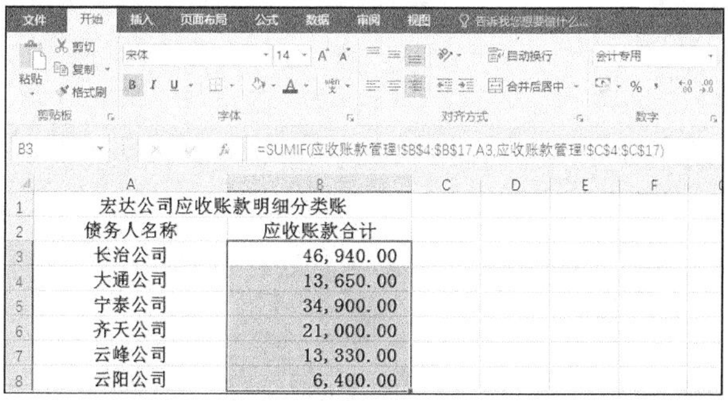

图 9-12　复制 SUMIF 函数公式汇总各债务人所欠金额

通过对比可以发现，利用 SUMIF 函数公式汇总的各个债务人应收账款合计金额与利用分类汇总命令计算的合计金额完全相同，以上两种汇总方式根据应收账款管理人员的需要可自行选择。

（4）使用数据条展示应收账款金额

选择 B3:B8 单元格区域，选择"开始"选项卡中的"样式"|"条件格式"|"数据条"命令，在展开的选项菜单中，选中"实心填充"中的"红色数据条"样式，操作过程和完成效果如图 9-13 所示。

图 9-13　使用数据条展示应收账款金额

观察不同债务人所欠款项的数据条的长度，可以很直观地看到长治公司与宁泰公司的数据条较长，说明这两家公司的欠款较多。

2．建立图表进行对比分析

如果希望了解所有债务人所欠款项的综合情况，可以建立饼形图直观地显示各债务人的应收账款占应收账款总额的百分比。具体操作如下。

（1）打开上文编制完成的"应收账款分类明细账"工作表，在"插入"选项卡中的"图表"组，单击"插入饼图或圆环图"按钮，如图 9-14 所示。

（2）可以根据制表要求，选择二维饼图、三维饼图、圆环图以及更多饼图，这里选择"二维饼图"中的某种"饼图"，系统即可自动生成相应的分析饼图，效果如图 9-15 所示。图表创建完成后，可以按照前文所述，对已经生成的图形进行设计，使整个图形更加完善。从作图程序来看，Excel 2016 较 Excel 2010 更简便，图表形式和内容修改起来也更灵活、直观。

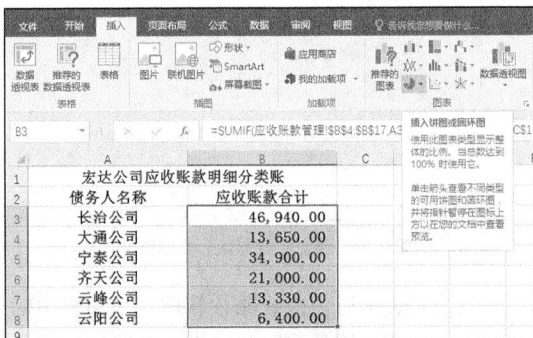

图 9-14　单击"饼图或圆环图"按钮

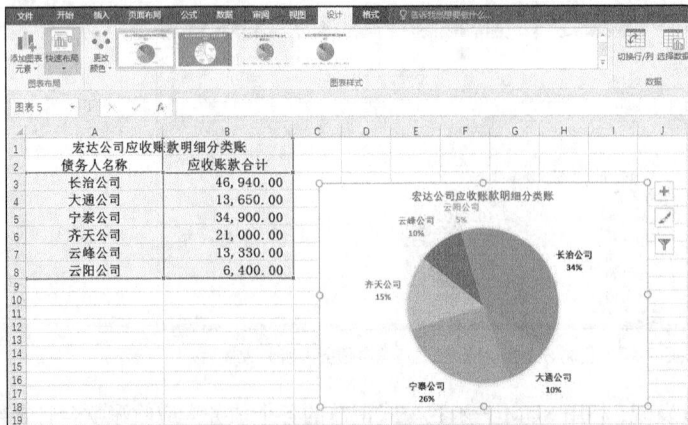

图 9-15　各债务人应收账款分析饼图

通过图 9-15 可以看出，长治公司与宁泰公司所欠款项分别占宏达公司应收账款总额的 34% 和 26%，必须重点管理这两个公司的应收账款。

（3）除了自动生成饼图以外，还可以根据需要将各债务人应收账款分析图调整为柱形图、折线图、条形图、面积图、散点图、瀑布图、直方图等需要的其他图表。例如，单击"插入柱形图或条形图"按钮 ，选择"三维柱形图"中的"簇状柱形图"，即可自动生成三维簇状柱形图，效果如图 9-16 所示。

各债务人应收账款
分析图

图 9-16　各债务人应收账款分析柱形图

从图 9-16 中可以看出，长治公司与宁泰公司所欠款项分别为 46 940 元和 34 900 元，必须重点管理这两个公司的应收账款。

9.3　逾期应收账款分析

应收账款在登记入账时，会记录赊销日期和约定付款期限。当企业应收账款较多时，一般于月底统计本期是否有应收账款到期。如果到期，应收账款尚未收回，则必须反映逾期天数，以便及时采取催收措施，减少坏账发生的可能性，降低企业应收账款的坏账损失。

9.3.1　计算分析应收账款是否到期

（1）建立"逾期应收账款分析"工作表。在"第 8 章.xlsx"工作簿中新建工作表 Sheet1，并重命名为"逾期应收账款分析"。将"应收账款管理"工作表中的数据复制到当前工作表中。为方便后文使用函数进行分析、判断，将"当前日期"与"2021 年 12 月 31 日"分列于 A2 和 B2 两个单元格中。

💡 **注意**　本例假设"当前日期"为"2021 年 12 月 31 日"，在实际工作中，可以使用 NOW 函数来确定当前日期。

选中 E 列与 F 列两列，单击鼠标右键，选择"插入"命令，即可一次性插入两列。单击选中 E3 单元格，输入"已收金额"，单击选中 F3 单元格，输入"未收金额"，并输入实际已收金额和未收金额，将 E 列与 F 列的单元格格式调整为"会计专用"格式。单击选中 H3 单元格，输入"是否到期"。建立"宏达公司逾期应收账款分析表"，如图 9-17 所示。

图 9-17　宏达公司逾期应收账款分析表

（2）判断现有各项应收账款是否到期。通过 IF 函数判断宏达公司现有各项应收账款是否到期。

单击选中 H4 单元格，输入公式"=IF(G4<$B$2,"是","否")"，按 Enter 键确认。注意，公式中的符号为英文模式下的符号。具体函数参数如图 9-18 所示。

该公式表示对"宏达公司逾期应收账款分析表"工作表中某债务人的应收账款是否到期进行判断，如果该表中的 G4 单元格（即到期日）小于 B2 单元格（即当前日期），则表明该项应收账款已经到期，显示"是"，否则显示"否"。

（3）生成判断结果。将 H4 单元格中的公式复制到该列的其他单元格中，可快速判断其他债务人所欠宏达公司的款项是否到期，如图 9-19 所示。

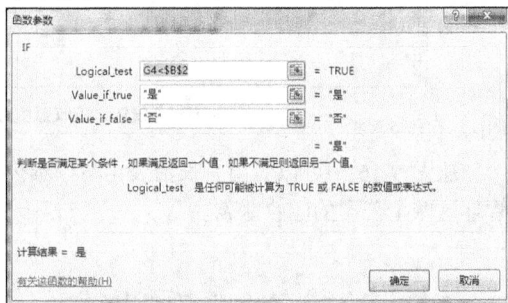

图 9-18　使用 IF 函数分析应收账款是否到期

图 9-19　判断其他债务人所欠宏达公司的款项是否到期

（4）分析或判断未到期金额。单击选中 I3 单元格，输入"未到期金额"。单击选中 I4 单元格，输入公式"=IF($B$2-$G4<0,$C4-$E4,0)"，按 Enter 键确认。注意，公式中的符号为英文模式下的符号。具体函数参数如图 9-20 所示。该公式表示对"宏达公司逾期应收账款分析表"工作表中某债务人的未

192

到期应收账款的金额进行判断计算，如果该表中的 B2 单元格（即当前日期）小于 G4 单元格（即到期日），则表示该项应收账款尚未到期，返回"$C4-$E4"计算公式，计算该项尚未到期应收账款的剩余未收金额；否则返回"0"，表示未到期金额为 0，即该项应收账款已经到期。

（5）生成计算结果。将 I4 单元格中的公式复制到该列的其他单元格中，可快速计算其他债务人所欠宏达公司的尚未到期的应收账款，如图 9-21 所示。

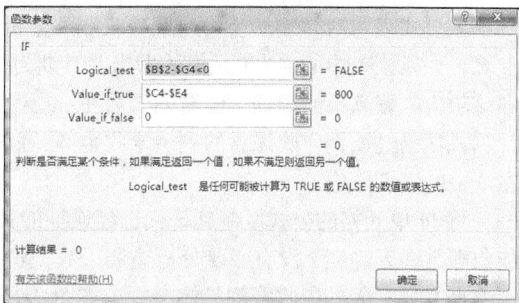

图 9-20　使用 IF 函数计算未到期应收账款

图 9-21　计算各债务人所欠未到期金额

9.3.2　计算应收账款逾期天数

虽然上文为应收账款管理提供了应收账款是否到期的判断结果，但是为了进一步分析应收账款账龄，还需要计算各项应收账款的逾期天数，以便提供更加详细的管理数据。具体计算过程如下。

（1）设计逾期天数分析表。在"宏达公司逾期应收账款分析表"的数据右侧建立"逾期天数分析"表，对逾期天数进行分类筛选。在实际工作中，通常将逾期天数划分为不同等级，如 0～30、30～60、60～90、90 天以上等，如图 9-22 所示。

（2）使用 IF 函数分析逾期 0～30 天的应收账款。单击 J4 单元格，输入公式"=IF(AND($K$2-$G4>0,$K$2-$G4<=30),$C4-$E4,0)"，按 Enter 键确认。注意，公式中的符号为英文模式下的符号。具体函数参数如图 9-23 所示。

图 9-22　在原有工作表中建立逾期天数分析表

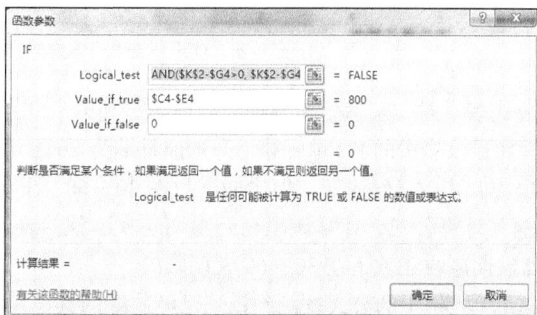

图 9-23　使用 IF 函数计算逾期应收账款具体金额

该公式表示对"宏达公司逾期应收账款分析表"中某债务人逾期应收账款的具体金额进行判断计算，如果该表中的 K2 单元格（即当前日期为 2021 年 12 月 31 日）大于 G4 单元格（即到期日），即该项应收账款已经逾期，但逾期天数在 30 天以内（包括 30 天），则返回"$C4-$E4"计算公式，计算该项已经逾期应收账款的剩余未收金额；否则返回 0，表示未到期金额为 0，即逾期应收账款不在 0 ~ 30 天期限内。

将 J4 单元格的公式复制到该列已经逾期的其他单元格中（即 J5:J15 单元格区域，由于最后两笔应收账款尚未逾期，没有必要分析逾期天数，故不需复制公式），可快速计算其他债务人所欠宏达公司逾期 0 ~ 30 天的应收账款具体金额，如图 9-24 所示。

图 9-24 计算各债务人所欠逾期 0 ~ 30 天的应收账款金额

（3）使用 IF 函数分析逾期 30 ~ 60 天的应收账款。单击选中 K4 单元格，输入公式"=IF(AND($K$2-$G4>30, $K$2-$G4<=60),$C4-$E4,0)"，按 Enter 键确认。注意，公式中的符号为英文模式下的符号。具体函数参数如图 9-25 所示。

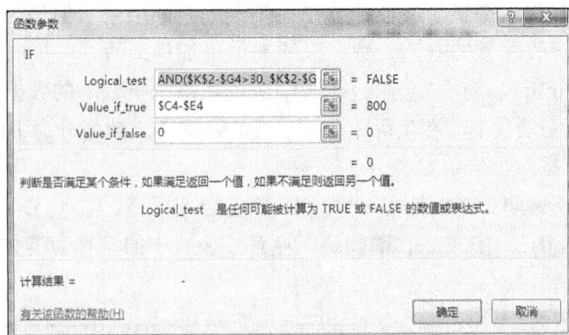

图 9-25 使用 IF 函数计算逾期应收账款具体金额

该公式表示对"宏达公司逾期应收账款分析表"中某债务人的逾期应收账款的具体金额进行判断计算，如果该表中的 K2 单元格（即当前日期为 2021 年 12 月 31 日）大于 G4 单元格（即到期日），表示该项应收账款已经逾期，但逾期天数在 30 ~ 60 天以内（大于 30 天，小于等于 60 天），则返回"$C4-$E4"计算公式，计算该项已经逾期应收账款的剩余未收金额；否则返回 0，表示未到期金额为 0，即逾期应收账款不在 30 ~ 60 天期限内。

将 K4 单元格中的公式复制到该列已经逾期的其他单元格中（即 K5:K15 单元格区域，同样由于最后两笔应收账款尚未逾期，没有必要分析逾期天数，故不需复制公式），则可快速计算其他债务人所欠宏达公司“逾期 30～60”天的应收账款具体金额，如图 9-26 所示。

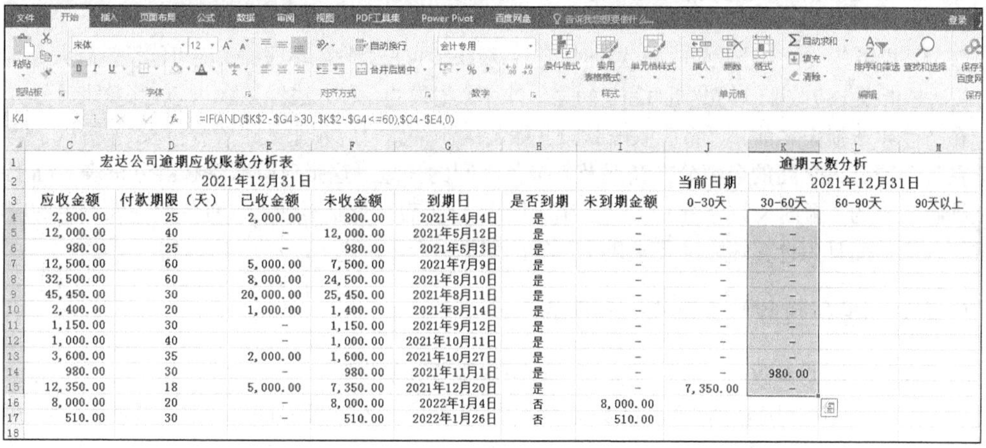

K4 =IF(AND($K$2-$G4>30, $K$2-$G4<=60),$C4-$E4,0)

宏达公司逾期应收账款分析表								逾期天数分析		
		2021年12月31日					当前日期	2021年12月31日		
应收金额	付款期限（天）	已收金额	未收金额	到期日	是否到期	未到期金额	0-30天	30-60天	60-90天	90天以上
2,800.00	25	2,000.00	800.00	2021年4月4日	是	-	-	-		
12,000.00	40	-	12,000.00	2021年5月12日	是	-	-	-		
980.00	25	-	980.00	2021年5月3日	是	-	-	-		
12,500.00	60	5,000.00	7,500.00	2021年7月9日	是	-	-	-		
32,500.00	60	8,000.00	24,500.00	2021年8月10日	是	-	-	-		
45,450.00	30	20,000.00	25,450.00	2021年8月11日	是	-	-	-		
2,400.00	20	1,000.00	1,400.00	2021年8月14日	是	-	-	-		
1,150.00	30	-	1,150.00	2021年9月12日	是	-	-	-		
1,000.00	40	-	1,000.00	2021年10月11日	是	-	-	-		
3,600.00	35	2,000.00	1,600.00	2021年10月27日	是	-	-	-		
980.00	30	-	980.00	2021年11月1日	是	-	-	980.00		
12,350.00	18	5,000.00	7,350.00	2021年12月20日	是	-	7,350.00	-		
8,000.00	20	-	8,000.00	2022年1月4日	否	8,000.00				
510.00	30	-	510.00	2022年1月26日	否	510.00				

图 9-26　计算其他债务人所欠“宏达公司逾期 30～60 天”的应收账款具体金额

（4）使用 IF 函数分析逾期 60～90 天和 90 天以上的应收账款。以此类推，使用 IF 函数分析计算逾期 60～90 天和 90 天以上的应收账款金额。

单击选中 L4 单元格，输入公式“=IF(AND($K$2-$G4>60, $K$2-$G4<=90),$C4-$E4,0)”，按 Enter 键确认，可以计算各债务人所欠逾期 60～90 天的应收账款金额。

单击选中 M4 单元格，输入公式“=IF($K$2-$G4>90,$C4-$E4,0)”，按 Enter 键确认，可以计算各债务人所欠逾期 90 天以上的应收账款金额。

将以上公式复制到该列已经逾期的其他单元格中，可快速计算其他债务人所欠宏达公司逾期 60～90 天和 90 天以上的应收账款的具体金额，并将 J4：M15 单元格区域的格式设置为“会计专用”，如图 9-27 所示。

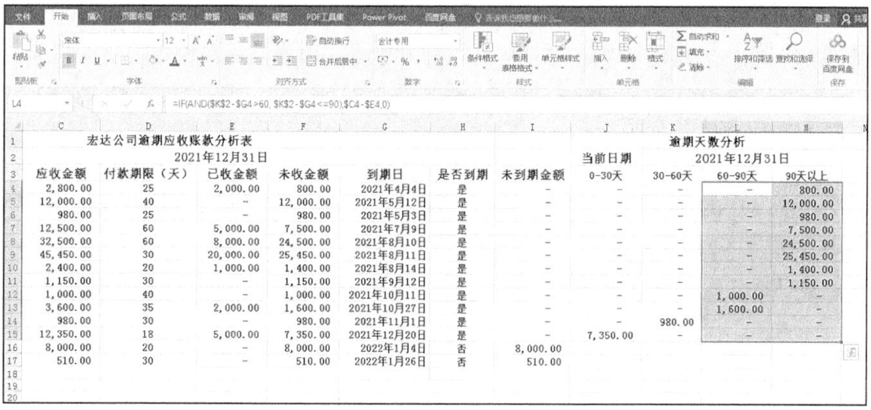

L4 =IF(AND($K$2-$G4>60, $K$2-$G4<=90),$C4-$E4,0)

宏达公司逾期应收账款分析表								逾期天数分析		
		2021年12月31日					当前日期	2021年12月31日		
应收金额	付款期限（天）	已收金额	未收金额	到期日	是否到期	未到期金额	0-30天	30-60天	60-90天	90天以上
2,800.00	25	2,000.00	800.00	2021年4月4日	是	-	-	-	-	800.00
12,000.00	40	-	12,000.00	2021年5月12日	是	-	-	-	-	12,000.00
980.00	25	-	980.00	2021年5月3日	是	-	-	-	-	980.00
12,500.00	60	5,000.00	7,500.00	2021年7月9日	是	-	-	-	-	7,500.00
32,500.00	60	8,000.00	24,500.00	2021年8月10日	是	-	-	-	-	24,500.00
45,450.00	30	20,000.00	25,450.00	2021年8月11日	是	-	-	-	-	25,450.00
2,400.00	20	1,000.00	1,400.00	2021年8月14日	是	-	-	-	-	1,400.00
1,150.00	30	-	1,150.00	2021年9月12日	是	-	-	-	-	1,150.00
1,000.00	40	-	1,000.00	2021年10月11日	是	-	-	-	1,000.00	-
3,600.00	35	2,000.00	1,600.00	2021年10月27日	是	-	-	-	1,600.00	-
980.00	30	-	980.00	2021年11月1日	是	-	-	980.00	-	-
12,350.00	18	5,000.00	7,350.00	2021年12月20日	是	-	7,350.00	-	-	-
8,000.00	20	-	8,000.00	2022年1月4日	否	8,000.00				
510.00	30	-	510.00	2022年1月26日	否	510.00				

计算各债务人所欠更长逾期天数的应收账款金额

图 9-27　计算各债务人所欠宏达公司逾期 60～90 天和 90 天以上的应收账款金额

由以上统计数据可以明显看出，宏达公司应收账款逾期情况非常严重，14 笔应收账款中有 8 笔逾期 90 天以上，必须重视对以上逾期应收账款的催收，盘活流动资产，减少坏账损失。

根据应收账款逾期天数分析表提供的信息，宏达公司可以了解各债务人应收账款的收款、欠款情况，判断欠款的可收回程度和可能发生的损失，并可作为衡量负责收款部门和资信部门工作效率的依据。同时，宏达公司还可酌情采取放宽或紧缩商业信用政策。

9.4　应收账款账龄分析

账龄是指债务人欠本企业应收账款的时间。一般账龄越长，发生坏账损失的可能性就越大。所以账龄分析法是指根据应收账款的逾期时间长短来估计坏账损失的一种方法，又称"应收账款账龄分析法"。

在估计坏账损失之前，可将应收账款按其账龄编制一张"应收账款账龄分析表"，借以了解应收账款在各个债务人之间的金额分布情况及其拖欠时间的长短。这张应收账款账龄分析表实际上就是上文编制完成的"逾期天数分析表"。利用逾期天数分析表，企业不仅可以对各债务人产生的应收账款进行分析，而且为计算坏账准备提供了可靠的依据。

9.4.1　建立应收账款账龄分析表

（1）利用"逾期天数分析表"建立"应收账款账龄分析表"。

利用 8.3.2 小节中对应收账款逾期天数进行分析的表格可以建立账龄分析表。在"第 8 章.xlsx"工作簿中新建工作表 Sheet 2，并重命名为"应收账款账龄分析表"。单击选中 A1 单元格，输入"应收账款账龄分析表"。单击选中 A2 单元格，输入"当前日期"。单击选中 B2 单元格，输入"2021 年 12 月 31 日"。

> 💡 **注意**　本例假设"当前日期"为"2021 年 12 月 31 日"，在实际工作中，可以使用 NOW 函数确定当前日期。

单击选中 A3 单元格，输入"账龄"，并设置账龄的种类。本例将账龄分为 5 类，分别为"未到期""0 ~ 30 天""30 ~ 60 天""60 ~ 90 天""90 天以上"。

单击选中 B3 单元格，输入"应收账款"，此列显示不同账龄的应收账款金额，设置此列单元格格式为 "会计专用"，选择企业常用的会计核算形式即可。

单击选中 C3 单元格，输入"占应收账款总额的百分比"，此列显示不同账龄的应收账款金额占应收账款总额的比例，设置此列单元格格式为"百分比"，并默认小数位数为 2。

对填制完的内容进行调整、美化，完成"应收账款账龄分析表"的表头以及各项标示的建立，如图 9-28 所示。

（2）计算各账龄涉及的应收账款金额。

单击选中 B4 单元格，输入公式"=SUM（逾期应收账款分析!I4:I17）"，按 Enter 键确认。可以引用"逾期应收账款分析表"中的未到期金额，汇总计算出截至 2021 年 12 月 31 日，应收账款总额中尚未到期的应收账款金额为 8 510.00，如图 9-29 所示。

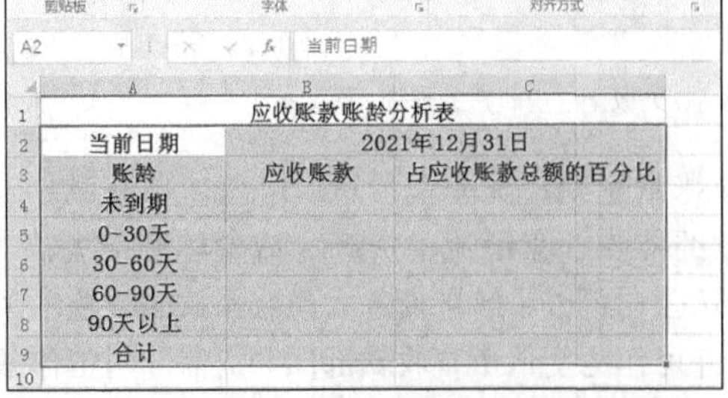

图 9-28　建立"应收账款账龄分析表"

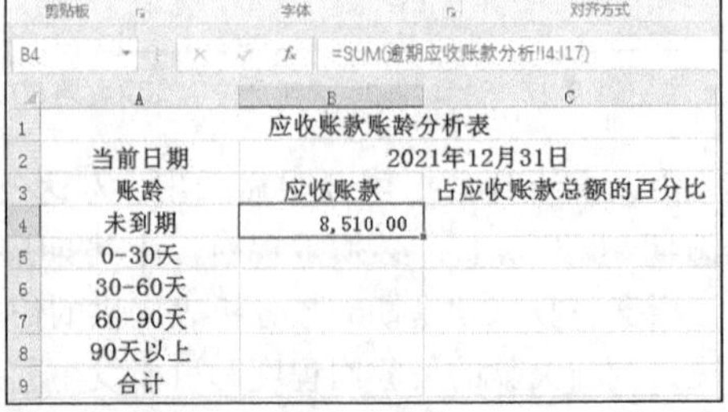

图 9-29　统计未到期应收账款金额

以此类推，单击选中 B4:B8 单元格区域，输入 SUM 公式，对其余账龄的应收账款金额进行统计、汇总，各具体求和公式如图 9-30 所示。按 Enter 键确认，生成各账龄对应的应收账款金额，如图 9-31 所示。

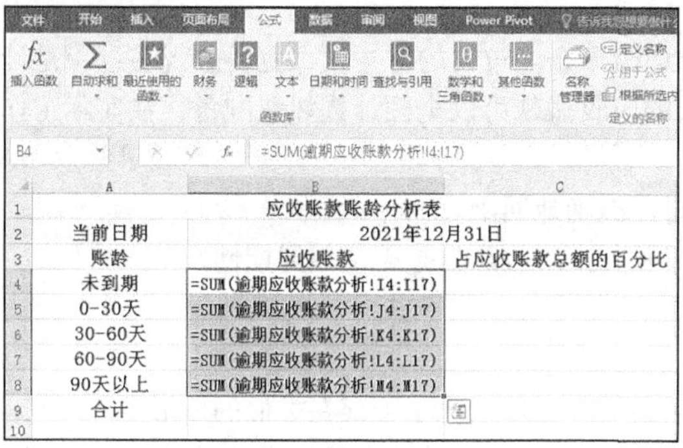

	A	B	C
1		应收账款账龄分析表	
2	当前日期	2021年12月31日	
3	账龄	应收账款	占应收账款总额的百分比
4	未到期	=SUM(逾期应收账款分析!I4:I17)	
5	0-30天	=SUM(逾期应收账款分析!J4:J17)	
6	30-60天	=SUM(逾期应收账款分析!K4:K17)	
7	60-90天	=SUM(逾期应收账款分析!L4:L17)	
8	90天以上	=SUM(逾期应收账款分析!M4:M17)	
9	合计		
10			

图 9-30 统计其他应收账款金额的 SUM 公式

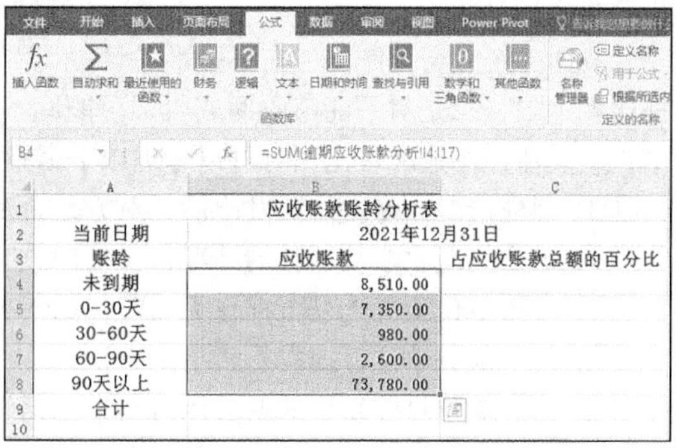

	A	B	C
1		应收账款账龄分析表	
2	当前日期	2021年12月31日	
3	账龄	应收账款	占应收账款总额的百分比
4	未到期	8,510.00	
5	0-30天	7,350.00	
6	30-60天	980.00	
7	60-90天	2,600.00	
8	90天以上	73,780.00	
9	合计		
10			

图 9-31 统计得到各账龄的应收账款金额

（3）计算各账龄涉及的应收账款占应收账款总额的百分比。

首先计算现有应收账款总额，单击选中 B9 单元格，输入公式“=SUM(B4:B8)”，按 Enter 键确认，汇总各账龄涉及的应收账款总额，如图 9-32 所示。

然后计算各账龄涉及的应收账款占应收账款总额的百分比，单击选中 C4 单元格，输入公式“=B4/$B$9”，按 Enter 键确认，计算出未到期应收账款占应收账款总额的百分比。将公式复制到该列的其他单元格中，可计算出其他账龄涉及的应收账款占应收账款总额的百分比，如图 9-33 所示。

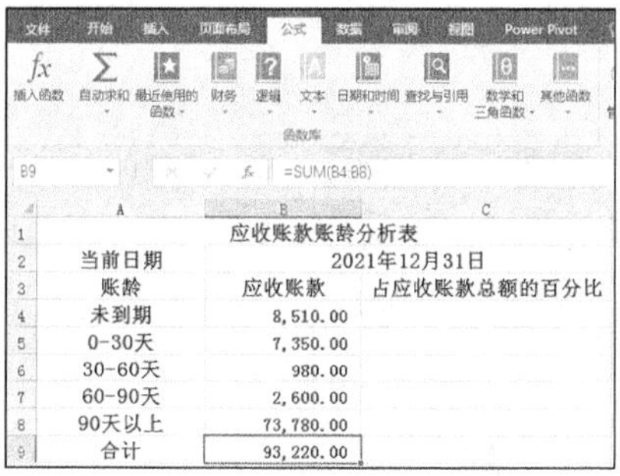

	A	B	C
1		应收账款账龄分析表	
2	当前日期	2021年12月31日	
3	账龄	应收账款	占应收账款总额的百分比
4	未到期	8,510.00	
5	0-30天	7,350.00	
6	30-60天	980.00	
7	60-90天	2,600.00	
8	90天以上	73,780.00	
9	合计	93,220.00	

图 9-32 汇总各账龄涉及的应收账款总额

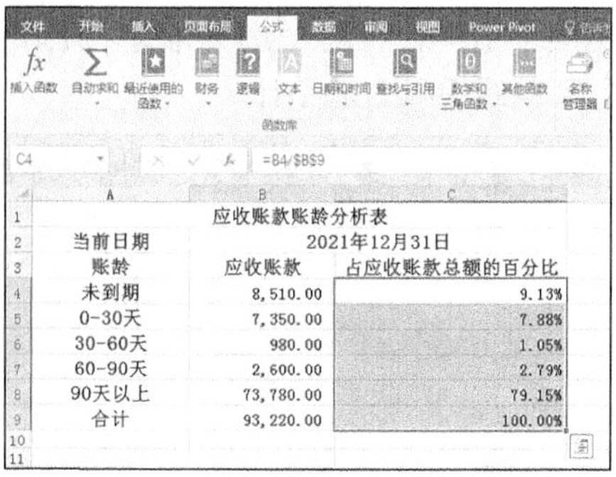

	A	B	C
1		应收账款账龄分析表	
2	当前日期	2021年12月31日	
3	账龄	应收账款	占应收账款总额的百分比
4	未到期	8,510.00	9.13%
5	0-30天	7,350.00	7.88%
6	30-60天	980.00	1.05%
7	60-90天	2,600.00	2.79%
8	90天以上	73,780.00	79.15%
9	合计	93,220.00	100.00%
10			
11			

图 9-33 计算出各账龄涉及的应收账款占应收账款总额的百分比

各账龄所涉及的应收账款占应收账款及百分比

9.4.2 计算应收账款坏账准备的金额

企业赊销虽然可以扩大销售，消化库存，但也会产生各种成本，如应收账款的机会成本、管理成本和坏账成本等，其中坏账是应收账款带来的最大损失，必须加以重视。

我国现行会计制度要求企业应当定期于每年年度终了，对应收账款进行全面检查，预计各项应收账款可能发生的坏账准备，对预计不能收回的应收款项，应当计提坏账准备。企业计提坏账准备的方法由企业自行确定，常用的计提坏账准备方法是账龄分析法。

采用账龄分析法计提坏账准备时，需将不同账龄的应收账款进行分组，按应收账款拖欠时间（即逾期天数也就是账龄）的长短分为若干区间，计算各个区间应收账款的金额，并估计每个区间的坏账损失百分比；然后用各个区间的应收账款金额乘以各个该区间的坏账损失百分比，估计各个区间的坏账损失；最后，将各个区间的坏账损失估计数求和，即为坏账损失的估计总额。采用这种方法，使坏账损失的计算结果更符合客观情况。

（1）估计坏账率。坏账率就是坏账额占应收账款总额的比例，其计算公式为：坏账率=年坏账额/年应收账款总额。

我国《企业会计制度》在坏账准备计提比例方面给予企业较大的自主权，主要表现在：一是计提比例不限，二是对不能够收回或收回可能性不大的应收账款可以全额计提坏账准备，在实际工作中，企业估计坏账准备比例时可以考虑以下因素。

① 函证情况，每次函证发出后，对方是否及时、准确地回函。

② 历史上应收账款回收的情况，包括回收时间和归还应收账款是否呈现周期性。

③ 债务单位历史上是否存在无法支付的情况。

④ 某一债务单位近期内是否有不良记录。

⑤ 债务单位目前发生的财务困难与过去已发生的财务困难状况是否存在类似的情形。

⑥ 债务单位的财务困难状况是否有好转的可能性，包括债务单位的产品开发，现产品的销售、回款，市场需求以及资产质量状况，是否呈现好转态势等。

⑦ 债务单位所处的经济、政治和法制环境。

⑧ 债务单位的内部控制、财务、生产、技术管理等情况，以及其他有利于判断可收回性的情况。

在账龄分析法中，计提坏账准备的比例则简单得多，通常账龄越长，发生坏账的可能性越大，估计的坏账准备的比例就越高。假设宏达公司根据历史经验估计，未到期的应收账款发生坏账的可能性是 0%，逾期 0 ~ 30 天的应收账款发生坏账的可能性约为 1%，逾期 30 ~ 60 天的应收账款发生坏账的可能性约为 3%，逾期 60 ~ 90 天的应收账款发生坏账的可能性约为 6%，逾期 90 天以上的应收账款发生坏账的可能性约为 10%。将估计的坏账准备率分别输入 D4:D8 单元格区域，如图 9-34 所示。在实际工作中，企业可以根据历史经验估计。

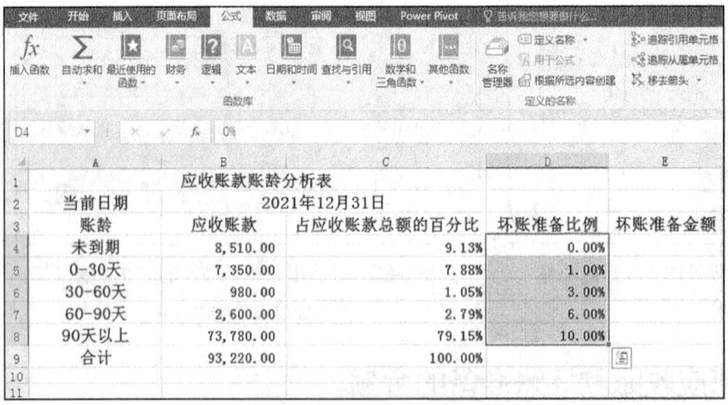

	A	B	C	D	E
1		应收账款账龄分析表			
2	当前日期	2021年12月31日			
3	账龄	应收账款	占应收账款总额的百分比	坏账准备比例	坏账准备金额
4	未到期	8,510.00	9.13%	0.00%	
5	0-30天	7,350.00	7.88%	1.00%	
6	30-60天	980.00	1.05%	3.00%	
7	60-90天	2,600.00	2.79%	6.00%	
8	90天以上	73,780.00	79.15%	10.00%	
9	合计	93,220.00	100.00%		

图 9-34　宏达公司估计的坏账准备计提比例

（2）计算坏账准备金额。单击选中 E3 单元格，输入“坏账准备金额”。单击选中 E4 单元格，输入公式“=B4*D4”，按 Enter 键确认。

将 E4 单元格的公式复制到该列已经逾期的其他单元格（即 E5:E8 单元格区域）中，可计算各账龄涉及应收账款产生的坏账准备金额。单击选中 E9 单元格，输入公式“=SUM(E4:E8)”，按 Enter 键确认，计算各账龄涉及应收账款产生的坏账准备总额，如图 9-35 所示。

由以上计算的坏账准备可以明显看出，宏达公司应收账款产生的坏账金额较高，主要原因是逾期 90 天以上的应收账款较多，且发生坏账的比例较高。但即便如此，企业也不能放弃对逾期时间较长的应收账款的催收，而且要加强对逾期 60～90 天以及逾期 30～60 天的应收账款的催收工作，防止债务人继续拖欠款项，造成企业更多坏账损失。

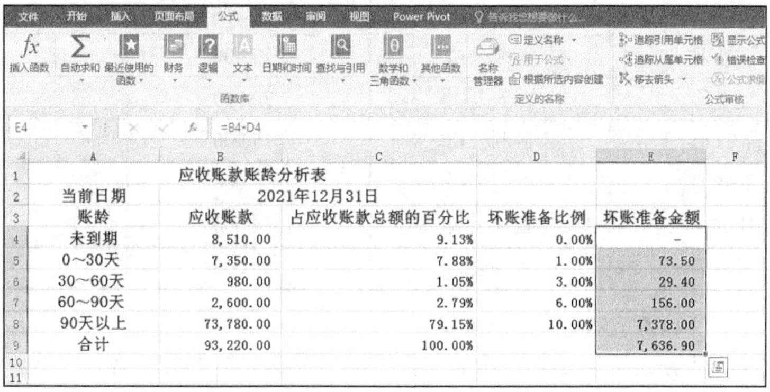

图 9-35　计算各账龄涉及应收账款产生的坏账准备

使用 Excel 管理应收账款的方法，同样可以应用于企业的应收票据管理，甚至应付账款管理，本章不再重复介绍。对于应收票据和应付账款的账龄分析，可以参照前文进行操作，但需要注意，应收票据和应付账款不需要研究坏账准备的问题。

本章小结

本章介绍了应收账款管理明细账的建立和填制；列示了采用函数、图标等方法统计不同债务人所欠应收账款的金额；分析了统计逾期应收账款的必要性，讲解了判断应收账款是否逾期的函数，进而计算应收账款逾期天数；利用已经统计完成的应收账款逾期数据，建立"应收账款账龄分析表"，并利用"应收账款账龄分析表"的数据进一步快捷地计算坏账准备的金额等。

思考练习

1．简答题

（1）为什么需要对应收账款进行重点管理？

（2）如何使用 Excel 的工具对现有债务人所欠款项进行统计？

（3）如何使用 Excel 的函数或图表分析现有债务人所欠款项？

（4）什么是应收账款账龄，分析应收账款账龄有何意义？

（5）如何利用已知应收账款账龄结果快捷地计算坏账准备？

2．上机操作题

云阳公司 20×1 年 11 月 30 日发生的应收账款资料如表 9-1 所示。

表 9-1　应收账款资料

赊销日期	债务人名称	应收金额	付款期限（天）
20×1 年 1 月 8 日	红光公司	30 000	50
20×1 年 2 月 18 日	蓝天公司	500 000	40
20×1 年 3 月 6 日	胜利公司	20 000	30

续表

赊销日期	债务人名称	应收金额	付款期限（天）
20×1 年 4 月 20 日	永安公司	100 000	40
20×1 年 5 月 11 日	蓝天公司	12 000	35
20×1 年 6 月 4 日	永安公司	30 000	30
20×1 年 7 月 23 日	胜利公司	15 000	30
20×1 年 8 月 15 日	红光公司	58 000	30
20×1 年 10 月 17 日	蓝天公司	16 000	30
20×1 年 11 月 5 日	永安公司	40 000	25

要求：（1）分别计算各应收账款到期日。

（2）汇总统计各债务人所欠云阳公司的欠款总额，并建立饼图分析各债务人涉及的应收账款占应收账款总额的比重。

（3）计算各应收账款是否到期以及未到期金额，并计算逾期天数。

（4）建立应收账款账龄分析表。

（5）根据未到期的应收账款发生坏账的可能性是 0%，逾期 0～30 天的应收账款发生坏账的可能性约为 2%，逾期 30～60 天的应收账款发生坏账的可能性约为 5%，逾期 60～90 天的应收账款发生坏账的可能性约为 8%，逾期 90 天以上的应收账款发生坏账的可能性约为 10%的估计值，分别计算各账龄涉及应收账款的坏账准备。

第10章

Excel 在固定资产管理中的应用

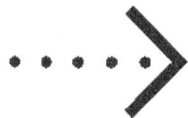

通过本章的学习，读者应了解并掌握使用 Excel 管理企业拥有或控制的固定资产的具体方法。

学习目标

- 掌握利用 Excel 建立并登记固定资产卡片账
- 掌握利用 Excel 计算固定资产的累计折旧
- 掌握利用 Excel 计算固定资产的账面价值

10.1 固定资产概述

10.1.1 固定资产的概念

固定资产是指企业为生产商品、提供劳务、出租或经营管理而持有的，使用寿命超过1个会计年度的房屋、建筑物、机器、机械、运输工具以及其他与生产、经营有关的设备、器具、工具等。不属于生产经营主要设备的物品，单位价值在2 000元以上，并且使用年限超过2年的，也应当作固定资产。

企业固定资产种类很多，根据不同的分类标准，可以分为不同的类别。企业应当选择适当的分类标准，将固定资产进行分类，以满足经营管理的需要。

（1）固定资产按经济用途分类，可以分为生产经营用固定资产和非生产经营用固定资产。生产经营用固定资产是指直接服务于企业生产、经营过程的各种固定资产。非生产经营用固定资产是指不直接服务于企业生产、经营过程的各种固定资产。

固定资产按经济用途分类，可以分类反映和监督企业生产经营用固定资产和非生产经营用固定资产之间，以及生产经营用各类固定资产之间的组成和变化情况，借以考核和分析企业固定资产的利用情况，从而促使企业合理配置固定资产，充分发挥其效用。

（2）固定资产按使用情况分类，可分为使用中的固定资产、未使用的固定资产和不需用的固定资产。使用中的固定资产是指正在使用的经营用和非经营用固定资产。由于季节性经营或修理等原因，暂时停止使用的固定资产仍属于企业使用中的固定资产；企业出租给其他单位使用的固定资产以及内部替换使用的固定资产，也属于使用中的固定资产。未使用的固定资产是指已完工或已购建的尚未交付使用的固定资产以及因改建、扩建等原因停止使用的固定资产，如企业购建的尚待安装的固定资产、经营任务变更停止使用的固定资产等。不需用的固定资产是指本企业多余或不适用，需要调配处理的固定资产。

固定资产按使用情况分类，有利于企业掌握固定资产的使用情况，便于比较分析固定资产的利用效率，挖掘固定资产的使用潜力，促进固定资产的合理使用，同时也便于企业准确合理地计提固定资产折旧。

（3）固定资产按所有权分类，可分为自有固定资产和租入固定资产。自有固定资产是指企业拥有的可供企业自由支配使用的固定资产；租入固定资产是指企业采用租赁方式从其他单位租入的固定资产。

（4）固定资产按经济用途和使用情况综合分类，可分为生产经营用固定资产、非生产经营用固定资产、租出固定资产、不需用固定资产、未使用固定资产、土地、融资租入固定资产。

由于企业的经营性质不同，经营规模有大有小，对于固定资产可以有不同的分类方法，企业可以根据自己的实际情况和经营管理、会计核算的需要进行分类。

10.1.2 对固定资产进行单独管理的必要性

固定资产由于其特殊性，在企业资产管理中，处于举足轻重的地位。一般而言，其重要性体现在以下几个方面。

（1）固定资产是生产资料，是物质生产的基础。固定资产属于生产资料，而生产资料是劳动者用以影响或改变劳动对象的性能或形态的物质资料，如机器设备、厂房、运输工具等；生产资料是物质生产的基础，在企业经济活动中，其拥有十分重要的地位。

（2）固定资产单位价值高，所占资金比重大。与流动资产相比，固定资产的购置或取得，通常要花费较大的代价。在绝大多数企业中，固定资产所占的资金在其资金总额中占有较大的比重，是企业家底的"大头"。由于具有经济价值大的特点，固定资产对企业财务状况的反映也有很大影响，任何在固定资产计价或记录上的错误，都有可能在较大程度上改变企业真实的财务状况。

（3）固定资产的折旧计提对成本费用的影响较大。固定资产在使用过程中，它们的价值应以折旧的形式逐渐转移到产品或服务成本中。由于固定资产的价值较大，即使其折旧计提几乎贯穿整个使用期间，在某一会计期间计入产品或服务成本中的折旧额也较大，所以，固定资产的折旧计提方法是否合理，折旧额的计算是否正确，将在很大程度上影响当期的成本费用水平以及固定资产的净值。

（4）固定资产管理工作的难度较大，问题较多。由于企业的固定资产种类多、数量大、使用分散、使用期限较长，所以在使用和管理中容易发生被遗忘、遗失、损坏或失盗等事件。

10.2　固定资产卡片账的管理

10.2.1　固定资产卡片账的建立

在我国的会计实务中，企业在日常核算固定资产时常采用卡片账形式。卡片账是将账户所需的格式印刷在硬卡上。严格来说，卡片账也是一种活页账，只不过它不是装在活页账夹中，而是装在卡片箱内。在卡片账上详细登记固定资产的相关信息。卡片账能够对固定资产进行独立的、详尽的记录，帮助企业加强对固定资产的管理。但是，纸质卡片账也存在记录和保存不便的问题，而通过 Excel 对固定资产取得的信息进行记录、查询、修改和删除，比纸质卡片账更加准确、快捷、方便，能更加节约空间和安全。

（1）建立固定资产管理工作表。打开 Excel 工作簿，将鼠标指针移至左下方 Sheet1 处，单击鼠标右键，在弹出的快捷菜单中选择"重命名"命令，如图 10-1 所示，输入"固定资产管理"。

（2）登记单项固定资产的相关信息。单项固定资产需登记的相关信息如下。

① 购置日期。

② 资产类别。该部分是固定资产管理的重要分类依据。在前文提到，固定资产基本分为 5 个类别：房屋建筑物、电子设备、机器设备、办公设备、运输设备。

③ 资产名称。

④ 增加方式。

⑤ 单位。

⑥ 数量。

⑦ 初始购置成本。

⑧ 金额合计。

⑨ 使用年限。

⑩ 预计净残值。

⑪ 本月计提折旧。

⑫ 累计折旧。

⑬ 账面价值。

⑭ 处置时间。

⑮ 处置净损益。

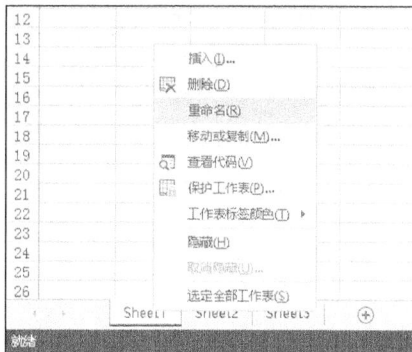

图 10-1　修改 Excel 工作表的名称

以上所列相关信息仅作参考，可以根据不同企业的实际需要，进行添加或删除。

登记固定资产的相关明细信息。单击选中 A1 单元格，输入"宏达公司固定资产管理"。单击选中 A2 单元格，输入"购置日期"。将该列单元格调整为合适的宽度，并将该列单元格的格式调整为日期。单击选中 B2 单元格，输入"资产类别"，登记固定资产名称。单击选中 C2 单元格，输入"资产名称"。使用相同的方法登记固定资产的其他信息。在具体实务处理中，为了使固定资产管理更加完善，可以根据实际情况添加明细资料，如图 10-2 和图 10-3 所示。

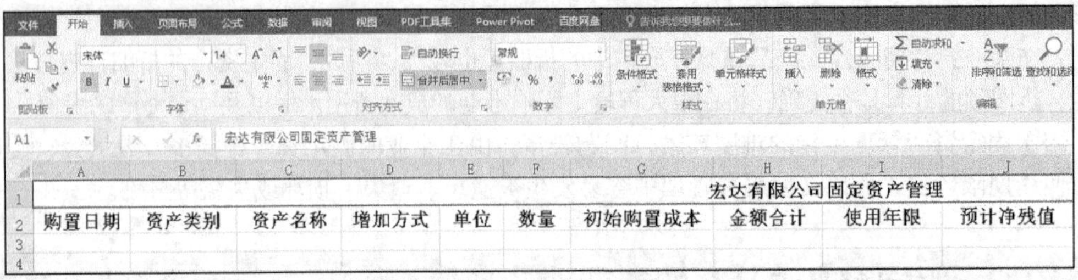

图 10-2　输入固定资产详细信息 1

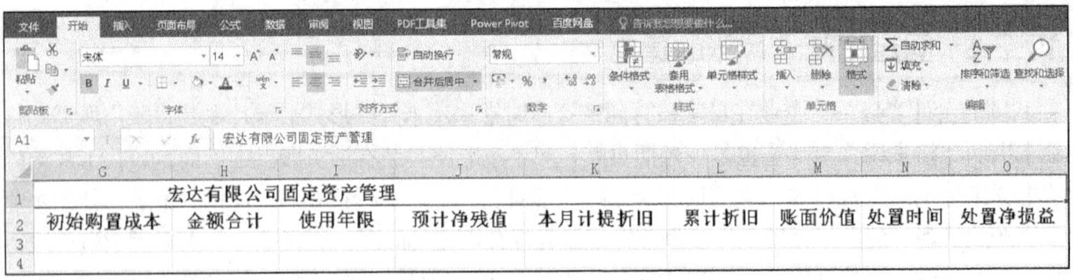

图 10-3　输入固定资产详细信息 2

（3）保证输入固定资产相关信息方便、有效。为了方便数据输入并防止出错，在"增加方式"列设置有效性控制。将光标移动到 D3 单元格，在"数据"选项卡的"数据工具"组中单击"数据验证"按钮（Excel 2016 以"数据验证"替代 Excel 2010 的"数据有效性"，但基本功能一致），在打开的"数据验证"对话框中选择"允许"为"序列"，如图 10-4 所示。

图 10-4　"数据验证"对话框

在"来源"文本框中输入固定资产增加方式"在建工程转入,投资者投入,直接购入,部门调拨,捐赠"（注意，输入增加方式的具体内容时，以英文模式下的","分隔，不可以采用中文模式下的","分隔，否则无法按照序列显示具体的增加方式），如图 10-5 所示。单击"确定"按钮。设置完成后，向下拖动鼠标，将 D3 单元格的有效性控制复制到 D 列的其他单元格中。

设置固定资产增加
方式的数据验证

图 10-5　输入固定资产增加方式

（4）输入现有固定资产的具体信息，如图 10-6 所示。

图 10-6　现有固定资产的具体信息

10.2.2　固定资产卡片账的查询

企业拥有的固定资产登记完毕后，由于固定资产众多，为了方便查找某一项固定资产，可利用 Excel 的自动筛选命令，建立固定资产查询功能。自动筛选命令提供了在具有大量记录的数据清单中快速查找符合条件记录的功能。使用自动筛选命令筛选记录时，字段名称将变成一个下拉列表框。下面演示对现有固定资产进行查找、筛选的操作步骤。首先选中 A2 单元格，然后在"开始"选项卡的"编辑"组中单击"排序和筛选"按钮，选择"筛选"命令，如图 10-7 所示。

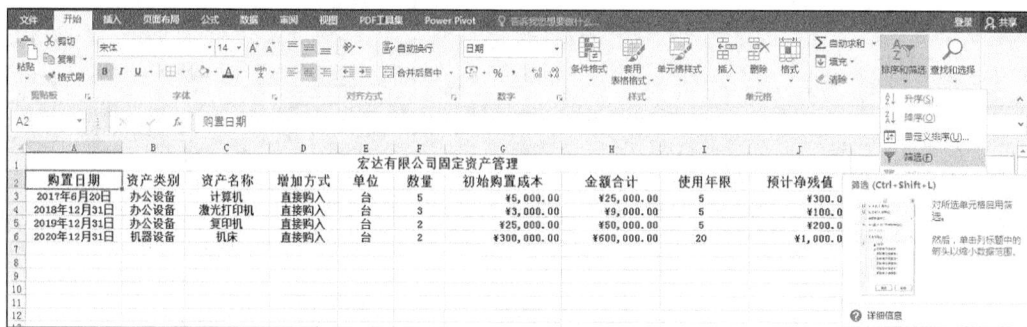

图 10-7　选择"筛选"命令

执行命令后，在"购置日期"等栏显示筛选按钮，如图 10-8 所示。

图 10-8　出现筛选按钮

单击筛选按钮，弹出查询方式的下拉列表框，在任意一栏的下拉列表框中可以看到有"升序""降序""按颜色排序"和"日期筛选"等数据查询方式，如图 10-9 所示。

其中，最强大的筛选功能是使用"自定义"方式来查询数据。"按颜色排序"实质就是自定义排序，可以添加、删除筛选条件，筛选方式更为灵活。在图 10-9 中选择"按颜色排序"|"自定义排序"选项，打开图 10-10 所示的"排序"对话框，可以看到，自定义次序功能是按升序与降序及自定义来排列指定的固定资产数据的。

下面以现有的固定资产资料为例，介绍自定义筛选的查询方式。需要查询 2017—2018 年购置的固定资产，首先将光标移至 A2 栏，单击选中 A2 栏；然后在"开始"选项卡的"编辑"组中单击"排序和筛选"按钮，选择筛选命令，A2、B2 等各栏均显示筛选按钮，再单击 A2 栏的筛选按钮，选择"日期筛选"，在"日期筛选"项目中取消 2019 年和 2020 年，如图 10-11 所示。设置完毕后，单击"确定"按钮，开始执行筛选命令。

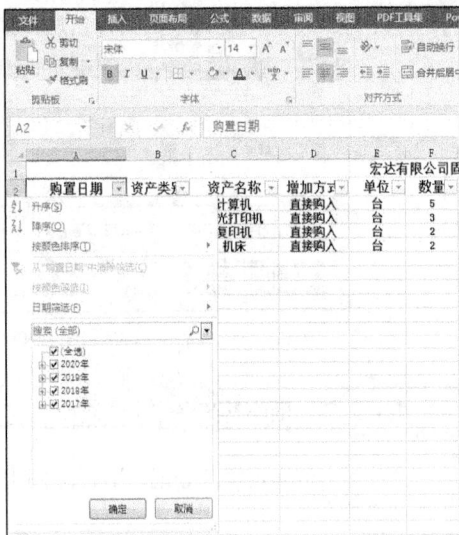

图 10-9 弹出查询方式的下拉列表框

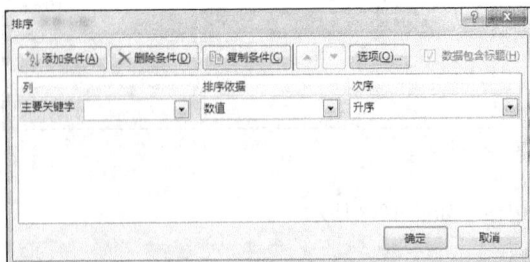

图 10-10 "排序"对话框

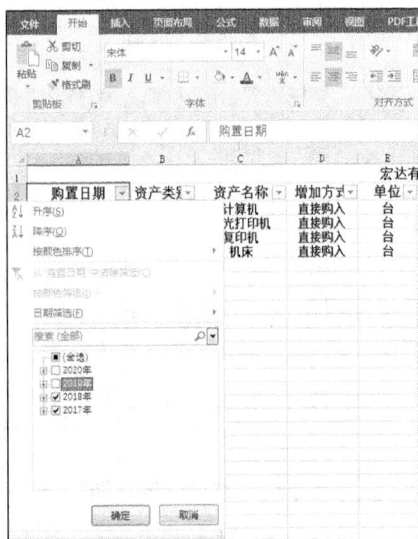

图 10-11 确定筛选条件

返回固定资产管理工作表后，可以看到显示的固定资产项目数据已经成为所需查询的从 2017—2018 年的数据，如图 10-12 所示。

图 10-12 显示筛选后的数据

对现有固定资产进行筛选

如果需要还原为"显示全部数据",则只需要单击"筛选"按钮,选择"从'购置日期'中清除筛选"选项,即可显示现有的全部数据,如图 10-13 所示。

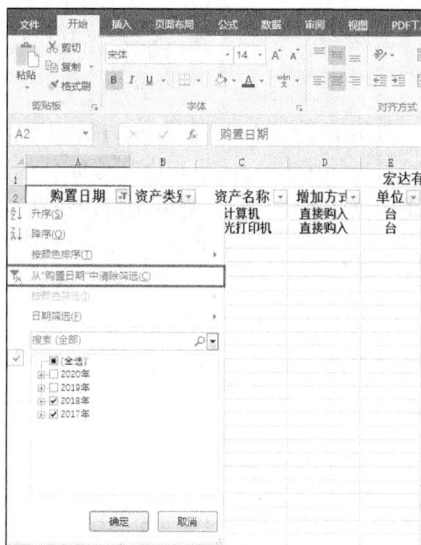

图 10-13　取消筛选的数据

10.3　固定资产折旧的计提

10.3.1　固定资产折旧的概述

1. 固定资产折旧的概念

固定资产折旧是指固定资产在使用过程中逐渐损耗而消失的那部分价值。固定资产损耗的这部分价值应当在固定资产的有效使用年限内分摊,形成折旧费用,计入各期成本。

(1)固定资产折旧的性质。固定资产的价值随着固定资产的使用而逐渐转移到产品成本中或构成期间费用,然后通过产品(商品)的销售,收回货款,得到补偿。

固定资产的损耗分为有形损耗和无形损耗两种。有形损耗是指固定资产由于使用和自然力的影响引起的使用价值和价值的损失。无形损耗是指由于科技进步等引起的固定资产的价值损失。

(2)计提折旧的范围。企业在用的固定资产(包括经营用固定资产、非经营用固定资产、租出固定资产)一般均应计提折旧,包括:房屋和建筑物,在用的机器设备、仪器仪表、运输工具,季节性停用、大修理停用的设备,融资租入和以经营租赁方式租出的固定资产。

不计提折旧的固定资产包括:未使用、不需用的机器设备,以经营租赁方式租入的固定资产,在建工程项目交付使用以前的固定资产,已提足折旧继续使用的固定资产,未提足折旧提前报废的固定资产,国家规定不计提折旧的其他固定资产(如土地等)。

2. 固定资产折旧方法

企业一般应当按月计提折旧,当月增加的固定资产,当月不计提折旧;当月减少的固定资产,当月仍计提折旧。

所谓提足折旧,是指已经提足该项固定资产的应提折旧总额。应提折旧总额为固定资产原价减去预计净残值。

（1）年限平均法。年限平均法又称直线法，是根据固定资产原值减去预计净残值后的金额，将固定资产剩余价值均衡地分摊折旧额到各期的一种方法。

$$年折旧率=\frac{1-预计净残值率}{预计使用年限}\times100\%$$

$$月折旧率=年折旧率\div12$$

$$月折旧额=固定资产原值\times月折旧率$$

按年限平均法计提的折旧额可以使用 SLN 函数来计算（SLN 函数用法见本章下文介绍）。

（2）工作量法。工作量法是根据实际工作量计算固定资产每期应计提折旧额的一种方法。

$$单位工作量折旧额=\frac{固定资产原值\times(1-预计净残值率)}{预计总工作量}$$

$$某项固定资产月折旧额=该项固定资产当月工作量\times单位工作量折旧额$$

（3）双倍余额递减法。双倍余额递减法是在不考虑固定资产预计净残值的情况下，根据每期期初固定资产账面余额和双倍的直线法折旧率计算固定资产折旧的一种方法。

$$年折旧率=\frac{2}{预计使用年限}\times100\%$$

$$月折旧率=年折旧率\div12$$

$$月折旧额=固定资产账面净值\times月折旧率$$

实行双倍余额递减法计提折旧的固定资产，应当在其固定资产折旧年限到期以前两年内，将固定资产净值（扣除净残值）平均摊销。

按双倍余额递减法计提的折旧额可以使用 DDB、VDB 函数来计算（DDB、VDB 函数用法见本章下文介绍）。

（4）年数总和法。年数总和法又称年限合计法，是将固定资产的原值减去预计净残值后的净额乘以一个逐年递减的分数计算每年的折旧额，这个分数的分子代表固定资产尚可使用的年数，分母代表使用年限的逐年数字总和。

$$年折旧率=\frac{尚可使用的年数}{预计使用年限的年数总和}$$

或者

$$年折旧率=\frac{预计使用年限-已使用年限}{预计使用年限\times(预计使用年限+1)\div2}$$

$$月折旧率=年折旧率\div12$$

$$月折旧额=(固定资产原值-预计净残值)\times月折旧率$$

按年数总和法计提的折旧额可以使用 SYD 函数来计算（SYD 函数用法见本章下文介绍）。

10.3.2　固定资产折旧函数

手工计算固定资产的折旧金额非常烦琐，利用 Excel 的函数可以自动生成固定资产折旧金额。具体处理折旧的函数有 7 个（常用的有 5 个），每个折旧函数都有不同的使用方式。第 2 章介绍了 DB 和 DDB 这两个函数，在此进一步具体说明。

1. DB 函数

（1）用途：DB 函数是利用固定余额递减法计算一笔资产在给定日期内的折旧额。

（2）语法：DB(Cost, Salvage, Life, Period, Month)。

（3）参数说明如下。

- Cost：是指固定资产的初始取得（常为外购）成本。
- Salvage：是指固定资产的残值（预计残值）。
- Life：是指固定资产的预计可使用年限。
- Period：是指需要计算折旧的日期，注意：使用时，Period 必须与 Life 使用相同的衡量单位。
- Month：是指第一年的月份数，如果省略 Month 自变量，则默认值为 12。

（4）说明：固定余额递减法为在一固定比率下计算折旧额。DB 函数运用下列公式来计算折旧：（Cost-上一期总折旧值）*比率。其中，比率=1-((Salvage/Cost)^(1/Life))，计算时，四舍五入至小数点后 3 位。对于第一期的折旧和最后一期的折旧，必须使用特别的计算方式。第一期的折旧使用公式"Cost*比率*Month/12"，最后一期的折旧使用公式"((Cost-前几期折旧值总和)*比率*(12-Month))/12"。

2. DDB 函数

（1）用途：DDB 函数是指定固定资产在指定日期内按双倍余额递减法或其他指定方法来计算所得的折旧值。

（2）语法：DDB(Cost, Salvage, Life, Period, Factor)。

（3）参数说明如下。

- Cost、Salvage、Life、Period 这 4 个参数的定义可以参看 DB 函数。
- Factor：用来指定余额递减的速率。如果省略该参数，则其默认值为 2（即采用双倍余额递减法）。

3. SLN 函数

（1）用途：SLN 函数是指定固定资产使用年限平均法计算出的每期折旧金额。

（2）语法：SLN(Cost, Salvage, Life)。

（3）Cost、Salvag、Life 这 3 个参数的定义可以参看 DB 函数。

4. SYD 函数

（1）用途：SYD 函数是指定固定资产在某段日期内按年数合计法（Sum-Of-Years）计算出的每期折旧金额。

（2）语法：SYD(Cost,Salvage,Life,Per)。

（3）Cost、Salvage、Life、Per 这 4 个参数的定义可以参看 DB 函数。

5. VDB 函数

（1）用途：VDB 函数是指固定资产在某一段时间的折旧数总额，其折旧是使用双倍余额递减法计算的。

（2）语法：VDB(Cost, Salvage, Life, Start-Period, End-Period, Factor, No-Switch)。

（3）参数说明如下。

- Cost、Salvage、Life 这 3 个参数的定义可以参看 DB 函数。
- Start-Period：此参数用来指定折旧数额的计算是从第几期开始。该参数必须与 Life 自变量采用相同的衡量单位。
- End-Period：此参数用来指定折旧数额要算到第几期为止。该参数必须与 Life 自变量采用相同的单位。
- Factor：用于指定余额递减的速率。如果省略 Factor 自变量，则使用默认值 2（即采用倍率递减法）。

• No-Switch：此参数是个逻辑值参数，用于判断是否要在折旧数额大于余额递减法算出的数额时，将折旧切换成直线法的折旧数额。

10.3.3 折旧函数应用举例

在固定资产管理中，折旧费用的计提尤其重要。一般常用的折旧计提方法即前文所述的 5 种方法。下面采用双倍余额递减法作为固定资产计提折旧的计算方法。

【例 10-1】 某固定资产的原值为 50 000 元，预计净残值率为 5%，预计使用年限为 6 年，采用双倍余额递减法计提折旧，计算此固定资产第一年的折旧额。计算过程如下。

打开 Excel 工作簿，将鼠标光标移至左下方的 Sheet 2 处，单击鼠标右键，在弹出的快捷菜单中选择"重命名"命令，输入"固定资产计提折旧演示"，在该工作表中演示。

（1）单击选中 Al 单元格，在"公式"选项卡的"函数库"组中单击"插入函数"按钮，如图 10-14 所示。

（2）打开"插入函数"对话框，在"或选择类别"下拉列表框中选择"财务"选项，在"选择函数"列表框中选择 DDB 函数，如图 10-15 所示。

图 10-14　找到插入函数标志

图 10-15　选择折旧函数

DDB()函数计提
第一年折旧

（3）单击"确定"按钮，在"函数参数"对话框中按要求输入 DDB 函数的参数：固定资产原值（Cost）=50 000，固定资产预计净残值（Salvage）=50 000*0.05，预计使用年限（Life）=6，折旧计提年（Period）=1，如图 10-16 所示。

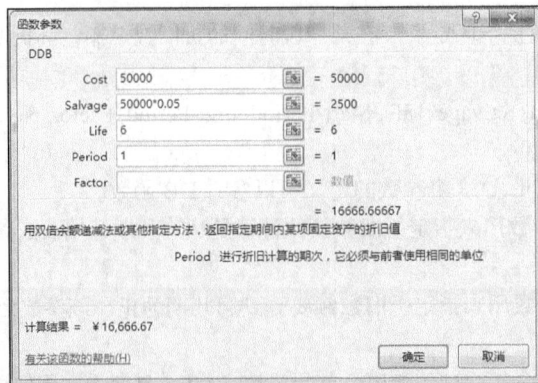

图 10-16　输入按照年份计提的折旧参数

💡**注意** 使用时，Period 必须与 Life 使用相同的衡量单位，本例均为年。

单击"确定"按钮，要计算的折旧值出现在 A1 单元格中，显示的具体函数内容如图 10-17 所示。

【**例 10-2**】 承【例 10-1】，计算第一年至第六年的所有折旧金额，具体操作步骤如下。

（1）分别在 A2:A7 单元格区域输入需要计提折旧的固定资产原值 50 000 元。分别在 B2:B7 单元格区域输入需要计提折旧的时间，即计提折旧年份 1～6 年，如图 10-18 所示。

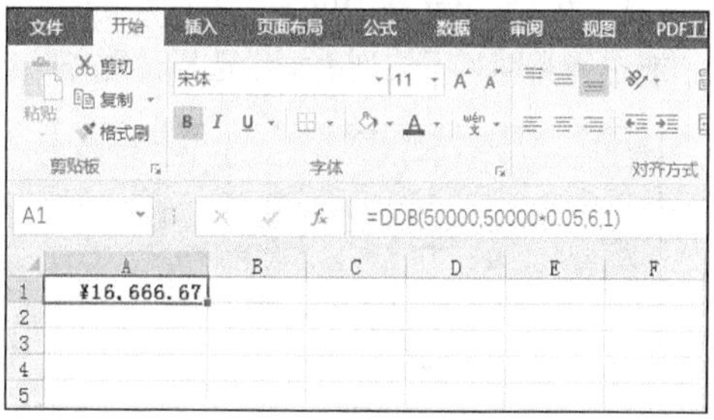

图 10-17　显示第一年折旧数据

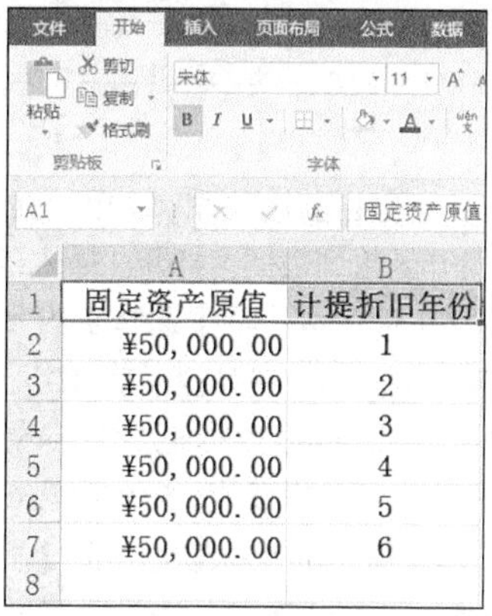

图 10-18　输入需要计提折旧的金额和年份

（2）单击选中 C1 单元格，输入"每年计提折旧额"。单击选中 C2 单元格，根据以上 DDB 函数的输入方法，引用 A2 和 B2 单元格的数据，完成函数内容的填制，如图 10-19 所示。

（3）单击"确定"按钮，在 C2 单元格中生成第一年折旧数据，将光标移至 C2 单元格右下方，当光标变为"+"时，向下拖动鼠标复制至 C7 单元格，C2:C7 单元格区域出现第一年至第六年的折旧额，如图 10-20 所示。

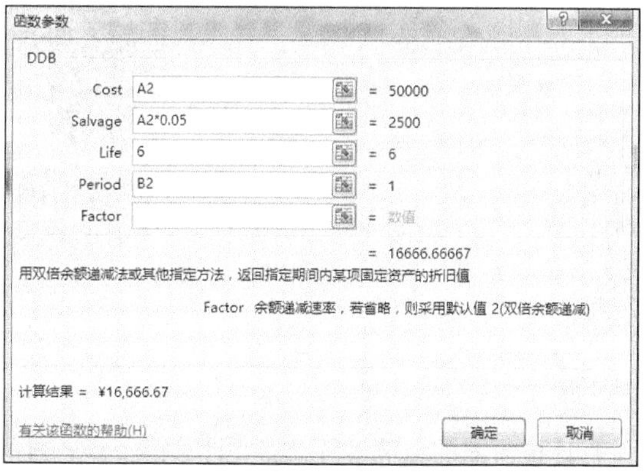

图 10-19　引用或输入折旧参数

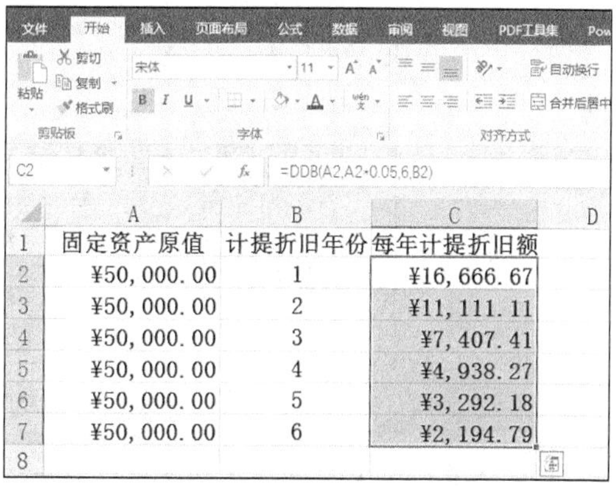

图 10-20　产生全部的折旧数据

（4）利用 SUM 函数计算 6 年计提折旧金额之和。合计数为 45 610.43，不等于固定资产的原值-预计净残值（50 000-50 000*0.05=47 500），如图 10-21 所示。原因在于，采用双倍余额递减法计提折旧，最后两年的数据需要改用年限平均法计提折旧。

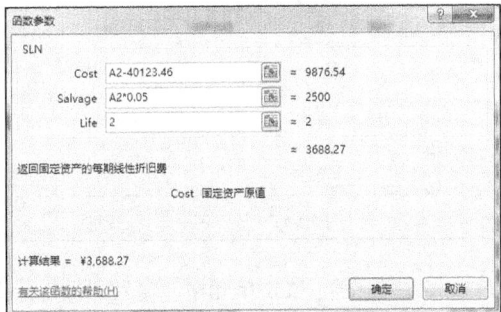

图 10-21　计算各年折旧金额之和

（5）单击选中 C6 和 C7 单元格，删除错误的折旧金额。在 C6 单元格中单击"函数"按钮右端的箭头，打开函数列表框，打开"插入函数"对话框，在"或选择类别"下拉列表框中选择"财务"选项，在"选择函数"列表框中选择 SLN 函数。在 Cost 文本框中输入固定资产在计提了前 4 年折旧之后的剩余账面价值（50 000-40 123.46）。在 Salvage 文本框中输入固定资产的预计净残值（50 000*0.05）。在 Life 文本框中输入固定资产的剩余使用年限 2，如图 10-22 所示。

（6）单击"确定"按钮后，固定资产在第五年需要计提的折旧额为 3 688.27 元，将该格式复制至 C7 单元格。将最后两年的折旧金额确定下来。利用 SUM 函数计算 6 年计提折旧金额之和，合计数为 47 500，等于固定资产的原值-预计净残值（50 000-50 000*0.05=47 500），说明折旧的金额计算正确，如图 10-23 所示。

图 10-22　转为年限平均法需要填制的数据

图 10-23　修改后的各年折旧金额之和

【例 10-3】承【例 10-1】，由于通常需要显示按月计提折旧的金额，所以需要计算第一年各月的折旧金额，具体操作步骤如下。

因为在双倍余额递减法下，年折旧率=2÷折旧年限×100%，月折旧率=年折旧率÷12，月折旧额=固定资产账面净值×月折旧率，所以，第一年各月折旧额实质为当年折旧额除以 12。单击选中 E2 单元格，输入公式"=C2/12"，要计算的折旧值出现在 E2 单元格中，如图 10-24 所示。将公式复制到 E 列的其他单元格，即可计算出各年每月计提折旧的金额，如图 10-25 所示。通过这种方法，可以进一步得到在该固定资产的使用过程中，每个月需要计提的折旧金额。

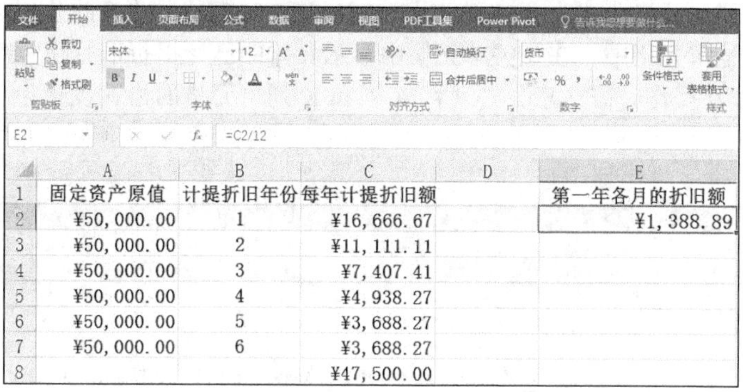

	A	B	C	D	E
1	固定资产原值	计提折旧年份	每年计提折旧额		第一年各月的折旧额
2	¥50, 000. 00	1	¥16, 666. 67		¥1, 388. 89
3	¥50, 000. 00	2	¥11, 111. 11		
4	¥50, 000. 00	3	¥7, 407. 41		
5	¥50, 000. 00	4	¥4, 938. 27		
6	¥50, 000. 00	5	¥3, 688. 27		
7	¥50, 000. 00	6	¥3, 688. 27		
8			¥47, 500. 00		

图 10-24　显示第一年各月折旧额

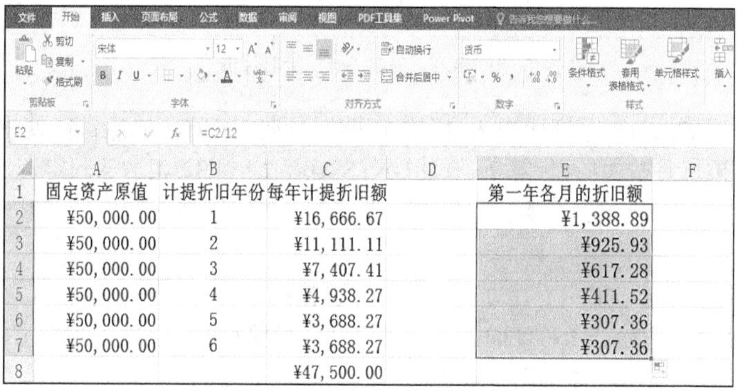

	A	B	C	D	E	F
1	固定资产原值	计提折旧年份	每年计提折旧额		第一年各月的折旧额	
2	¥50, 000. 00	1	¥16, 666. 67		¥1, 388. 89	
3	¥50, 000. 00	2	¥11, 111. 11		¥925. 93	
4	¥50, 000. 00	3	¥7, 407. 41		¥617. 28	
5	¥50, 000. 00	4	¥4, 938. 27		¥411. 52	
6	¥50, 000. 00	5	¥3, 688. 27		¥307. 36	
7	¥50, 000. 00	6	¥3, 688. 27		¥307. 36	
8			¥47, 500. 00			

图 10-25　显示每年各月的折旧数据

10.3.4　固定资产计提折旧的具体应用

以现有的固定资产具体资料为例，介绍固定资产计提折旧的实务处理方法。

1. 固定资产计提折旧前的准备工作

为了能方便、正确地计提现有的每项固定资产的折旧额，在计提折旧前，需要根据当前的日期先计算每项固定资产已经计提折旧的月份、年份。如果固定资产是依据工作量法计提折旧的，则需要输入相关工作量。本节固定资产具体资料来自 10.2.1 小节，但调整了相关年份。

（1）打开“固定资产管理”工作表，将光标移至 K 列，在“开始”选项卡的“单元格”组中的“插入”下拉列表框中选择“插入单元格”命令插入“当前日期”列，如图 10-26 所示。假设当前日期为 2021 年 12 月 31 日。

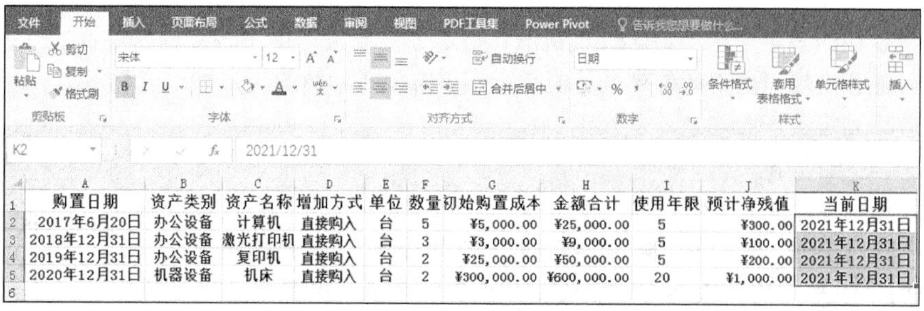

	A	B	C	D	E	F	G	H	I	J	K
1	购置日期	资产类别	资产名称	增加方式	单位	数量	初始购置成本	金额合计	使用年限	预计净残值	当前日期
2	2017年6月20日	办公设备	计算机	直接购入	台	5	¥5,000.00	¥25,000.00	5	¥300.00	2021年12月31日
3	2018年12月31日	办公设备	激光打印机	直接购入	台	3	¥3,000.00	¥9,000.00	5	¥100.00	2021年12月31日
4	2019年12月31日	办公设备	复印机	直接购入	台	2	¥25,000.00	¥50,000.00	5	¥200.00	2021年12月31日
5	2020年12月31日	机器设备	机床	直接购入	台	2	¥300,000.00	¥600,000.00	20	¥1,000.00	2021年12月31日
6											

图 10-26　确定当前日期

（2）将光标移至 J 列，按照上述方法，插入"已提折旧月份"列。单击选中 J2 单元格，设置单元格公式为"=INT(DAYS360(A2,L2)/30)"，并将此公式复制到 J 列的其他单元格中，在相关单元格中显示具体的已计提折旧月份，如图 10-27 所示。在操作时需注意，必须将 A 列和 K 列单元格的格式设置为"日期"。

确定已提折旧月份

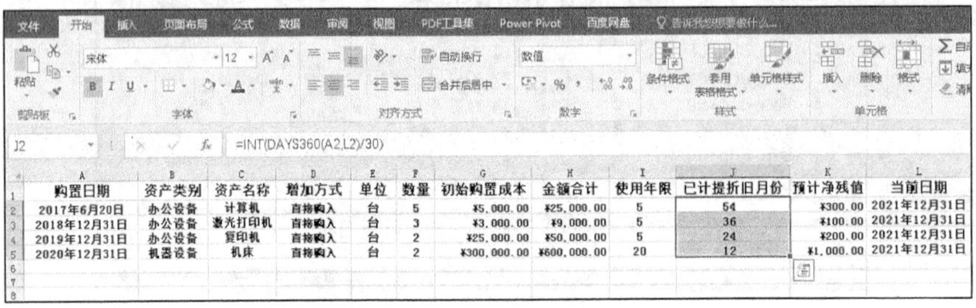

图 10-27　确定已计提折旧月份

函数 DAYS360(A2,L2) 表示将计算从固定资产购置日期（认定为固定资产使用日期）开始，到当前日期的天数（如果每月按 30 天计算），函数 DAYS360(A2,L2)/30 表示从固定资产使用日期开始到当前日期的月份数。如果该数据不是整数，则在其前面加取整函数 INT。

（3）将光标移至 K 列，按照上述方法，插入"已提折旧年份"列。单击 K2 单元格，设置单元格公式为"=INT(J2/12)"，并将此公式复制到 K 列的其他单元格中，在相关单元格中显示具体的已计提折旧年份，如图 10-28 所示。

确定已提折旧年份

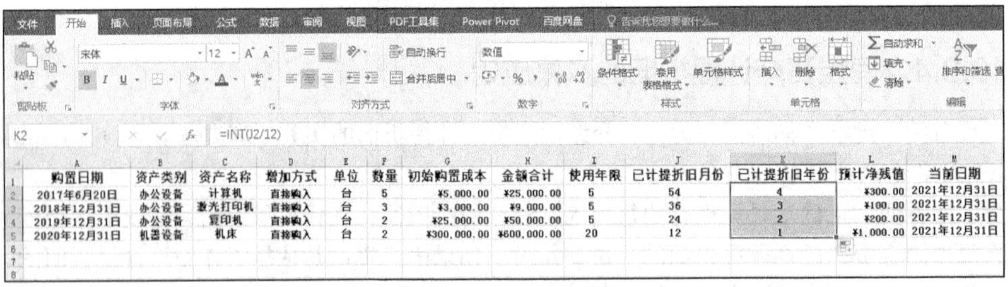

图 10-28　确定已计提折旧年份

2. 固定资产折旧的计提

在计提固定资产折旧时，首先，需要确定固定资产计提折旧的方法（本例选择年限平均法计提折旧）；其次，需要考虑当月新增固定资产，当月不计提折旧；再次，需要考虑折旧已经计提完毕，仍继续使用的固定资产不应再计提折旧；最后，需要考虑由于各种原因导致最后一个月计提折旧时，可能会出现固定资产的剩余价值小于按正常公式计算的折旧额，这时的折旧额应为固定资产的剩余价值。

具体操作步骤如下。

（1）计算本月计提的折旧金额。根据前文列示，N 列将反映当月计提的折旧金额。单击选中 N1 单元格，输入"本月计提折旧金额"。本例假定现有固定资产均采用年限平均法计提折旧。单击选中 N2 单元格，设置单元格公式为"=SLN(H2,L2,I2*12)"，并将此公式复制到 N 列的其他单元格中，在相关单元格

确定本月计提
折旧金额

214

中显示具体的当月计提折旧金额，如图 10-29 所示。

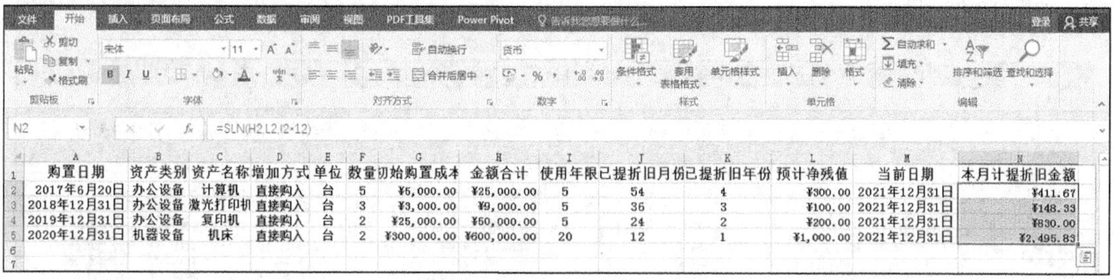

图 10-29　确定本月计提折旧金额

（2）调整本月新增固定资产折旧。如果本月新增固定资产，那么如何列示呢？单击选中 A6 单元格，输入"2021-12-6"，随后在资产类别、资产名称等相关项目内输入本月新增固定资产详情，如图 10-30 所示。

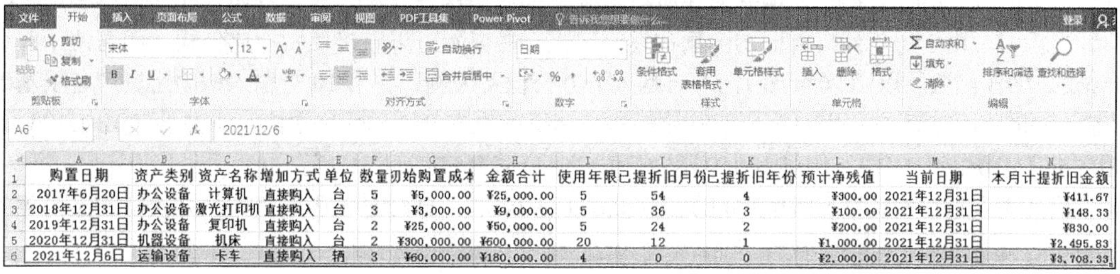

图 10-30　本月新增固定资产

我们发现第 6 行的运输设备属于本月新增固定资产，本月不应计提折旧，但是如果将 N5 单元格中的公式复制到 N6 单元格，则发现当月本不应该计提折旧的资产也出现了当月折旧金额"¥3 708.33"。考虑到这种情况，将 N 列数据在 O 列进行修正。

单击选中 O1 单元格，输入"本月计提折旧修正"。单击选中 O2 单元格，设置单元格公式为"=IF(J2=0,0,N2)"，并将此公式复制到 O 列的其他单元格中，如图 10-31 所示。此公式的含义为：如果"已提折旧月份"为 0（即为当月新增固定资产），则该项固定资产的月折旧额为 0，否则为原月折旧额。经过修正后，可以看出，当月新增固定资产的折旧金额已经显示为"¥0.00"。

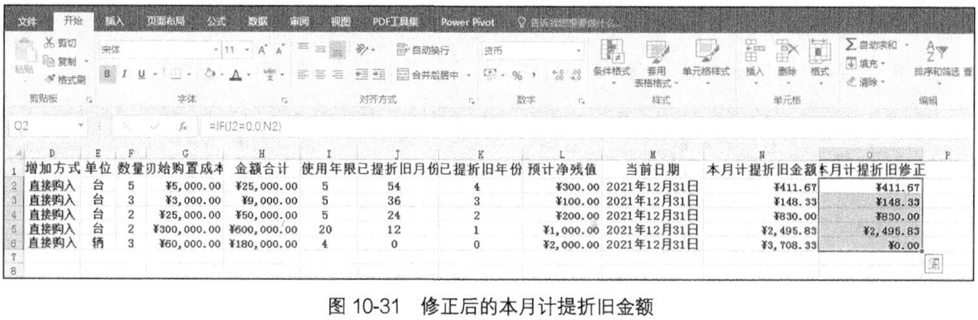

修正后的本月计提
折旧金额

图 10-31　修正后的本月计提折旧金额

（3）计算截至本期的累计折旧金额。由于本例规定的累计折旧的计提方法为年限平均法，所以需要根据已计提折旧月份和本期计提折旧的修正数额，将两者相乘计算出累计折旧的金额。单击选中 P1 单元格，输入"累计折旧"。单击选中 P2 单元格，设置单元格公式为"=J2*O2"，并将此公式复制到 P 列的其他单元格中，在相关单元格中显示具体的从计提折旧开始到截至本月的累计折旧金额，如图 10-32 所示。

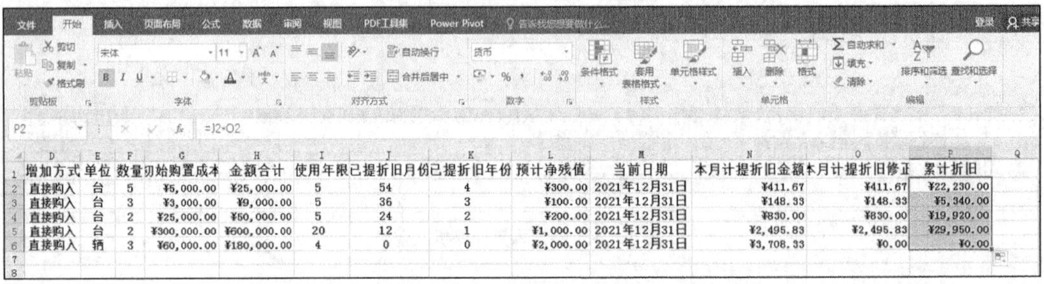

图 10-32　计算累计折旧金额

需要注意的是，本例采用的是年限平均法计提折旧，累计折旧的计算方式可以使用公式 "=每月计提折旧*已提折旧月份"。但并非在所有情况下都使用这种计算公式。例如，在双倍余额递减法下计提折旧，由于每年计提折旧的金额在逐期递减，所以不可以直接使用上述公式，而需使用前文介绍的 VDB 函数。以 2020 年 6 月 30 日购入的办公设备为例，在第 10 行输入该固定资产各项基础资料，如果该固定资产采用双倍余额额递减法计提折旧，则在 P10 单元格中输入公式 "=VDB(H10,L10,I10,0,INT(J10/12))+DDB (H10,L10,I10,INT(J10/12) +1)/12*MOD(J10,12)"。

该公式表示首先计算 VDB(H10,L10,I10,0,INT (J10/12))，即计算该固定资产从开始使用至当年的前一年的折旧总额（按整年数计算），本例为已经计提 1 整年的折旧。

DDB(H10,L10,I10,INT(J10/12)+1)/12*MOD(J10,12)的分解意思为：DDB(H10,L10, I10,INT(J10/12) +1)/12 为计算该固定资产(J10/12) +1 期的折旧，本例中的 J10 为 18 个月，因此(J10/12) +1 等于 2，DDB(H10,L10,I10,INT(J10/12) +1)/即求出第二年的年折旧额，再除以 12 得出第二年每月折旧额；DDB(H10,L10,I10,INT(J10/12) +1)/12*MOD(J10,12)为第二年前 6 个月的折旧合计金额。截至当月累计计提折旧金额为 "¥7 800"，如图 10-33 所示。

在 N10 单元格中输入公式 "=DDB(H10,L10,I10,INT(J10/12) +1)/12" 可以计算本月折旧额为 "¥300"。

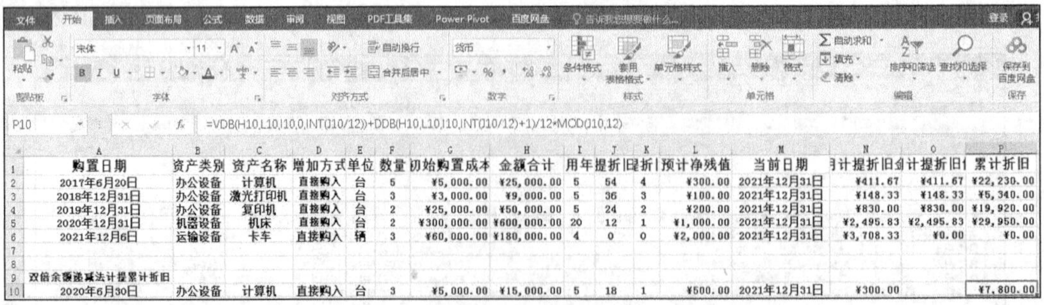

使用双倍余额递
减法计算累计折旧

图 10-33　使用双倍余额递减法计算累计折旧

（4）计算固定资产账面价值。固定资产账面价值=固定资产原价-累计折旧。单击 Q1 单元格，输入 "账面价值"。单击 Q2 单元格，设置单元格公式为 "=H2-P2"，并将此公式复制到 Q 列的其他单元格，在相关单元格中显示固定资产的账面价值，如图 10-34 所示。

图 10-34　计算固定资产账面价值

思考练习

1．简答题

（1）如何利用 Excel 建立固定资产管理明细账？具体可以设置哪些管理项目？

（2）常用的固定资产折旧函数有哪些？各函数的语法是什么？

（3）按月计提的折旧函数与按年计提的折旧函数有何不同？

（4）如何对当月增加的固定资产计提折旧并进行修正？

2．上机操作题

云天公司 2021 年 12 月 31 日的固定资产概况如表 10-1 所示。

表 10-1　固定资产概况

项目	取得时间	金额（元）	预计使用年限	预计净残值率
机器设备	2020 年 5 月 20 日	300 000	10	0.3%
办公设备	2018 年 3 月 5 日	80 000	5	0.5%
建筑物	2012 年 8 月 13 日	90 000 000	50	0.02%

要求：利用折旧函数，分别采用年限平均法、双倍余额递减法、年数总和法计算各项固定资产的年折旧额和月折旧额。

第11章

Excel 在财务分析中的应用

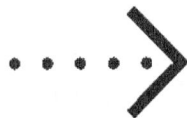

通过本章的学习，读者应了解并掌握 Excel 在对已经编制完成的财务会计报表进行财务分析、帮助财务决策等方面的应用。

学习目标

- 掌握引用已经编制完成的财务报表
- 掌握利用 Excel 进行比率分析
- 掌握利用 Excel 进行趋势分析
- 掌握利用 Excel 进行比较分析
- 掌握利用 Excel 进行综合财务分析

11.1 财务分析概述

财务分析又称财务报表分析，是指在财务报表及其相关资料的基础上，通过一定的方法和手段，对财务报表提供的数据进行系统和深入的分析研究，揭示有关指标之间的关系、变动情况及其形成原因，从而向财务报表使用者提供相关和全面的信息，也就是将财务报表及相关数据转换为对特定决策有用的信息，对企业过去的财务状况和经营成果以及未来前景做出评价，从而为财务决策、计划和控制提供帮助。

财务报表中涉及的数据不仅种类繁多，而且包括不同时期、不同企业之间的比较，传统的手工操作较为复杂，利用 Excel 提供的各种功能来辅助财务分析和决策人员的工作，可以迅速、准确地完成财务分析。

本章将介绍财务分析的常见方法和如何运用 Excel 进行财务分析。

11.1.1 财务分析目的

财务报表的使用者包括投资者、债权人、政府及其有关部门、社会公众等利益关系人，不同的人员关心的问题和侧重点不同，因此进行财务分析的目的也有所不同，主要有以下几个方面。

1. 评价企业的财务状况

通过对企业的财务报表等会计资料进行分析，了解企业资产的流动性、负债水平和偿债能力，从而评价企业的财务状况和经营成果，为企业管理者、投资者和债权人等提供财务信息。

2. 评价企业的资产管理水平

企业的生产经营过程就是利用资产取得收益的过程。资产是企业生产经营活动的经济资源。资产的管理水平直接影响到企业的收益，体现了企业的整体素质。通过财务分析，可以了解到企业资产的管理水平和资金周转情况，为评价经营管理水平提供依据。

3. 评价企业的获利能力

通过财务分析，可以评价企业的获利能力。利润是企业经营最终成果的体现，是企业生存和发展的最终目的。因此，不同的利益关系人都十分关心企业的获利能力。

4. 评价企业的发展趋势

通过财务分析，可以判断企业的发展趋势，预测企业的经营前景，从而避免因决策失误带来的重大经济损失。

11.1.2 财务报表分析的方法

财务报表虽然可以提供大量的财务信息，但很难获取各种直接有用的信息，有时甚至会被会计数据引入歧途，被表面假象蒙蔽。为了让财务报表使用者正确揭示各种会计数据之间的重要关系，并且全面反映企业财务状况和经营成果，通常采用以下几种方法进行报表分析。

1. 财务比率分析

财务比率分析通过计算相互联系的指标项目之间的比值来确定财务活动的变动程度，用以反映各项财务数据之间的相互关系，从而揭示企业的财务状况和经营成果，是财务分析中最重要的部分。财务比率包括同一张报表中不同项目之间的比较和不同财务报表的相关项目之间的比较。财务比率的值是相对数，排除了规模的影响，具有较好的可比性。

2. 财务趋势分析

财务趋势分析是指对不同时期财务报表中相同项目的比较和分析，即将企业连续两期（或多期）的财务报表的相同项目并行排列在一起，并计算相同项目增减的绝对金额和增减的百分比，编制比较财务报表，以揭示各报表项目在这段时期内所发生的绝对金额变化和百分率变化情况。在计算相同项目增减的绝对金额变化和增减的百分比时，基期（被比较的时期）可以是固定（如基期固定在第一年）的，也可以是变动的（如将计算期的第一期作为基期）。若基期是固定的，则称为定基趋势分析；若基期是变动的，则称为环比趋势分析。

3. 财务比较分析

财务比较分析是指在同一时期财务报表中不同项目之间的比较和分析，主要通过编制"共同比财务报表"（或称百分比报表）进行分析，即将财务报表中的某一重要项目（如资产负债表中的资产总额或权益总额，利润表中的营业收入，现金流量表中的现金来源总额等）的数据作为100%，然后将报表中其余项目的金额都以这个重要项目的百分率的形式做纵向排列，从而揭示各个项目的数据在企业财务中的相对意义。不仅如此，采用这种形式编制的财务报表还使得在规模不同的企业之间进行经营和财务状况比较成为可能。因为把报表中各个项目的绝对金额都转化成百分数，在经营规模不同的企业之间就形成了可比性，这就是"共同比"的含义。当然，要在不同企业之间进行比较，其前提条件是这些企业应属于同一行业，它们所采用的会计核算方法和财务报表编制程序也必须大致相同，否则就不会得到任何有实际意义的结果。

4. 财务综合分析

财务综合分析是指对各种财务指标进行系统、综合的分析，以便对企业的财务状况做出全面合理的评价。财务综合分析是利用各种因素之间的数量依存关系，通过因素替换，从数量上测定各因素变动对某项综合性经济指标的影响程度的一种方法，具体包括差额分析法、指标分解法、连环替代法和定基替代法等。

11.1.3 财务分析的数据来源

会计报表的数据是财务分析的主要数据来源。财务分析的数据来源主要有以下两个方面。

1. 会计核算数据源

会计核算数据源是指第7章中通过Excel生成的资产负债表、利润表、现金流量表等。财务分析以本企业的资产负债表、利润表和现金流量表为基础，通过提取、加工和整理会计核算数据来生成所需的数据报表，然后对其进行加工处理，便可得到一系列的财务指标。

除了会计核算数据外，进行财务分析还需要其他数据，如同行业的主要经营比率等。这些数据统称为其他数据。

2. 外部数据库

在Excel中获取外部数据库的方式之一是利用Microsoft Query获取外部数据库。首先建立Excel与Query之间的通信，然后让Query与开放数据库连接（Open Database Connectivity，ODBC）驱动程序之间进行通信，而通过ODBC可以与数据库通信。这样，通过一系列的通信交换过程便可实现数据库的读取。

11.2 财务比率分析

11.2.1 财务比率分析的具体指标

财务比率分析是指将财务报表中的有关项目进行对比，得出一系列财务比率，以此来揭示企业的财务状况。常用的财务比率可分为五大类：变现能力比率、资产管理比率、长期负债比率、盈利能力比率和市价比率。

1. 变现能力比率

变现能力比率又称短期偿债能力比率，是衡量企业产生现金能力大小的比率。它的值取决于可以在近期转变为现金的流动资产的多少。反映变现能力的财务比率主要有流动比率和速动比率。

（1）流动比率。流动比率是企业流动资产与流动负债之比，其计算公式如下。

$$流动比率 = 流动资产 / 流动负债$$

流动资产一般包括货币资金、交易性金融资产、应收票据、应收账款、存货和持有待售资产等。流动负债一般包括短期借款、交易性金融负债、应付票据、应付账款、应交税费、持有待售负债等。

流动比率是衡量企业短期偿债能力的一个重要财务指标。这个比率越高，说明企业偿还流动负债的能力越强，流动负债得到偿还的保障越大。如果流动负债上升的速度过快，则会使流动比率下降，从而引起财务方面的麻烦。一般情况下，营业周期、流动资产中的应收账款和存货的周转速度是影响流动比率的主要因素。因此，在分析流动比率时，还要结合流动资产的周转速度和构成情况来进行。

（2）速动比率。速动比率也称酸性测试比率，是流动资产扣除变现能力较差且不稳定的存货、预付款项等资产后形成的速动资产与流动负债之比。其计算公式如下。

$$速动比率 = 速动资产 / 流动负债$$

速动资产 = 货币资金 + 交易性金融资产 + 衍生金融资产 + 应收票据 + 应收账款 + 其他应收款

= 流动资产 − 存货 − 预付款项 − 持有待售资产 − 一年内到期的非流动资产 − 其他流动资产

影响速动比率的重要因素是金融资产的变现价值和应收账款的变现能力。

除了以上财务比率外，还应结合影响变现能力的其他因素来分析企业的短期偿债能力。增强变现能力的因素主要有可动用的银行贷款指标、准备很快变现的长期资产及企业偿债能力的声誉等；减弱变现能力的因素主要有担保责任引起的或有负债等。

2. 资产管理比率

资产管理比率又称营运能力比率，是用来衡量企业在资产管理方面效率高低的财务比率。资产管理比率包括应收账款周转率、存货周转率、流动资产周转率、固定资产周转率和总资产周转率等。通过考察这些指标的高低及其成因，利益关系人能够对资产负债表的资产是否在有效运转、资产结构是否合理、所有的资产是否能有效利用以及资产总量是否合理等问题，做出较为客观的认识。

（1）应收账款周转率。应收账款周转率是反映年度内应收账款转换为现金的平均次数的指标，说明 1 年中应收账款周转的次数，或者说每 1 元应收账款投资支持的营业收入。用时间表示的应收账款周转速度是应收账款周转天数，也称为应收账款收现期，它表示企业从销售开始到收回现金需要的平均天数。其计算公式如下。

$$应收账款周转率（次数） = 营业收入 / 平均应收账款余额$$

$$应收账款周转天数 = 360 / 应收账款周转率$$

其中，平均应收账款余额 = （期初应收账款余额 + 期末应收账款余额）/2

（2）存货周转率。在流动资产中，存货所占的比重较大。存货的变现能力将直接影响企业资产的利用效率，因此，必须特别重视对存货的分析。存货周转率是衡量和评价企业购入存货、投入生产、销售收回等各环节管理状况的综合性指标。它是营业成本与平均存货余额的比值，也称为存货的周转次数。用时间表示的存货周转率就是存货周转天数。其计算公式如下。

$$存货周转率（次数） = 营业成本 / 平均存货余额$$

$$存货周转天数 = 360 / 存货周转率（次数）$$

其中，平均存货余额 = （期初存货余额 + 期末存货余额）/2

（3）营业周期。营业周期是指从取得存货开始到销售存货并收回现金为止的这段时间。营业周期的长短取决于存货周转天数和应收账款周转天数。其计算公式如下。

$$营业周期 = 存货周转天数 + 应收账款周转天数$$

存货周转率和应收账款周转率以及两者相结合的营业周期是反映企业资产营运能力最主要的指标。

（4）流动资产周转率。流动资产周转率是营业收入与平均流动资产总额之比，它反映的是全部流动资产的利用效率。其计算公式如下。

$$流动资产周转率（次数）=营业收入/平均流动资产总额$$

其中，平均流动资产总额=（期初流动资产总额+期末流动资产总额）/2

（5）固定资产周转率。固定资产周转率是指企业营业收入与平均固定资产净值之比。该比率越高，说明固定资产的利用率越高，管理水平越好。其计算公式如下。

$$固定资产周转率（次数）=营业收入/平均固定资产净值$$

其中，平均固定资产净值=（期初固定资产净值+期末固定资产净值）/2

（6）总资产周转率。总资产周转率是指企业营业收入与平均资产总额之比，可以用来分析企业全部资产的使用效率。如果该比率较低，则企业应采取措施提高营业收入或处置资产，以提高总资产利用率。其计算公式如下。

$$总资产周转率（次数）=营业收入/平均资产总额$$

其中，平均资产总额=（期初资产总额+期末资产总额）/2

3. 长期负债比率

长期负债比率是说明债务和资产、净资产间关系的比率。它反映企业偿付到期长期债务的能力。反映长期偿债能力的负债比率主要有资产负债率、产权比率、有形净值债务率和利息保障倍数。通过对负债比率的分析，可以看出企业的资本结构是否健全合理，从而评价企业的长期偿债能力。

（1）资产负债率。资产负债率是企业负债总额与资产总额之比，又称举债经营比率，它反映企业的资产总额中有多少是通过举债得到的，反映企业偿还债务的综合能力。该比率越高，企业偿还债务的能力越差；反之，企业偿还债务的能力越强。其计算公式如下。

$$资产负债率=负债总额/资产总额$$

（2）产权比率。产权比率又称负债权益比率，是负债总额与所有者权益（或股东权益，以下同）总额之比，也是衡量企业长期偿债能力的指标之一。该比率反映了债权人提供的资金与投资者提供资金的对比关系，从而揭示企业的财务风险以及所有者权益对债务的保障程度。其计算公式如下。

$$产权比率=负债总额/所有者权益总额$$

（3）有形净值债务率。有形净值债务率是企业负债总额与有形净值的百分比。有形净值是所有者权益减去无形资产净值。其计算公式如下。

$$有形净值债务率=负债总额/（所有者权益总额-无形资产净值）$$

（4）已获利息倍数。已获利息倍数又称利息保障倍数，是税前利润加利息费用之和与利息费用的比值，反映了企业用经营所得支付债务利息的能力。其计算公式如下。

$$已获利息倍数=息税前利润/利息费用$$

$$息税前利润=税前利润+利息费用=净利润+所得税费用+利息费用$$

如果企业有租金支出，则应予以考虑，相应的比率称为固定负担倍率。其计算公式如下。

$$固定负担倍率=（息税前利润+租金）/（利息费用+租金）$$

公式中的"息税前利润"是指利润表中未扣除利息费用和所得税费用之前的利润。它可以通过"利润总额+利息费用"计算得到，其中，"利息费用"是指本期发生的全部应付利息，不仅包括财务费用中的利息费用，还包括计入固定资产成本中的资本化利息。由于我国2018年修订后的利润表已将"财务费用"中的"利息费用"单列，外部报表使用者可以直接取得"利息费用"进行分析。该比率越高，说明企业用经营所得按时按量支付债务利息的能力越强。这会增强贷款人对企业支付能力的信任程度。

除了用以上相关项目之间的比率来反映长期偿债能力外，还应该注意一些影响长期偿债能力的因素，如经营租赁、担保责任导致的或有负债等。

4. 盈利能力比率

盈利能力比率是考察企业赚取利润能力高低的比率。不论是投资者、债权人、政府及其有关部门，还是社会公众，都重视和关心企业的盈利能力。因此，盈利能力指标主要通过收入与利润之间的关系、资产与利润之间的关系反映。反映企业盈利能力的指标主要有营业利润率、总资产报酬率、净资产收益率等指标，借以评价企业各要素的获利能力及资本保值增值情况。此外，上市公司经常使用的获利能力指标还有每股收益、每股股利、市盈率和每股净资产等。

（1）营业利润率。营业利润率是指企业一定时期营业利润与营业收入的比率。其计算公式如下。

$$营业利润率=营业利润/营业收入$$

（2）销售净利率、销售毛利率

在会计实务中，也经常使用销售净利率、销售毛利率等指标来分析企业经营业务的获利水平。销售毛利率表示每 1 元营业收入扣除销售成本后，有多少剩余可以用于各项期间费用的补偿和形成盈利。销售净利率可以评价企业通过销售赚取利润的能力。该比率越高，说明企业通过扩大销售获取收益的能力越强。销售净利率反映每 1 元营业收入带来多少净利润，表示通过营业收入获得利润的水平。计算公式如下。

$$销售毛利率=销售毛利/营业收入净额$$
$$=（销售收入净额-销售成本）/营业收入净额$$
$$销售净利率=净利润/营业收入净额$$

（3）总资产报酬率。总资产报酬率也称资产利润率或总资产收益率，是企业在一定时期内所获得的报酬总额与平均资产总额之比。总资产报酬率用来衡量企业利用全部资产获取利润的能力，反映了企业总资产的利用效率。其计算公式如下。

$$总资产报酬率=息税前利润/平均资产总额$$
$$息税前利润=税前利润+利息费用$$
$$=净利润+所得税费用+利息费用$$

（4）净资产收益率。净资产收益率是企业在一定时期内的净利润与平均净资产之比。净资产收益率是评价企业获利能力的一个重要财务指标，反映了企业自有资本获取投资报酬的高低。其计算公式如下。

$$净资产收益率=净利润/平均净资产$$

其中，平均净资产=（期初所有者权益总额+期末所有者权益总额）/2

5. 市价比率

市价比率又称市场价值比率，实质上是反映每股市价和企业盈余、每股账面价值关系的比率，它是上述 4 个指标的综合反映。管理者可根据该比率来了解投资人对企业的评价。市价比率包括每股盈余、市盈率、每股股利、股利支付比率和每股账面价值等指标。

（1）每股盈余。每股盈余是扣除优先股股利后的净利润与发行在外的普通股平均股数的比值，是衡量股份制企业盈利能力的指标之一。其计算公式如下。

$$每股盈余=（净利润-优先股股利）/发行在外的平均普通股股数$$

每股盈余反映普通股的获利水平，该指标越高，每股可获得的利润越多，股东的投资效益越好，反之则越差。由于每股盈余是一个绝对指标，因此，在分析时，还应结合流通在外的普通股的变化及每股股价高低的影响。

（2）市盈率。市盈率是普通股每股市价与每股盈余的比率，是衡量股份制企业盈利能力的重要指标。其计算公式如下。

市盈率=每股市价/每股盈余

公式中的每股市价是指每股普通股在证券市场上的买卖价格。每股市价与每股盈余的比率是衡量股份制企业盈利能力的重要指标，市盈率反映投资者对每 1 元净利润愿支付的价格。

（3）每股股利。每股股利是普通股分配的现金股利总额与普通股总股份数的比值，是衡量股份制企业获利能力的指标之一。其计算公式如下。

每股股利=（现金股利总额−优先股股利）普通股总股份数

（4）股利支付比率。股利支付比率是普通股每股股利与每股盈余的比例，反映普通股股东从每股全部盈余中能分到手的数量多少。股利支付率反映公司的净利润中有多少用于现金股利的分派。其计算公式如下。

股利支付比率=每股股利/每股盈余

（5）每股账面价值。每股账面价值是股东权益总额减去优先股权益后的余额与发行在外的普通股股数的比值，反映发行在外的每股普通股所代表的企业记在账面上的股东权益额。其计算公式如下。

每股账面价值=（股东权益总额−优先股权益）/发行在外的普通股股数

11.2.2 Excel 在财务比率分析中的应用

利用 Excel 计算各财务比率的方法比较简单，可直接用 Excel 中的数据链接功能，在财务比率的计算公式基础上，对其进行定义，即根据已有财务报表中的原始数据（主要是资产负债表和利润表），从不同工作表的财务报表中读取数据，设计相应的公式，并在相应的单元格中输入公式。

下面以宏达公司 20×0 年和 20×1 年的财务报表数据（资产负债表和利润表）为例，利用 Excel 计算和分析财务比率。相关财务报表项目已按财政部发布的《财政部关于修订印发 2019 年度一般企业财务报表格式的通知》财会〔2019〕6 号文件进行更新。具体操作步骤如下。

（1）打开 Excel，创建宏达公司的资产负债表和利润表，分别如图 11-1 和图 11-2 所示。

资产负债表

编制单位：宏达公司		20×1年12月31日			单位：万元
资　　产	期末余额	年初余额	负债和所有者权益	期末余额	年初余额
流动资产：			流动负债：		
货币资金	900	800	短期借款	2,300	2,000
交易性金融资产	500	1,000	交易性金融负债	0	0
衍生金融资产	0	0	衍生金融负债	0	0
应收票据	0	0	应付票据	0	0
应收账款	1,300	1,200	应付账款	1,200	1,000
预付款项	70	40	预收款项	400	300
其他应收款	80	60	应付职工薪酬	20	20
存　　货	5,200	4,000	其他应付款	80	80
持有待售资产	0	0	持有待售负债	0	0
一年内到期的非流动资产	0	0	一年内到期的非流动负债	0	0
其他流动资产	0	0	流动负债合计	4,000	3,400
流动资产合计	8,050	7,100	非流动负债：		
非流动资产：			长期借款	2,500	2,000
债权投资	400	400	应付债券	0	0
其他债权投资	0	0	长期应付款	0	0
长期应收款	0	0	预计负债	0	0
长期股权投资	0	0	递延所得税负债	0	0
其他权益工具投资	0	0	其他非流动负债	0	0
投资性房地产	0	0	非流动负债合计	2,500	2,000
固定资产	14,000	12,000	负债合计	6,500	5,400
在建工程	0	0	所有者权益：		
无形资产	550	500	实收资本(或股本)	10,000	10,000
开发支出	0	0	其他权益工具	0	0
商誉	0	0	资本公积	1,000	1,000
长期待摊费用	0	0	其他综合收益	1,000	1,000
递延所得税资产	0	0	盈余公积	1,600	1,600
其他非流动资产	0	0	未分配利润	2,900	1,000
非流动资产合计	14,950	12,900	所有者权益合计	16,500	14,600
资产总计	23,000	20,000	负债和所有者权益总计	23,000	20,000

图 11-1　宏达公司的资产负债表

利润表

编制单位：宏达公司　　20×1年度		单位：万元
项　　目	本期金额	上期金额
一、营业收入	21,200	18,800
减：营业成本	12,400	10,900
税金及附加	1,200	1,080
销售费用	1,900	1,620
管理费用	1,000	800
研发费用	0	0
财务费用	300	200
其中：利息费用	300	200
利息收入	0	0
加：其他收益	0	0
投资收益（损失以“-”号填列）	300	300
公允价值变动收益（损失以“-”号填列）	0	0
信用减值损失（损失以“-”号填列）	0	0
资产减值损失（损失以“-”号填列）	0	0
资产处置收益（损失以“-”号填列）	0	0
二、营业利润（亏损以“-”号填列）	4,700	4,500
加：营业外收入	150	100
减：营业外支出	650	600
三、利润总额（亏损总额以“-”号填列）	4,200	4,000
减：所得税费用	1,050	1,000
四、净利润	3,150	3,000
（一）持续经营净利润（净亏损以“-”号填列）	3,150	3,000
（二）终止经营净利润（净亏损以“-”号填列）	0	0
五、其他综合收益的税后净额	1,000	1,000
（一）不能重分类进损益的其他综合收益	0	0
（二）将重分类进损益的其他综合收益	1,000	1,000
六、综合收益总额	4,150	4,000

图 11-2　宏达公司的利润表

（2）按照财务分析比率分类创建宏达公司财务比率分析表的框架，如图 11-3 所示。

	A	B	C	D
1		财务比率分析表	20×1	20×0
2	一、变现能力比率			
3	流动比率	流动资产/流动负债		
4	速动比率	（货币资金＋交易性金融资产＋衍生金融资产＋应收票据＋应收账款＋其他应收款）/流动负债		
5				
6	二、长期负债比率			
7	资产负债率	负债总额/资产总额		
8	产权比率	负债总额/所有者权益总额		
9	有形净值债务率	负债总额/（所有者权益-无形资产净值）		
10	已获利息倍数	息税前利润/利息费用		
11				
12	三、资产管理比率			
13	存货周转率	营业成本/平均存货		
14	应收账款周转率	营业收入/平均应收账款		
15	流动资产周转率	营业收入/平均流动资产		
16	总资产周转率	营业收入/平均资产总额		
17				
18	四、盈利能力比率			
19	营业利润率	营业利润/营业收入		
20	总资产报酬率	息税前利润/平均资产总额		
21	净资产收益率	净利润/平均净资产		

图 11-3　宏达公司财务比率分析表

（3）在财务比率分析表中创建公式和跨表引用数据。以计算 20×1 年流动比率为例，单击选中财务比率分析表的 C3 单元格，如图 11-4 所示。

C3		fx			
	A	B		C	D
1		财务比率分析表		20×1	20×0
2	一、变现能力比率				
3	流动比率	流动资产/流动负债			

图 11-4　选中财务比率分析表的单元格

（4）在 C3 单元格中输入"="，编辑单元格函数公式，如图 11-5 所示。

ROUND		fx	=		
	A	B		C	D
1		财务比率分析表		20×1	20×0
2	一、变现能力比率				
3	流动比率	流动资产/流动负债		=	

图 11-5　编辑单元格函数公式

（5）根据流动比率公式提示（流动比率=流动资产/流动负债），单击工作簿中的"资产负债表"，单击选中 B16 单元格（B16 单元格为宏达公司 20×1 年末流动资产期末余额合计），在函数编辑栏中输入"/"。单击 E15 单元格（E15 单元格为宏达公司 20×1 年末流动负债期末余额合计），生成流动比率计算公式，如图 11-6 所示。

（6）单击"确定"按钮，结束公式的输入。这时单元格中显示计算结果，如图 11-7 所示。

图 11-6　流动比率的计算公式

C3		fx	=资产负债表!B16/资产负债表!E15		
	A	B		C	D
1		财务比率分析表		20×1	20×0
2	一、变现能力比率				
3	流动比率	流动资产/流动负债		2.01	

图 11-7　流动比率的计算结果

（7）如果需要计算 20×0 年的流动比率，因为计算公式一致，相对引用工作表也一致，所以可以直接将 20×1 年的流动比率计算公式复制到 D3 单元格中，自动生成 20×0 年流动比率的计算公式，从而对比两年的数据（为了简化计算，在输入公式时，均使用各年末数据），如图 11-8 所示。

图 11-8　自动生成 20×0 年流动比率公式的计算结果

（8）以同样的方法，按照公式提示，在相应的单元格中输入速动比率的计算公式，如图 11-9 所示，计算速动比率，如图 11-10 所示。

图 11-9　速动比率的计算公式

图 11-10　速动比率的计算结果

计算流动比率和
速动比率

（9）使用相同的方法，按照公式提示，在"财务比率分析表"相应的单元格中输入各个财务比率的计算公式，并对已经输入的公式进行复制粘贴操作。图 11-11 所示为显示模式是"公式审核"。在"公式"选项卡的"公式审核"组单击"显示公式"即可。

图 11-11　生成各财务分析指标的计算公式

公式的计算结果如图 11-12 所示。

将计算得到的数据与同行业企业的财务指标标准值进行比较，即可利用分析相关报表的方法，对企业的财务状况和经营成果进行分析、对比和评价。注意：该财务比率分析表中 20×0 年的相关指标缺乏年初数，只能用本年数计算。

图 11-12　财务分析各指标的计算结果

11.3　财务趋势分析

一个会计年度中可能有较多的非常或偶然事项，这些事项既不能代表企业的过去，也不能说明其未来，因此，只分析一个会计年度的财务报表往往是不够全面的。如果对企业若干年的财务报表按时间序列分析，就能看出其发展趋势，有助于规划未来，同时也有助于判断本年度是否具有代表性。不同时期的分析有 3 种常用方法：多期比较分析、结构百分比分析和定基百分比趋势分析。不同时期的分析，主要是判断发展趋势，故亦称趋势分析；分析时主要使用百分率，故亦称百分率分析。

11.3.1　趋势分析的具体方法

1.　多期比较分析

多期比较分析是研究和比较连续几个会计年度的会计报表及相关项目，其目的是查明变化内容、变化原因及其对企业的未来有何影响。在进行多期比较时，可以用前后各年每个项目金额的差额进行比较，也可以用百分率的变化进行比较，还可以计算出各期财务比率进行多期比较。比较的年度数一般为 5 年，有时甚至要列出 10 年的数据。图 11-12 所示即为连续两年的比较分析表。

2.　结构百分比分析

结构百分比分析是把常规的财务报表换算成结构百分比报表，然后逐项比较不同年份的报表，查明某一特定项目在不同年度间百分比的差额。分析同一报表中不同项目结构的计算公式为：结构百分比=部分/总体。

在通常情况下，利润表的"总体"是指"营业收入"；资产负债表的"总体"是指"总资产"。

3.　定基百分比趋势分析

定基百分比趋势分析，首先要选取一个基期，将基期报表上各项数额的指数均定为 100，将考察期年度财务报表上各项目的金额与基期报表上同一项目的金额对比，由此得出定基百分比报表。通过定基百分比报表可以看出各项目的发展变化趋势。不同时期同类报表项目的定基百分比的计算公式为：考察期指数=考察期数值/基期数值。

11.3.2　Excel 在财务趋势分析中的应用

沿用上一节中某企业的财务报表数据，可以利用 Excel 非常方便地将常规财务报表转换为结构百分比报表。具体操作步骤如下。

（1）新建"比较资产负债表"，如图 11-13 所示。

图 11-13　新建"比较资产负债表"

（2）在该工作表中，单击选中单元格 C5，输入计算公式"=B5/$B$33"，拖动鼠标，将公式复制到 C6:C33 单元格区域中，得出各个资产项目占资产总额的计算数据，如图 11-14 所示。

注意：$B$33 表示对单元格 B33 的绝对引用。将公式复制到 C6:C33 单元格区域后，单元格中的公式分子会随着列向单元格的变化而变化，即从 B6～B33，但是分母保持$B$33 不变。

（3）单击选中 C 列，准备设置单元格格式，单击 % 按钮，生成百分比数据，但此时生成的百分比数据为整数，不够精确，再单击 ‰ 按钮添加小数位数，保留两位小数即可，如图 11-15 所示。

图 11-14　复制计算公式

图 11-15　设置单元格格式

（4）单击选中单元格 E5，输入计算公式"=D5$D$33"，并且拖动鼠标，列向复制公式直到单元格 E33；单击选中单元格 H5，输入计算公式"=G5$G$33"，拖动鼠标，列向复制公式直到单元格 H33；单击选中单元格 J5，输入计算公式"=I5$I$33"，拖动鼠标，列向复制公式直到单元格 J33，得到各个负债和所有者权益项目占负债与所有者权益合计数（即权益总额）的比例，进而得到比较资产负债表，如图 11-16 所示。

图 11-16 比较资产负债表

资产	20×1		20×0		负债和所有者权益	20×1		20×0	
流动资产:					流动负债:				
货币资金	900	3.91%	800	4.00%	短期借款	2,300	10.00%	2,000	10.00%
交易性金融资产	500	2.17%	1,000	5.00%	交易性金融负债	0	0.00%	0	0.00%
衍生金融资产	0	0.00%	0	0.00%	衍生金融负债	0	0.00%	0	0.00%
应收票据	0	0.00%	0	0.00%	应付票据	0	0.00%	0	0.00%
应收账款	1,300	5.65%	1,200	6.00%	应付账款	1,200	5.22%	1,000	5.00%
预付款项	70	0.30%	40	0.20%	预收款项	400	1.74%	300	1.50%
其他应收款	80	0.35%	60	0.30%	应付职工薪酬	20	0.09%	20	0.10%
存货	5,200	22.61%	4,000	20.00%	其他应付款	80	0.35%	80	0.40%
持有待售资产	0	0.00%	0	0.00%	持有待售负债	0	0.00%	0	0.00%
一年内到期的非流动资产	0	0.00%	0	0.00%	一年内到期的非流动负债	0	0.00%	0	0.00%
其他流动资产	0	0.00%	0	0.00%	流动负债合计	4,000	17.39%	3,400	17.00%
流动资产合计	8,050	35.00%	7,100	35.50%	非流动负债:				
非流动资产:					长期借款	2,500	10.87%	2,000	10.00%
债权投资	400	1.74%	400	2.00%	应付债券	0	0.00%	0	0.00%
其他债权投资	0	0.00%	0	0.00%	长期应付款	0	0.00%	0	0.00%
长期应收款	0	0.00%	0	0.00%	预计负债	0	0.00%	0	0.00%
长期股权投资	0	0.00%	0	0.00%	递延所得税负债	0	0.00%	0	0.00%
其他权益工具投资	0	0.00%	0	0.00%	其他非流动负债	0	0.00%	0	0.00%
投资性房地产	0	0.00%	0	0.00%	非流动负债合计	2,500	10.87%	2,000	10.00%
固定资产	14,000	60.87%	12,000	60.00%	负债合计	6,500	28.26%	5,400	27.00%
在建工程	0	0.00%	0	0.00%	所有者权益:				
无形资产	550	2.39%	500	2.50%	实收资本(或股本)	10,000	43.48%	10,000	50.00%
开发支出	0	0.00%	0	0.00%	其他权益工具	0	0.00%	0	0.00%
商誉	0	0.00%	0	0.00%	资本公积	1,000	4.35%	1,000	5.00%
长期待摊费用	0	0.00%	0	0.00%	其他综合收益	1,000	4.35%	1,000	5.00%
递延所得税资产	0	0.00%	0	0.00%	盈余公积	1,600	6.96%	1,600	8.00%
其他非流动资产	0	0.00%	0	0.00%	未分配利润	2,900	12.61%	1,000	5.00%
非流动资产合计	14,950	65.00%	12,900	64.50%	所有者权益合计	16,500	71.74%	14,600	73.00%
资产总计	23,000	100.00%	20,000	100.00%	负债和所有者权益总计	23,000	100.00%	20,000	100.00%

（5）新建"比较利润表"，在该工作表中，单击选中单元格 C4，输入计算公式"=B4/$B$4"，拖动鼠标，列向复制公式直到单元格 C30；单击选中单元格 E4，输入计算公式"=D4/$D$4"，拖动鼠标，列向复制公式直到单元格 E30，得到各个利润表项目与营业收入的比例，进而得到比较利润表，如图 11-17 所示。

图 11-17 比较利润表

编制单位:宏达公司　　20×1 年度　　单位:万元

项目	20×1		20×0	
一、营业收入	21,200	100.00%	18,800	100.00%
减:营业成本	12,400	58.49%	10,900	57.98%
税金及附加	1,200	5.66%	1,080	5.74%
销售费用	1,900	8.96%	1,620	8.62%
管理费用	1,000	4.72%	800	4.26%
研发费用	0	0.00%	0	0.00%
财务费用	300	1.42%	200	1.06%
其中:利息费用	300	1.42%	200	1.06%
利息收入	0	0.00%	0	0.00%
加:其他收益	0	0.00%	0	0.00%
投资收益(损失以"-"号填列)	300	1.42%	300	1.60%
公允价值变动收益(损失以"-"号填列)	0	0.00%	0	0.00%
信用减值损失(损失以"-"号填列)	0	0.00%	0	0.00%
资产减值损失(损失以"-"号填列)	0	0.00%	0	0.00%
资产处置收益(损失以"-"号填列)	0	0.00%	0	0.00%
二、营业利润(亏损以"-"号填列)	4,700	22.17%	4,500	23.94%
加:营业外收入	150	0.71%	100	0.53%
减:营业外支出	650	3.07%	600	3.19%
三、利润总额(亏损总额以"-"号填列)	4,200	19.81%	4,000	21.28%
减:所得税费用	1,050	4.95%	1,000	5.32%
四、净利润	3,150	14.86%	3,000	15.96%
(一)持续经营净利润(净亏损以"-"号填列)	3,150	14.86%	3,000	15.96%
(二)终止经营净利润(净亏损以"-"号填列)	0	0.00%	0	0.00%
五、其他综合收益的税后净额	1,000	4.72%	1,000	5.32%
(一)不能重分类进损益的其他综合收益	0	0.00%	0	0.00%
(二)将重分类进损益的其他综合收益	1,000	4.72%	1,000	5.32%
六、综合收益总额	4,150	19.58%	4,000	21.28%

用比较资产负债表（见图 11-16）和比较利润表（见图 11-17）的计算结果，可以分析该企业的资产、负债和所有者权益的变化趋势，同时也可以用于分析应该采取何种有效措施改善财务状况。

此外，为了直观地反映财务状况的变动趋势，还可以利用图解法分析财务状况趋势。所谓图解法，就是将企业连续几个会计期间的财务数据或财务指标绘制成图，并根据图形走势来判断企业财务状况及其变化趋势。

这种方法能比较简单地反映企业财务状况的发展趋势，使分析者能够发现一些通过比较法不易发现的问题。

例如，中达公司 20×1—20×6 年的主营业务利润分析表如图 11-18 所示。

图 11-18　主营业务利润分析表

（1）单击 A1 单元格，在"插入"选项卡中，单击"图表"组中的"插入折线图或面积图"按钮 ，如图 11-19 所示。

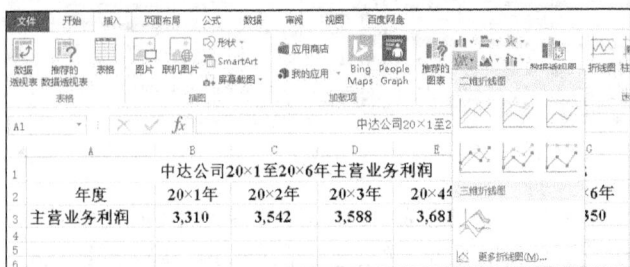

图 11-19　单击"图表"组中的"插入折线图或面积图"按钮

（2）可以根据制表要求，选择二维折线图、三维折线图以及所有图表类型，选择"二维折线图"中的某种"折线图"，即可自动生成二维折线图，如图 11-20 所示。图表创建完成后，可以按照前文所述，修改其各种属性，使整个图表更加完善。

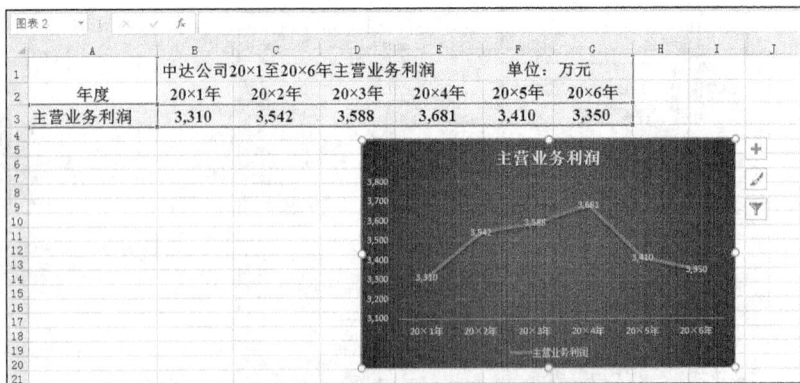

图 11-20　自动生成的主营业务利润二维折线图

（3）除了自动生成折线图以外，还可以根据需要将"主营业务利润图"调整为柱形图、饼图、条形图、面积图、散点图以及需要的其他图表。例如，单击"插入柱形图或条形图"按钮 ，选择"二维柱形图"中的"簇状柱形图"，即可自动生成二维簇状柱形图，如图 11-21 所示。

从 20×1—20×6 年该企业主营业务利润折线图或柱形图可以看出，中达公司的主营业务利润一直呈上升趋势，20×4 年达到高峰，20×5 年出现下降趋势。因此，中达公司的财务人员应该寻找 20×5—20×6 年间导致销售净利润或主营业务收入下降的原因，以便采取措施尽量提高主营业务利润率或维持主营业务利润率不再继续下跌。

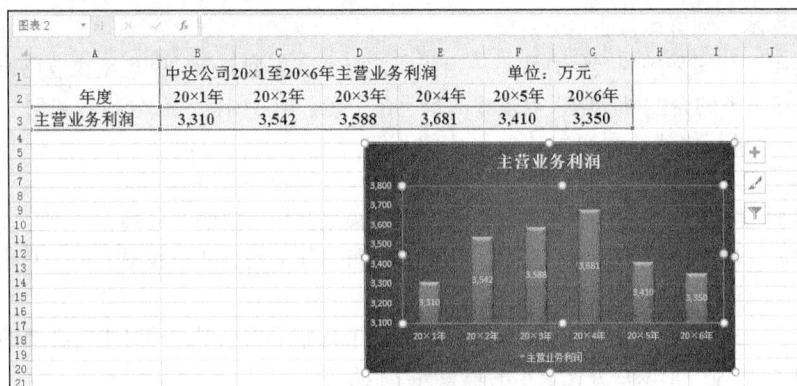

图 11-21　自动生成的主营业务利润二维簇状柱形图

11.4　财务比较分析

11.4.1　财务比较分析的具体方法

在分析财务报表时，经常会碰到的一个问题是，计算出财务比率后，财务报表使用者发现无法判断它是偏高还是偏低。如果仅仅将该数据与本企业的历史数据比较，则只能看出自身的变化，无法知道在行业竞争中所处的地位。而如果将该数据与同行业、同规模的其他企业比较，则可以看出与对方的区别，为发现问题和查找差距提供线索。

行业平均水平的财务比率可以作为比较的标准，并经常被作为标准财务比率。例如，标准的流动比率、标准的资产利润率等。标准财务比率可以作为评价一个企业财务比率优劣的参照物。以标准财务比率作为基础进行比较分析，更容易发现企业的异常情况，便于揭示企业存在的问题。

通常可以采用"标准财务比率"或"理想财务报表"来进行比较和分析。

1．用标准财务比率进行比较、分析

标准财务比率就是特定国家、特定时期和特定行业的平均财务比率。

一个标准的确定，通常有两种方法。一种方法是采用统计方法，即以大量历史数据的统计结果作为标准。这种方法是假定大多历史数据是正常的，社会平均水平是反映标准状态的。脱离了平均水平，就是脱离了正常状态。另一种方法是采用工业工程法，即以实际观察和科学计算为基础，推算出一个理想状态作为评价标准。这种方法假设各变量之间有其内在的比例关系，并且这种关系是可以被认识的。实际上，人们经常将以上两种方法结合起来使用。它们互相补充，互相印证，很少单独使用其中的一种方法来建立评价标准。

目前，标准财务比率的建立主要采用统计方法，工业工程法处于次要地位。这可能与人们对财务变量之间关系的认识尚不充分有关。有资料表明，美、日等工业发达国家的某些机构和金融企业在专门的刊物上定期公布各行业财务方面的统计指标，为报表使用者进行分析提供大量资料。我国尚无这方面的正式专门刊物。在各种统计年鉴上可以找到一些财务指标，但行业划分较粗，而且与会计的指标口径也不完全相同，不太适合直接用于当前的报表分析，在使用时要注意指标口径的调整。《中国证券报》提供了上市公司的一些财务比率，包括一些分行业的平均数据，在进行财务分析时可以参考。

在使用行业的平均财务报表比率时，应注意以下几个问题。

（1）行业平均指标是根据部分企业抽样调查得出的，不一定能真实反映整个行业的实际情况。

231

如果其中有一个极端的样本，则可能歪曲整个情况。

（2）计算平均数的每个公司采用的会计方法不一定相同，资本密集型与劳动密集型企业可能在一起进行平均。负有大量债务的企业可能与没有债务的企业在一起平均。因此，在分析报表时，往往要对行业平均财务比率进行修正，尽可能建立可比的基础。

2. 采用理想财务报表进行比较、分析

理想财务报表是根据标准财务报表比率和所考察企业的规模来共同确定的财务报表。该报表反映了企业的理想财务状况，决策人可将之与实际的财务报表进行对比分析，从而找出差距，并找出产生这种差距的原因。

（1）理想资产负债表。理想资产负债表的百分比结构来自于行业平均水平，同时进行必要的推理分析和调整。表 11-1 所示为一个以百分比表示的理想资产负债表。

表 11-1 理想资产负债表

项目	理想比率	项目	理想比率
流动资产：	60%	负债：	40%
速动资产	30%	流动负债	30%
非速动资产	30%	长期负债	10%
固定资产：	40%	所有者权益：	60%
		实收资本	20%
		资本公积	30%
		未分配利润	10%
总计	100%	总计	100%

表 11-1 中的比例数据按如下过程确定。

① 以资产总计为 100%，根据资产负债率确定负债百分比和所有者权益百分比。通常认为，负债应小于自有资本，这样的企业在经济环境恶化时能保持稳定。但是，过小的资产负债率也会使企业失去在经济繁荣时期，获取额外利润的机会。一般认为，自有资本占 60%，负债占 40% 是比较理想的。当然，这个比率会因国家、历史时期和行业的不同而不同。

② 确定固定资产占总资产的百分率。通常，固定资产的数额应小于自有资本，占到自有资本的 2/3 为好。

③ 确定流动负债的百分比。一般认为流动比率以 2 为宜，那么在流动资产占 60% 的情况下，流动负债是其一半占 30%，因此，在总负债占 40%，流动负债占 30% 时，长期负债占 10%。

④ 确定所有者权益的内部百分比结构的基本要求是：实收资本应小于各项积累，以积累为投入资本的 2 倍为宜。这种比例可以减少分红的压力，使企业有可能重视长远的发展。因此，实收资本为所有者权益（60%）的 1/3 即 20%，法定盈余公积、任意盈余公积和未分配利润是所有者权益（60%）的 2/3 即 40%。至于法定盈余公积、任意盈余公积和未分配利润之间的比例，并非十分重要，因为未分配利润的数字经常变化。

⑤ 确定流动资产的内部结构。一般认为速动比率以 1 为宜。因此，速动资产占总资产的比率与流动负债相同，也应该为 30%，存货因为占流动资产的一半左右，所以非速动资产（主要是存货）亦占总资产的 30%。

确定以百分率表示的理想资产、负债后，可以根据具体企业的资产总额建立绝对数的理想资产负债表，然后将企业报告期的实际资料与之进行比较分析，以判断企业财务状况的优劣。

（2）理想利润表。理想利润表的百分率是以营业收入为基础的。一般来说，毛利率因行业而异。周转快的企业奉行薄利多销的销售原则，毛利率一般偏低；反之，周转慢的企业毛利率一般定得比较高。实际上，每个行业都有一个自然形成的毛利率水平。表 11-2 所示为一个以百分比表示的理想利润表。

表 11-2　理想利润表

项目	理想比率
营业收入	100%
销售成本（包括销售税金）	75%
毛利	25%
期间费用	13%
营业利润	12%
营业外收支净额	1%
税前利润	11%
所得税费用	6%
税后利润	5%

假设某公司所在行业的毛利率为 25%，则销售成本率为 75%。在毛利当中，可用于期间费用的约占一半。在本例中按 13%处理，余下的 12%是营业利润。营业外收支净额的数量不大，本例按 1%处理。虽然所得税税率为 25%，但是由于有纳税调整等原因，实际负担在 1/3 左右，多数还可能超过 1/3，故本例按税前利润（11%）的 1/3 处理，定为 4%，这样，余下的税后利润为 7%。

确定以百分比表示的理想利润表之后，即可根据企业某期间的营业收入数额来设计绝对数额表示的理想利润表，然后与企业的实际利润表比较，以判断其优劣。

11.4.2　Excel 在财务比较分析中的应用

以标准财务比率分析为例进行说明。标准财务比率分析的数据来源为已有的财务报表数据，可采用数据链接的方法来调用相关的数据。本例中的数据来源于 11.2 节中“财务比率分析表”中 20×1 年的数据，如图 11-12 所示。具体操作步骤如下。

（1）打开 Excel 工作簿，插入一张新的工作表，命名为“标准财务比率分析表”。

（2）在选择项目“财务比率”时，根据需要选择并输入常用财务比率指标（见图 11-22 中单元格区域 A2:A9 中选用的财务比率）。

	A	B	C	D
1	项目	标准财务比率	本企业财务比率	差异
2	流动比率			
3	速动比率			
4	资产负债率			
5	已获利息倍数			
6	应收账款周转率			
7	总资产周转率			
8	营业利润率			
9	净资产收益率			

图 11-22　选取常用的财务比率指标

（3）在单元格 C2 中输入公式“=VLOOKUP(A2,'财务比率 '! $A$3:$C$21,3,FALSE)”，将该公式列向复制到 C3:C9 单元格区域。生成对本章第二节 20×1 年各个财务比率的调用结果（注意这里采用 VLOOKUP 函数进行数据调用），如图 11-23 所示。

VLOOKUP 函数是使用频率非常高的查找和引用函数之一，语法结构为 VLOOKUP(lookup_value, table_array,col_index_num,[range_lookup])。

VLOOKUP(A2,'财务比率 '!$A$3:$C$21,3,FALSE)表示，在本章第二节已经完成的“财务比率”工作表“A3:C21”单元格区域内，查询 A2 单元格中的“流动比率”，查询后返回“A3:C21”单元格查询区域中第 3 列的内容。第四参数[range_lookup]使用 FALSE（也可以用 0），表示使用大致匹配的方式进行查找。

注意：第三参数中的列号，不能理解为"财务比率"工作表中实际的列号，而是指定要返回"A3:C21"单元格查询区域中第几列的值（即 20×1 年各项财务比率的计算结果）。

（4）在单元格区域 B2:B9 中输入从有关渠道得到的标准财务比率，在单元格 D2 中输入公式"=C2-B2"，得到企业实际流动比率与标准流动比率之间的差异值。将该单元格中的公式复制到单元格区域 D3:D9 中，如图 11-24 所示。

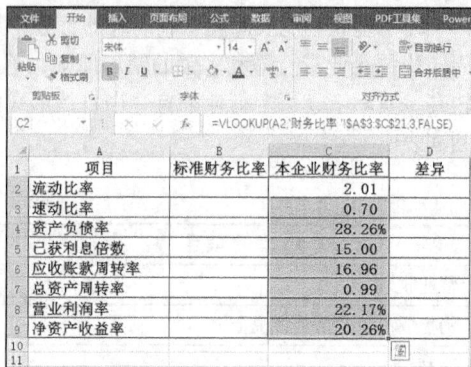

图 11-23　调用图 11-12 中财务比率分析表的数据

图 11-24　财务比率差异计算公式

（5）形成标准财务比率分析表，进而对本企业财务比率与标准财务比率进行比较，找出存在差异的原因，并提出改进措施，如图 11-25 所示。

图 11-25　标准财务比率分析表

11.5　财务综合分析

财务综合分析是指对各种财务指标进行系统、综合的分析，以便对企业的财务状况做出全面合理的评价。

因为企业的财务状况是一个完整的系统，内部各种因素相互依存、相互作用，所以进行财务状况综合分析要了解企业财务状况内部各项因素及其相互之间的关系。这样才能比较全面地揭示企业财务状况的全貌。

11.5.1 财务综合分析的具体方法

财务综合分析与评价的方法有财务比率综合评分法和杜邦分析法两种。

1. 财务比率综合评分法

财务状况综合评价的先驱者之一是亚历山大·沃尔。他在 20 世纪初出版的《信用晴雨表研究》和《财务报表比率分析》中提出了信用能力指数的概念，把若干个财务比率用线性关系结合起来，以此评价企业的信用水平。沃尔选择了 7 种财务比率，分别给定了在总评价中占的比重，总和为 100 分，然后确定标准比率，并与实际比率相比较，评出各项指标的得分，最后求出总评分。表 11-3 所示为沃尔指标及其比率。

表 11-3　沃尔指标及其比率

财务比率	比重	标准比率
流动比率 X_1	25%	2.00
净资产/负债 X_2	25%	1.50
资产/固定资产 X_3	15%	2.50
销售成本/存货 X_4	10%	8.00
销售额/应收账款 X_5	10%	6.00
销售额/固定资产 X_6	10%	4.00
销售额/净资产 X_7	5%	3.00

则综合财务指标 Y 如下。

$$Y=25\%\times X_1+25\%\times X_2+15\%\times X_3+10\%\times X_4+10\%\times X_5+10\%\times X_6+5\%\times X_7$$

进行财务状况综合评价时，一般认为企业财务评价的内容主要是盈利能力，其次是偿债能力，此外还有成长能力。它们之间大致可按 5：3：2 来分配比重。盈利能力的主要指标是资产净利率、销售净利率和净资产报酬率，这 3 个指标可按 2：2：1 安排。偿债能力有 4 个常用指标：资产负债率、流动比率、应收账款周转率和存货周转率。成长能力有 3 个常用指标：销售增长率、净利增长率和人均净利增长率。

综合评价方法的关键技术是"标准评分值"的确定和"标准比率"的建立。标准比率应以本行业平均数为基础，适当进行理论修正。

2. 杜邦分析法

杜邦分析法是对企业财务状况进行的综合分析。它通过分析几种主要的财务指标及其指标之间的关系，直观、明了地反映出企业的综合财务状况。该分析法由美国杜邦公司的经理创造，因此又称之为杜邦体系（The Du Pont System），如图 11-26 所示。

杜邦分析法的作用在于解释指标变动的原因和变化趋势，为决策者采取措施指明方向。从杜邦分析法图中可以了解到以下财务信息。

（1）股东权益报酬率是一个综合性极强、最有代表性的财务分析指标，它是杜邦系统的核心。企业财务管理的重要目标之一就是实现股东财富的最大化。股东权益报酬率反映了股东投入资金的获利能力，反映了企业筹资、投资和生产运营等各方面经营活动的效率。股东权益报酬率取决于企业的总资产报酬率和权益乘数。总资产报酬率主要反映了企业在运用资产进行生产经营活动的效率如何，权益乘数则主要反映了企业的筹资情况，即企业资金的来源结构如何。

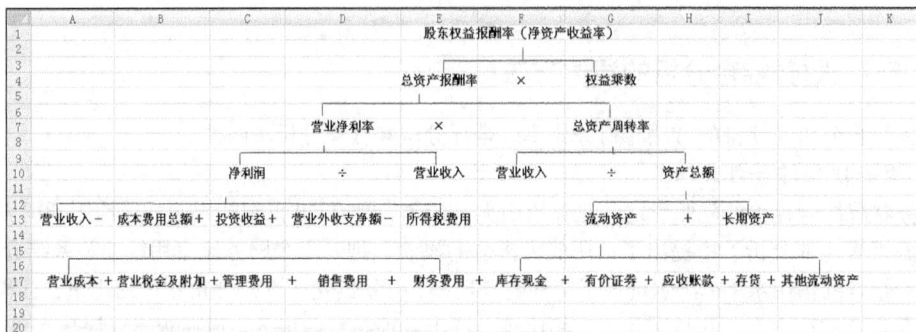

图 11-26　杜邦分析体系图

（2）总资产报酬率又称总资产净利率是反映企业获利能力的一个重要财务比率。它揭示了企业生产经营活动的效率，综合性也极强。企业的营业收入、成本费用、资产结构、资产周转速度以及资金占用量等各种因素都直接影响资产报酬率的高低。总资产报酬率是营业净利率与总资产周转率的乘积。因此，可以从企业的销售活动与资产管理各方面来对其进行分析。

（3）从企业的销售方面来看，营业净利率反映了企业净利润与营业收入之间的关系。一般来说，营业收入增加，企业的净利润也会随之增加。但是，要想提高营业净利率，则必须一方面提高营业收入，另一方面降低各种成本费用。这样才能使净利润的增长高于营业收入的增长，从而使营业净利率得到提高。

（4）在企业资产方面，主要应该分析以下两个方面。

① 分析企业的资产结构是否合理，即流动资产与非流动资产的比例是否合理。资产结构实际上反映了企业资产的流动性。它不仅关系到企业的偿债能力，也会影响企业的获利能力。

② 结合营业收入，分析企业的资产周转情况。资产周转速度直接影响企业的获利能力，如果企业资产周转较慢，就会占用大量资金，增加资金成本，减少企业的利润。对于资产周转情况，不仅要分析企业总资产周转率，还要分析企业的存货周转率和应收票据与应收账款周转率，并结合分析其周转情况与资金占用情况。

总之，从杜邦分析法可以看出，企业的获利能力涉及生产经营活动的方方面面。股东权益报酬率与企业的筹资结构、销售规模、成本水平、资产管理等因素密切相关，这些因素构成了一个完整的系统，而系统内部各因素之间又相互作用。企业只有协调好系统内部各个因素之间的关系，才能使股东权益报酬率得到提高，从而实现股东财富最大化的理财目标。

11.5.2　Excel 在企业财务综合分析中的应用

1. 运用 Excel 进行财务比率综合评分

以 11.2 节工作簿中"财务比率分析表"中的数据（见图 11-12）为例，具体操作步骤如下。

（1）打开该工作簿后，插入一个新的工作表，并将其命名为"财务比率综合评分表"。

（2）选择评价企业财务状况的财务比率。在选择的财务比率中，财务比率要具有全面性、代表性和一致性，根据企业的不同情况，选择合适的财务比率。经过综合考虑，将该企业中有代表性的财务比率分别输入 A3:A11 单元格区域中，如图 11-27 所示。

（3）设定评分值。根据各项财务比率的重要程度，确定其标准评分值，即重要性系数，标准评分值的合计数为 100 分，并分别输入对应的单元格区域 B3:B11 中，如图 11-28 所示。

图 11-27　财务比率综合评分表

图 11-28　确定评分值

（4）设定标准值。确定各项财务比率的标准值，即企业现实条件下比率的最优值。标准值也可以参考同行业的平均水平，并经过调整后确定。分别将标准值输入相应的单元格区域 C3:C11 中，如图 11-29 所示。

（5）计算企业在某一定时期内的各项财务比率的实际值。这里仍然采用 VLOOKUP 函数调用数据。每个财务比率计算引用的公式及单元格位置如图 11-30 所示。

图 11-29　确定标准值

图 11-30　实际值的调用公式

（6）计算企业在该时期内各项财务比率的实际值与标准值之比，即计算关系比率。单击选中单元格 E3，输入计算公式"=D3/C3"。将单元格 E3 中的公式复制到单元格区域 D4:D11 中，如图 11-31 所示。

（7）利用关系比率计算各项财务比率的实际得分。各项财务比率的实际得分是关系比率和标准评分值的乘积。单击选中单元格 F3，输入计算公式"=E3×B3"。将单元格 F3 中的公式复制到单元格区域 F4:F11 中，计算结果如图 11-32 所示。

图 11-31　计算关系比率值

图 11-32　计算各项财务比率的实际得分

（8）计算总得分。单击选中单元格 F12，并单击"求和"按钮 Σ，按 Enter 键后得到合计值，如图 11-33 所示。或采用公式"=SUM(F3:F11)"得到合计值。

	A	B	C	D	E	F
1			财务比率综合评分表			
2	财务比率	评分值	标准值	实际值	关系比率	实际得分
3	流动比率	10	1.62	2.01	1.24	12.42
4	速动比率	10	1.1	0.70	0.63	6.32
5	资产负债率	12	0.43	0.28	0.66	7.89
6	存货周转率	10	6.5	2.70	0.41	4.15
7	应收账款周转率	8	13	16.96	1.30	10.44
8	总资产周转率	10	2.1	0.99	0.47	4.70
9	总资产报酬率	15	0.32	0.21	0.65	9.81
10	净资产收益率	15	0.58	0.20	0.35	5.24
11	营业利润率	10	0.15	0.22	1.48	14.78
12		100				75.74

图 11-33　财务比率综合评分表

财务比率综合
评分表

如果综合评分等于或接近 100 分，则说明其财务状况良好，达到了预先确定的标准；如果综合评分过低，则说明其财务状况较差，应该采取措施加以改善；如果综合评分超过 100 分，则说明财务状况很理想。

在本例中，该企业的财务比率综合评分为 75.74 分，说明该企业的财务状况不太理想，低于同行业的平均水平。需要决策者对此财务状况加以分析，了解造成不理想状态的原因，并加以改进。

2．运用 Excel 进行杜邦分析

下面以某企业为例，借助杜邦分析系统，说明该方法在 Excel 中的应用，具体操作步骤如下。

（1）打开工作簿，建立新工作表，并将其命名为"杜邦分析表"，然后输入相关比率及数据，如图 11-34 所示。

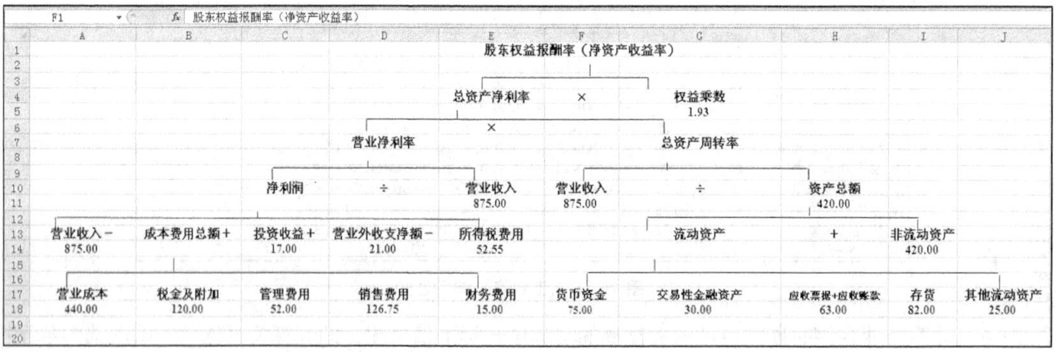

图 11-34　杜邦分析法的公式、数据图

（2）在需要输入公式的单元格中输入相应的公式，如图 11-35 所示。

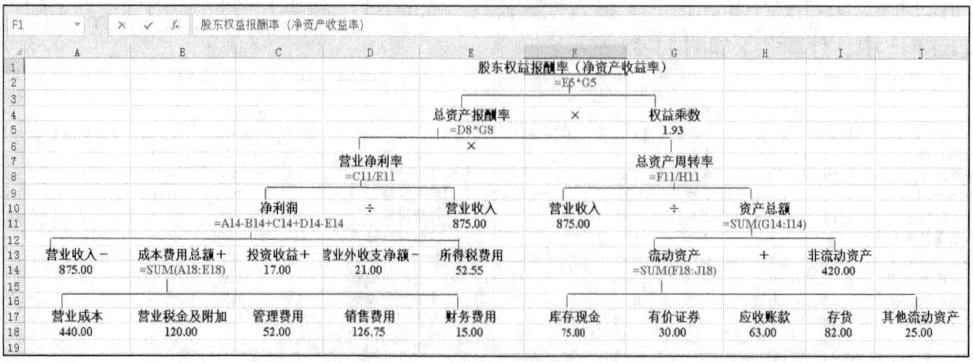

图 11-35　杜邦分析法的公式表示

（3）按 Enter 键显示计算结果，如图 11-36 所示。

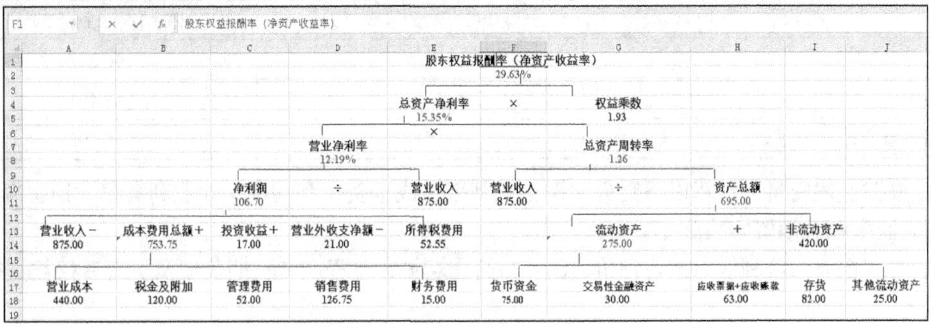

图 11-36　杜邦分析法的数值显示

本章小结

本章介绍了财务分析的各种方法，如比率分析、趋势分析、比较分析、综合分析等方法，并采用 Excel 进行具体分析。首先介绍财务分析的基本概念和目的，使读者建立表的感性认识，接下来介绍各种财务分析方法的内容和特点。之后讨论运用 Excel 进行财务分析的过程，财务分析过程中需要使用的数据较多，同时也要对前期已经编制完成的报表数据进行计算，利用 Excel 引用数据非常方便，可以极大提高财务人员的分析效率。例如，创建财务会计报表、构建比率分析公式、建立企业间数据比较、构建综合分析模型等。最后学习利用得出的财务分析结果进行评价。

思考练习

1. 简答题

（1）比率分析法、趋势分析法、比较分析法、综合分析法等不同财务分析方法的分析侧重点有何不同？

（2）如何使用 Excel 进行以上财务分析？

2. 上机操作题

（1）韵通公司有关财务信息如表 11-4 和表 11-5 所示。

表 11-4　详细损益资料

项目	20×0 年度	20×1 年度
主营业务收入	42 768	48 253
减：主营业务成本	31 611	34 832
营业毛利	11 157	13 421
减：销售及管理费用	6 542	7 437
财务费用	960	1 086
营业利润	3 655	4 898
减：营业外支出	578	506
利润总额	3 077	4 392
减：所得税费用	769	1 098
净利润	2 308	3 294

表 11-5　资产负债表（简表）

项目	20×0 年 12 月 31 日	20×1 年 12 月 31 日
资产总计	34 753	46 282
长期负债	10 760	18 491
所有者权益合计	12 993	16 793

① 根据上述资料，计算以下财务比率：毛利率、成本费用利润率、营业利润率、销售净利率、总资产利润率和长期资本报酬率。

② 对该企业的获利能力进行评价。注：为简化起见，总资产和长期负债及所有者权益直接使用期末数。

（2）鸿运公司近 5 年的销售记录如表 11-6 所示。

表 11-6　销售记录

年份	销售额
2015	1 890 532
2016	2 098 490
2017	2 350 308
20×0	3 432 000
20×1	3 850 000

绘制该公司连续 5 年的销售情况趋势分析图。

（3）源天公司 20×1 年年末的资产负债表（假定全部数据均在表中）如表 11-7 所示。

表 11-7　资产负债表

资产	年初数	年末数	负债及所有者权益	年初数	年末数
货币资金	1 000	960	短期借款	2 000	2 800
应收账款	?	1 920	应付账款	1 000	800
存货	?	4 400	预收款项	600	200
其他流动资产	0	64	长期借款	4 000	4 000
固定资产	5 790	6 400	所有者权益	5 680	5 944
总计	13 280	13 744	总计	13 280	13 744

补充资料如下。

① 年初速动比率 0.75，年初流动比率为 2.08。

② 该企业所在行业的平均流动比率为 2。

③ 该企业为拖拉机生产厂家，年初存货构成主要为原材料、零配件；年末存货构成主要为产成品（拖拉机）。

要求如下。

① 计算该企业年初应收账款、存货项目的金额。

② 计算该企业年末流动比率，并做出初步评价。

③ 分析该企业流动资产的质量，以及短期偿债能力。

（4）已知某企业 20×0 年、20×1 年的有关资料如表 11-8 所示。

表 11-8 企业相关信息   单位：万元

项目	20×0 年	20×1 年
营业收入	280	350
全部成本	235	288
其中：营业成本	108	120
管理费用	87	98
财务费用	29	55
销售费用	11	15
利润总额	45	62
所得税费用	15	21
税后净利	30	41
资产总额	128	198
其中：固定资产	59	78
库存现金	21	39
应收账款（平均）	8	14
存货	40	67
负债总额	55	88

要求：运用杜邦分析法对该企业的股东权益报酬率及其增减变动原因进行分析。

（5）假设大同公司所处行业各指标的重要性系数实际值和标准值如表 11-9 所示。

表 11-9 重要性系数、实际值和标准值对照

指标	重要性系数	实际值	标准值
营业利润率	0.15	14%	15%
总资产净利率	0.15	10%	9%
净资产收益率	0.15	13%	12%
资产保值增值率	0.10	9%	8%
资产负债率	0.05	45%	50%
流动比率	0.05	1.7	2
应收账款周转率	0.05	3 次	4.5 次
存货周转率	0.05	2.5 次	3 次
社会贡献率	0.1	18%	20%
社会积累率	0.15	25%	28%
合计	1.0	—	—

要求：运用综合系数分析法对该企业的实际状况进行评价。

参 考 文 献

［1］王国胜. Excel 2016 公式与函数辞典[M]. 北京：中国青年出版社，2016.

［2］Excel Home. Excel 2016 函数与公式应用大全[M]. 北京：北京大学出版社，2017.

［3］Excel Home. Excel 2016 应用大全[M]. 北京：北京大学出版社，2018.

［4］Excel Home. Excel 2016 高效办公 会计实务[M]. 北京：人民邮电出版社，2019.

［5］神龙工作室. Excel 2016 数据处理与分析从入门到精通[M]. 北京：人民邮电出版社，2021.

［6］周丽媛. Excel 在财务管理中的应用[M]. 大连：东北财经大学出版社，2017.

［7］刘心军. Excel 财务会计实战应用[M]. 北京：清华大学出版社，2017.

［8］衣光臻. Excel 在财务会计中的应用[M]. 北京：中国人民大学出版社，2019.

［9］韩小良. Excel 财务会计常用表单设计案例精讲[M]. 北京：中国水利水电出版社，2019.

［10］张敦力. Excel 在财务管理中的应用[M]. 北京：中国人民大学出版社，2019.

［11］韩良智. Excel 在财务管理中的应用[M]. 北京：清华大学出版社，2020.

［12］孔令一. Excel 在财务管理中的应用[M]. 上海：立信会计出版社，2020.

［13］企业会计准则编审委员会. 企业会计准则详解与实务[M]. 北京：人民邮电出版社，2020.

［14］中国注册会计师协会. 财务成本管理[M]. 北京：经济科学出版社，2020.

［15］中国注册会计师协会. 会计[M]. 北京：中国财政经济出版社，2020.

［16］财政部. 企业会计准则（合订本）2020 [M]. 北京：经济科学出版社，2020.